神国の行方

令和の皇室問題

中澤伸弘

展転社

展転社前代表取締役　藤本隆之兄の尊霊のみまへに捧ぐ

はじめに

日本神話が顧みられてゐるやうで、書店には神話に関する本が目につくやうになりました。古事記や日本書紀に書かれてゐる神話に国民の関心が向くのは結構な事ですが、どの本も「日本神話」と言つた、昔話の解説で終つてゐて、これらの神話が現代に続き、今も生きてゐると言ふことに及んでゐません。日本神話は過去の出来事ではなく、現代に関係してゐるものなのです。天孫降臨にあたり天照大御神がお授けになられた三種の神器のうち、御鏡は伊勢の神宮に、御剣は熱田神宮にそれぞれお祀りされてをり、そして御璽（勾玉）は宮中の天皇陛下のお近くに皇位のみしるしとして奉安されてゐます。このことだけでも神代以来の悠久な歴史が偲ばれ、神武天皇以来二千七百年にならうとする国史の正迹が浮かんでまゐります。また同様に神話伝承に基づく祭祀が行はれてゐる古い神社もいくつもあります。我が国の根本は神話伝承にさかのぼつたところにあり、神話と切り離せないものなのです。米一粒への感謝のこころが皇室につながることを考へてください。

このやうに話すと、神話は天武天皇の時代に天皇中心の国家観のもと整理され作られたものだと言ふ人がゐますが、さうであるとしてもその伝承は微動だにしません。事実神器は相伝され、祭祀が絶えることなく繰り返し続いてきた（絶えても再興されてきた）重みがあるのです。そこに注目しなくてはならないのです。再度神話に立ち返り、そして混沌とした現代を見つめることが重要で、解決策の鍵がそこにあるのです。神話は現在も生きてゐて、またこれからも生きていくのです。

視線を現在に転じてみませう。平成二十八年四月三日に初代神武天皇の二千六百年の式年祭が宮中と畝傍山東北陵において厳修されました。また神武天皇をお祀りする橿原神宮においても同様な御祭儀がありました。時の天皇皇后両陛下は行幸啓になり山陵と橿原神宮に御拝礼遊ばされました。二千六百年と言ふ年を経過して、その直男系の子孫がかやうな祭祀を司る事実があるのです。山陵は幕末の治定だ、橿原神宮は明治の御創建だと言へこれらのことは皇室が永続してゐるから、出来ることなのです。例へば道鏡の横暴を排し宇佐神宮の神勅を奉じた和気清麻呂は明治三十一年、歿後千百年にして一位を追贈されました。このことも皇室が永続してある証拠なのです。

ところで安倍元首相の事件はあまりにも衝撃的な出来事でありました。心の中に空虚な穴があいたままで七月が終はりました。その後外国からの弔意の多さに押されてか、国葬をやることになりましたが、そもそも国葬の何たるかがわからないまま、賛否の渦の中に行はれたとの印象が残りました。結局はその費用がいくらであつて税金が費やされる話に始終し、好き嫌ひを優先して欠席したりと、一番大切な死者への弔意が蔑ろにされた感が拭へずにゐます。外国からの弔問者は奇異に感じたことでありませう。なぜこんなことが平然と行はれるのでせうか。吉田茂の国葬の前例が持ち出されてゐましたが、最も基本的で一番大事な視点が欠落してゐたと思ひます。

昭和天皇の喪儀は国葬で行はれました。但し葬場殿の儀と大喪の礼といふ二本立てで、途中で鳥居と真榊が取り除かれました。所謂政教分離によるものですが、そこには死者への思ひよりも、生者の現世における視点しかありませんでした。これは哀しむべきことです。天皇の喪儀はこのやうな形でも営めましたが、戦後の二代の皇后（貞明皇后・香淳皇后）の喪儀は国葬ではありませんでした。貞明皇后の折は占領下であり、準国葬として行ふしかなかつたとしても、香淳皇后の折に何故国葬の話題が出なかつたのか疑問のままです。これでいくと今後、恐れ多いことですが、上皇上皇后両陛下の万歳の折にも国葬の扱ひにならないのではないかと危惧してゐます。

秋篠宮家における眞子内親王殿下の御結婚の問題にしても、何か模糊としたものが残つてゐます。女系天皇の問題にしろ、今の天皇皇室を取り巻く論調の中に、最も大切な「皇位の尊厳」といふ基本的な本義が議論されることはなく、全て好き嫌ひといつた個人的な思ひばかりがまかりとほつてゐます。皇室問題はそのやうな次元で語るものではないのですが、なぜわからないのでせう。

靖國神社の問題にしても同じ根があるやうです。神社御創建の原初に立ち返り、慰霊と顕彰と言ふ本義を考へたら、自づと道は見えてくるものです。平成この方我が国の中にある宿痾が更にひどくなつてゐる証でありませう。国家の基本問題が、その依拠する本義に悖り、その時々の解釈によつて曖昧に処理されてきたことがいけないのです。

かやうに、今の日本において欠けてゐるものはものの本質を考へることなのであります。神話にさかのぼって二千七百年にならうとする我が国の悠久な歴史の上に立つて、そこに培はれて今にいたる様々な物ごとの、本義、本質、また国家の在り方を考へるといふ、一番重要な視点を見失つてゐるのです。それを見落としたままで、行きつくところは日本国憲法であり、その法解釈なのです。全てに無理が生じるのはこのためなのですがそれがわからないやうです。殊に天皇や皇室について、その尊厳や尊貴さがなぜ顧みられないのか不思議でなりません。

かう書くと、戦前へ回帰せよと言つてゐるやうに聞こえるかもしれませんが、私の思ひは戦前どころではありません。明治維新も建武の中興も、大化の新政なども通り越して、神代に帰ることなのです。記紀の伝へる神話にまづ立ち返り、神武創業に至る日本の国の成り立ちを知ること、これを日本人が常識として深く身に付けることから始めるべきなのです。上古の日本人、それは我らの「遠つみおや」であります。そのみおやたちが日本の国の姿をどう考へ、皇位の尊厳をどう説いたのか、そして子孫にそれをどう託したのか。それは今を生きるわれわれの基本的な指針となるものです。私は今まで何度も皇室の現状を憂ひ、国を思ひ、道の衰退を嘆いてきました。さう悩めば悩むほど古へをしのぶ心が大切であることとそこに未来があることを確信してきました。

皇室をいただき、今に至る我が国の本当のあるべき姿を考へ、次世代の孫々までに伝へていかねばなりません。生活に慎みのあつた日本人がその慎みを忘れ、よくわからないグロウバリズムに慣れ、どことなく傲慢になりつつあるのではないでせうか。コロナ禍は人の繋がりを希薄にさせつつあります。しかしながら和を尊しとしてきた国柄はまだ健全であります。ありがたいことです。

天の原てる日にちかき富士の嶺に今も神代の雪は残れり　橘枝直『東歌』

柿之舎《かきのや》　中澤伸弘

天照大御神　神勅

『日本書紀』巻二、一書

豊葦原《とよあしはらの》 千五百秋《ちいほあき》之《の》瑞穂國《みずほのくに》は、是《こ》れ吾《あ》が子孫《うみのこ》の王《きみ》たる可《べ》き地《くに》なり。宜《よろ》しく爾皇孫《いましすめみま》就《ゆ》きて治《しら》せ。行矣《さきくませ》、寶祚《あまつひつぎ》の隆《さか》えまさむこと、當《まさ》に天壌《あめつち》と窮《きはまり》無《な》かるべし。（天壌無窮の神勅）

吾《あ》が兒《みこ》、此《こ》の寶鏡《たからのかがみ》を視《み》まさむこと、當《まさ》に吾《あれ》を視《み》るがごとくすべし。與《とも》に床《みゆか》を同《おな》じくし、殿《みあらか》を共《とも》にして、齋鏡《いはひのかがみ》と爲《な》す可《べ》し。（宝鏡奉斎の神勅また「同床共殿の神勅」とも言ふ）

吾《あ》が高天原《たかまのはら》に所御《きこしめ》す齋庭《ゆには》の穂《いなほ》を以《も》て、亦《また》吾《あ》が兒《みこ》に御《まか》せまつるべし。（斎庭の稲穂の神勅）

書き下し、読みは『神典』（大蔵精神文化研究所）による

※なほ、本書の神名表記は天照大御神は『古事記』、他は『日本書紀』による

立皇嗣の儀における天皇陛下のおことば

本日ここに、立皇嗣宣明の儀を行い、皇室典範の定めるところにより文仁親王が皇嗣であることを、広く内外に宣明します。

令和二年十一月八日

令和三年　新年における天皇陛下のおことば

今年の正月は、新型コロナウイルス感染症の感染拡大により、残念ながら一般参賀の場で皆さんに直接お話をすることができなくなりました。そこで、今回は、ビデオで新年の御挨拶をしようと思います。

振り返りますと、昨年七月に、豪雨により多くの尊い命が失われたことは痛ましいことでした。御家族を亡くされた方々や、住む家を無くし、仮設住宅などで御苦労の多い生活をされている方々の身を案じています。

この一年、私たちは、新型コロナウイルスという、今の時代を生きる私たちのほとんどが経験したことのない規模での未知のウイルスの感染拡大による様々な困難と試練に直面してきました。世界各国で、そして日本でも多くの方が亡くなり、大切な方を失われた御家族の皆さんのお悲しみもいかばかりかと思います。

そのような中で、医師・看護師を始めとした医療に携わる皆さんが、大勢の患者さんの命を救うために、日夜献身的に医療活動に力を尽くしてこられていることに深い敬意と感謝の意を表します。同時に、感染の拡大に伴い、医療の現場がひっ迫し、医療従事者の皆さんの負担が一層厳しさを増している昨今の状況が案じられます。

また、感染拡大の防止のために尽力されている感染症対策の専門家や保健業務に携わる皆さん、様々な面で協力をされている多くの施設や、国民の皆さんの努力や御苦労も大変大きいものと思います。

この感染症により、私たちの日常は大きく変わりました。特に、感染拡大の影響を受けて、仕事や住まいを失うなど困窮し、あるいは、孤独に陥るなど、様々な理由により困難な状況に置かれている人々の身の上を案じています。感染症の感染拡大防止と社会経済活動の両立の難しさを感じます。また、感染された方や医療に従事される方、更にはその御家族に対する差別や偏見といった問題などが起きていることも案じられます。その一方で、困難に直面している人々に寄り添い、支えようと活動されている方々の御努力、献身に勇気付けられる思いがいたします。

私たち人類は、これまで幾度も恐ろしい疫病や大きな自然災害に見舞われてきました。しかし、その度に、団結力と忍耐をもって、それらの試練を乗り越えてきたものと思います。今、この難局にあって、人々が将来への確固たる希望を胸に、安心して暮らせる日が必ずや遠くない将来に来ることを信じ、皆が互いに思いやりを持って助け合い、支え合いながら、進んで行くことを心から願っています。

即位以来、私たちは、皆さんと広く接することを願ってきました。新型コロナウイルス感染症が収まり、再び皆さんと直接お会いできる日を心待ちにしています。

そして、今年が、皆さんにとって、希望を持って歩んでいくことのできる年になることを心から願います。ここに、我が国と世界の人々の安寧と幸せ、そして平和を祈ります。

令和三年一月二日

目次

第三章　皇統維持の行方

第九章　国葬の行方

第十章　神国の行方

コラム①

所謂「三大神勅」について

『日本書紀』を見ますと、神様が仰せになつた言葉が幾つか書かれてゐます。発言は天照大御神や高皇産霊尊《たかみむすひのみこと》など様々でありますが、本書の巻頭に掲げた三つの仰せを「三大神勅」と呼んでをります。これをひとまとめにこのやうに呼ぶのは大正ごろからのことで、天皇の統治、神宮の祭祀、稲作の起源と言ふ一つの国家観のもと今泉定介翁の考えが反映されたものではないかとも言はれてゐます。

この神勅のそれぞれの解釈は古くから行はれてをりますが、これが『日本書紀』の本文ではなく、一書の記事として採録されてゐることに注視し、『日本書紀』の成立時（養老四年、一三八〇）にはそれ程重視されてゐなかつたのではと疑問を挟む声もあります。但しこのあと編まれた『古語拾遺』には神籬磐境の神勅、殿内侍防の神勅とも五つの神勅として記されてゐます。さういふ点を考へると、本文ではなく一書であるとしてもその重みは理解できると思ひます。

第一章

皇室のたふとさの行方

「尊い」といふ言葉が次第に消え失せつつあります。「ありがたい」は感謝のことばになり、「もつたいない」は無駄にしないといふ意味になつてしまひました。これらの言葉は尊貴なものに対する感情の表れのことばでした。みな平等の意識は大切ですが、それでも心の中にこの感情を持つてゐるはずです。これを大切にしたいのです。およそ皇室に対する感情は言葉で表せない、このやうな「尊い」「ありがたい」「もつたいない」なのでせう。それではなぜこのやうな感情を抱くのでせうか。「祈り」の真意を読み取りください。

朝香宮

一粒の「米」

日本人は米の一粒も大切にしてきました。米一粒に感謝することを忘れない民族でした。敢へて過去形にするのは、この感覚が次第に薄れてゆくことを憂慮するからなのです。我が国は米作りを中心に国作りをしてきました。徳川時代には米が現代の給与として与へられてゐました。米が主食であつたのです。

米は玄米の状態からかなりの栄養が含まれてゐます。日本の米の品質や味はまた最高のものなのです。さらに一粒が万倍になる不思議な植物です。その一方で稲作は品種改良や農耕技術が発達する以前にはかなり手間暇のいる重労働でした。ですから稲作は村落の共同作業であつて、稲作は一つの社会や人間関係を営む基本となつてゐました。稲作は我が国の国柄や国民性の源なのです。我が国を「葦原瑞穂國」と古典では称してゐます。葦が茫々と茂る原と稲穂が沢山垂れてゐる水田とは全く逆のものですが、この葦原を開墾して水田としてきた国造りの歴史が表れた名前なのです。そして手を抜けばまた葦原に戻るといふ警告も含んでゐるものなのです。

一粒の米をありがたい、もったいないと思ふのはこのやうな風土に根ざす感覚から生じたものであり、実はこのありがたい、もったいないの思想は、皇室や皇位といふものにつながる感覚なのです。この視点が重要なのです。

天照大御神は天孫瓊々杵尊の降臨にあたり三つの神勅を賜ひました。世に言ふ「天壌無窮の神勅」(皇位は永遠であること)、「宝鏡奉斎の神勅」(伊勢の神宮の創祀のこと)、「斎庭の稲穂の神勅」(稲穂のこと)です(本書巻頭に奉掲)。この三番目の神勅が稲作と密接に関連してきます。日本の米は実は高天原で天照大御神が自ら耕作されてゐた稲穂を下されたといふ神授の思想なのです。それで皇室と稲作は重なります。これがために米は一粒でも無駄にはできないのです。これを忘れてはならないのです。

新年を迎へるたびに

新年を迎へるたびに「元旦や神代のことも思はるゝ」といふ荒木田守武の俳句が思ひ出されます。大晦日から続く元日はその間に時間的には特別な区切りがあるわけではなく、そのまま継続してゐますが、やはり世の中全てが新しく改まつたといふ感覚があります。これは新しい年といふ感覚を越えて、また元へ戻つた、双六で言へば振出しに戻つたと言ふことと同じと思はれます。この俳句はこの感覚、世の中全てが原初の神代に戻る、天地初発の時に戻つたやうな元日の朝の様子を詠んだものなのです。守武は伊勢の神宮の神職でしたからこれが実感だつたのでせう。この感覚を失はないやうにしたいものです。

新年恒例の宮中一般参賀が今年は抽選といふ形で再開されましたが、昨令和四年までの三年間は武漢肺炎禍の蔓延防止のため中止となりました。そのため天皇皇后両陛下には国民の上を御軫念なさる御動画を御放映遊ばされました。年頭に叡慮を拝したことは有難いことでございましたが、この放映時間が両年ともに朝の五時半でありました。宮内庁は四方拝の始まりの時刻に合はせたと説明してをりますが、同時刻に四方拝から歳旦祭に至る一連の祭儀の時間には皇族方はお慎み遊ばされておいでの由を漏れ承ります。その時間帯に放映する無関心さに呆れるのです。祭祀は皇室の私事であるとの宮内庁の無関心の表れでありませうか。

旧臘二十三日（令和三年）、上皇陛下には米寿の御誕辰をお迎へ遊ばされました。御父帝昭和天皇よりも御長寿にわたらせ給ひ、また御恙無くましますこと有難いことでございます。平成の御代の天長節が平日になつて何か物足りない思ひがして三年になります。知友から「上皇陛下誕生日」と云ふ暦註が何か無風流なので天長節、地久節のやうな名称がないのかとの問合せがあり、色々と過去を調べましたが見当たりません。抑々明治以前に個人の誕生日を祝ふと言ふ習慣がなかつたため、上皇はおはしましたが、その御誕辰の名称はないやうです。これが明治の御代であつたら何かしらの名称が制定されたことでありませう。ついで二十五日の大正天皇祭、三十一日の節折の儀、大祓と宮中祭祀は続きました。

御製御歌への微衷

また残念なことでありましたが、今年も令和三年以来同様、新春の御製御歌の御発表がございませんでした。戦後の昭和の、また平成の御代には新年にあたり新聞に御製御歌の御発表がありましたが、令和になつてからはこれがありません。

御製御歌は国民のためにお詠みあそばされるものではないことは十分に承知してをりますが、その為そこには両陛下のまことの大御心が詠まれてゐることを国民は存じてゐるのです。我々国民は直に両陛下の思召しを拝することはできませんが、御製御歌を拝し、それを通して両陛下の御心の中を拝し参らすことになるのです。御歴代の御製を拝し多くのことを国民は学びました。これが歌徳と申すものでございます。それゆゑに国民は御製御歌の公表を謹望申し上げてゐるのです。

両陛下におかせられては何卒国民の微衷を御汲み取り遊ばされて、多くの御製御歌を公表されますことを洵に不遜とは思ひまゐらせながらも、深く念願し奉る次第であります。

御祭りの手振りが揺ぎ無き万世一系の証

一月から二月にかけては宮中祭祀が数多く行はれます。四方拝、歳旦祭、新年祝賀の儀と続き、また令和三年の一月二日にはこの間を縫つて元明天皇の千三百年祭がありました。そして三日の元始祭、そして四日の奏事始、七日の昭和天皇祭と続きます。令和三年の昭和天皇祭は三十三年祭にあたりました。仏教で言ふところの三十三回忌は別名を「弔ひ上げ」と言ひ、これ以降は個人供養ではなく祖霊と言ふ一括りになると説いてゐます。皇室におかせられましては先四代の祭祀とは別に、皇霊としてお祀り申し上げなさつておいでであります。殊に御歴代の天皇には百年ごとの祭祀をなさることとなつてゐて、先に申し上げました元明天皇の千三百年祭がそれであります。

万世一系の思想の根底にはこの御歴代の祭祀が宮中の皇霊殿と陵墓とで行はれ、またその祭祀をその直系の男系の子孫がなさると言ふことがあります。その理には当然ながら男系の継承と言ふことがあるのです。男系継承の重要さはこのやうな宮中の祭祀からも考へることができます。

世の中には万世一系は作られた思想で、歴史学的には古代に王朝交代があつたと言ふ学者もゐます。皇霊殿と陵墓の祭祀は明治になつて作られたものであると主張する人もゐます。そのやうな指摘を学説としては否定しませんが、現実には万世一系も皇霊祭祀も事実として行はれてきてゐる以上、今更万世一系が事実であらうか否かは問題ではないのです。祭儀に貫かれた不動の姿勢が重要なのです。明確に王朝の交代があつたと証明されても祭儀は変はりません。国民の信仰が厚い社寺の歴史が実はさうではなかつたと科学的に説明されたところで、その社寺の信仰は変はらないことでせう。それは説明も皇室に寄せ奉る国民の思ひは学問的科学的なものとは次元が違ふところにあるのです。それは説明も何も要りません。ただ「天皇陛下万歳」の一語に尽きるのです。

一月三十日が慶応二年に崩御された孝明天皇の例祭で、令和五年は百五十七年になります。明治になつて皇霊祭祀は先四代の霊祭が、太陽暦に換算されたその崩御相当日に行はれるやうに定められ、後桃園天皇以下四代の例祭が定められました。この四代といふ数がどのやうにして治定されたのかはわかりませんが、当時は宝算、また御在位の年数も短くおはしましたため、後桃園天皇の崩御された安永八（二四三九）年は、四代とは申せ明治元年を去ること九十一年でありました。崩御後百年以内と言ふことでこの四代といふ数が該当されたのかもしれません。現在では亡くなつた帝、即ち先帝と申し上げる昭和天皇から数へて四代は、明治天皇の父帝であるこの孝明天皇にあたられます。明治以降は大正天皇以外は宝寿も長くおはしましたために、孝明天皇の崩御以来百五十年以上を経過してをります。天皇陛下にはこの日皇霊殿に出御遊ばされ、御拝礼なさいました。また皇嗣同妃両殿下も殿上にて御拝礼になり、令和三年の京都の後月輪東山陵には秋篠宮眞子内親王殿下が行啓され、御陵の御祭儀において御拝礼になりました。皇后陛下には御祭儀の間お慎みでございました。

ついで二月一日の旬祭に出御され御拝礼がありました。天皇陛下には御即位後全ての月初めの旬祭におでましになられておいでです（但し令和四年十二月を除く）。また十一日の紀元の佳節には臨時御拝として初代神武天皇の皇基、御鴻業を御偲びになられての出御、御拝礼がありました。令和三年は未だ武漢肺炎禍の収まる兆しもなく、非常事態宣言の延長もあつて、この佳節を祝ふ民間の諸行事が中止や縮小されての寂しい一日となりました。また十七日は秋の実りを祈る祈年祭があり、その二日前には神宮の祈年祭に勅使を遣はせられる発遣の儀がありました。更に二十三日は天長祭と続きました。

以上年初二月までの宮中祭祀を申し上げましたが、天皇陛下には殊のほか宮中祭祀に御熱心に勤しまれ、上皇陛下の御高齢によつて縮小された御祭儀を元の形にお戻しになられておいでです。かやうに国の、民のまたは全世界の平穏を只管祈念されておいでである事実を拝承し、自らもまた襟を正すものであります。陛下が祭祀をなされておいでであることに深い感謝と揺ぎ無い国体への信を置くものであります。そしてこの大御手振りに習ふ家庭祭祀といふことを大切にせねばなりません。ただ令和三年以降、皇后陛下の御拝礼がなかつたことが気にかかりました。神嘗祭賢所の儀も同様でした。御即位の当初は宮中祭祀に両陛下お揃ひでおでましでしたが、昨年あたりから皇后陛下の御拝礼がぽつぽつ途絶え、御所でお慎みあそばされておいでの由洩れ聞こえました。宮内庁のホウムペイジで両陛下の御動静を拝して、皇后陛下の祭儀の御遠慮が続いてゐることが気にかかります。この頃はお疲れもおありのご様子であります。宮中祭祀では元始祭、神武天皇祭、春季秋季皇霊祭神殿祭と新嘗祭が大祭で両陛下お揃ひでおでまし、御拝礼になられることになつてをります。一日も早く御障碍を除かれておでましなされて、両陛下で御拝礼遊ばされることを願ふばかりです。陛下の祭祀へのお出ましに関しては宮内庁のホウムペイヂにあります。

神勅奉行の神性

皇位継承は何故男系でなければならないかと言ふことを何度も申し上げてをりますが、そのことを祭祀といふ面から考へてみたいと思ひます。天孫の降臨にあたり天照大御神が所謂「天壌無窮の神勅」をおくだしになられました。そこで「爾皇孫就《なんぢすめみまゆ》き治《しら》せ」と仰せになられてゐます。この「爾皇孫」は降臨なさる瓊々杵尊だけをさすのではなくその直系の子孫である御歴代の天皇、また今後も永続する男系の御子孫全てをさしての御発言なのです。

天皇（すめらみこと）とは天照大御神が下し給うた「天壌無窮の神勅」の豊葦原瑞穂国を治めよとのことよさしを受けて、天下をしろしめす唯一無二の御存在であります。このことよさしを委任と解釈すればわかりやすいかもしれません。天皇は天照大御神を祀り、その神意のまま顕界《うつしよ》を統治なさるのです。ですからそこには必ずかへりこと、復命がなくてはなりません。天皇が神宮祭祀をされ、また賢所の祭儀に臨まれるのもみなこの実践の表れなのです。このことは天照大御神の直系の男系子孫である天皇のみしかできません。皇統とはこの天照大御神からの男系一系を言ひ、天皇はこの天照大御神の神性を受継いでおいでなのです。天皇がいかに人間宣言をなされてもこの神性は消えません。天皇の尊厳、天皇の絶対はここにあるのです。「元旦や一系の天子不二の山」内藤鳴雪のこの句はまた正月の我が国に相応しい俳句となつてゐて、まさにこの実感があるのであります。女系にはこの祭祀権がないのです。

我々の遠い先祖はこのことを神話として伝承し、書き残すことにおいて、遠い将来までの皇室また国家の繁栄を約束したのです。天津日嗣《あまつひつぎ》の隆昌がここに約束された以上、その子孫はそのために実践をなさらねばならないのです。明治になり皇位継承の順位が整理されて、皇統に属する男子の長子を優先すると明文化されましたが、その皇族は神意をお受けになり神勅を奉行せねばなりません。これは拒否などできるものではないのです。また男系男子皇族は若しもの場合にこの神意をついだ皇統を継がねばならないことを理解しておかねばならないのです。全てが神のことよさし、神のまにまになのです。神の命（みこと）を奉じるので「すめらみこと」と申しあげるのです。

このことを皇族方にはきちんとご承知いただかねばなりません。また国民もこの神勅に根差す我が国のあり方、ことに天皇の御存在について充分に理解せねばなりません。天下万民の願ひはこの神勅に背かないことにあるのです。天皇の神勅奉行を翼賛することなのです。皇室とはかういふもので、天皇を始め奉り皇族方は皆この神勅のまにまに存在するものなのです。この神勅について国民が理解を欠けば皇室とは何かが曖昧なものとなりますし、神勅への深い思慮があるなら何事も問題は起きないのです。

天長の佳節―記者御引見―

令和三年二月、天皇陛下にはに御誕辰を御迎へ遊ばされ、宝算六十一におなりになりました。これに先立ち報道記者を御引見なさり、御感想を仰せ遊ばされました。仰せ言は多岐に亘りましたが、殊に武漢肺炎禍下の国民の生活を御軫念遊ばされておいでになりました。聖武天皇の大仏造営など御歴代の天皇が常に国家国民の安穏を祈念されていらした、過去の皇室の御事蹟を回顧され、御自身もまた如何に国民に寄り添ふべきかの叡慮をお示しになりました。かなり長時間にお亘りになつたことと、新聞に奉掲の全文を何度も拝読して感じました。洵に畏き極みでありました。

その中に、この場に相応しくない上に慎重に扱はねばならない質問がありました。それは諸外国の王室の例を引いて女王、または女系について陛下の思召しを巧みに導き出し、お伺ひ申し上げようとするものです。これらの質問は事前に宮内庁に申し出てあるものと思はれ、記者側が急に思ひ立つてのことではないと思ひますが、これは如何かと思はれました。これに対し陛下は毅然とされて、制度のことについては答へを控へる旨の仰せがありました。これは深い思召しであると拝承いたしました。

いま現在、今後の皇位継承の問題について、陛下の御聖断を仰ぐべきであるといふ意見があります。それについては、そのやうなことはすべきではないと私は予てから思つてをりましたが、今回「控へる」と仰せになられたことから、やはり無理であることが明らかになりました。皇位継承は皇室のことであるから、陛下の叡慮を拝承すべきであるとの考へは、さう簡単なことではなく、制度のことはやはり難しいことなのであります。そのことは陛下御自身が一番慎重にお考へなのであります。

これとは別にただ一点、気に掛ることがございました。陛下は東宮でおはしました時分から、かやうな記者御引見の折にお身内を御名でお呼びになられてゐました。御即位後もそれはお変はりありませんが、上皇陛下は、御名ではなく「皇后は」と仰せになつておいででした。畏れ多いことながらこはやはり御名ではなく、「皇后は」「敬宮は」と仰せいただきたいものであります。陛下はそれなりの思召しの上での御発言とは重々拝察申し上げるものでありますが、聞く国民側があまりにも御名を軽く聞き流してしまひ、街角の会話や週刊誌の吊広告にも安易に御名があがるやうになつてをります。慎みに気付かない国民のことを考へると、かやうなことは側近の者がそれとなく申し上げる必要があるのではと思ひます。

天長の佳節は穏やかに春めいた日でありましたが、令和三、四年の恒例の宮中一般参賀は武漢肺炎禍を憂慮される深き思召しにより新年同様にお取り止めとなり、また寂しい天長節となりました。この日、御製御歌の発表があるのではと密かに期待申し上げましたが、ありませんでした。令和三年の歌会始は、二ヶ月延期され三月二十六日に行はれました。また皇位継承に関する有識者会議がもたれることとなり、その人選が発表されました。このことはまた別のところに述べます。

翌令和四年の御誕辰にも、記者を御引見、御感想を仰せあそばされました。この年も亦、代表記者の皇位継承に関する誘導尋問に近い発言に対して、慎重にお答えへ遊ばされました。殊に愛知県西尾市の岩瀬文庫や、京都の醍醐寺の後奈良天皇の宸翰般若心経にふれ、当時の天皇の思召しについて説明され、また大覚寺でも，嵯峨天皇のものと伝へられる般若心経や、後光厳天皇、後花園天皇、後奈良天皇、正親町天皇、光格天皇が自ら写経された般若心経をご覧になつたことから「国の平和と国民の安寧のために祈るお気持ちを常にお持ちであったことを改めて実感しました」と仰せになりました。また花園天皇が皇太子量仁親王に宛てて書き残された、いはゆる「誡太子書」にも言及なさり、「このやうな歴代の天皇の思ひに、深く心を動かされました」とも仰せになりました。

更に、「皇位を受け継いでこられた、歴代の天皇のなさりやうを心にとどめ」とも仰せになりました。ここには言ふまでもなく男系による皇位継承のことも含まれるに違ひありません。天皇陛下の大御心には敬宮殿下への皇位継承の思召しがあるなどと勝手に想像申し上げてゐる輩がゐますが、この一言によつてそれはご否定遊ばされたと考へて宜しいかと存じます。

この日、東京は風は冷たいものの雲一つない快晴に恵まれ、またも参賀が中止になつたものの有志で宮城前に参集し、微衷を万歳三唱の声にのせて大内山に轟かせました。徳川時代に御所の前で行はれてゐた、まさに「みかど拝み」でありました。

令和三年「歌会始」の延期

令和二年末に「歌会始」の預選歌の作者が発表されました。また御製等の披講にもアクリル板で仕切るなどの対策が採られるなど、武漢肺炎禍のもとでも滞りなく新年の宮中行事が執り行はれることと拝察しましたが、年初に再び感染の拡大に大御心をお痛めになられて「講書始」「歌会始」の儀を御延期なさいました。年始に御製御歌の発表がなかつたことについては書きましたが、「歌会始」でどのやうな御製御歌が披講されるのかは注目されるところでありました。

ところで、この「歌会始」に関して、嘗てその事務を掌つてきた「御歌所」の再興と、現在の五人の撰者についての思ひを、雑誌『伝統と革新』三十七号（令和三年一月刊）に書きました。詳しくはそちらを御覧いただければと思ひますが、要は終戦の諸変革によつて宮内省が格下げになり、その機構改変で宮中の歌会や歌の御修学に関与してきた「御歌所」が廃止になつて七十五年近く経過し、嘗て折々に開かれてゐた宮中の歌会もままならず、専任の歌人も宮中になく、「歌会始」の実施に際して撰者を依頼し、その事務を掌らしめてゐる現状でよいのかと言ふことを書きました。併せてこの現行の撰者五人の素性を明らかにして、一つの既得権益によつて「歌会始」の詠進歌の撰がなされてゐることを指摘し、皇室における歌道振興に大いなる憂慮を示しました。令和になつて御製御歌の発表がないのは、御詠みになられたものの発表を宮内庁が控へてゐるのか、それとも畏れ多いことながら、御出詠を御遠慮遊ばされておいでなのか、拝察申し上げるだに洵に不遜ながら大いなる懸念を抱き奉つてゐるのであります。

皇室における歌道御修練は、他にも様々な伝統がある中の一つであります。ただこれは畏れ多いことながら元来の御資質の上に、たしかな歌人の御指導があつて熟達するものであります。御歴代の天皇には明治天皇のやうに、御幼少の頃から有栖川宮幟仁親王から歌道をお学びになり、かなり多くの御製をお詠みあそばされた天皇もおいでであり、また大正天皇のやうに和歌御製の数が少ない天皇もおいでになります。徳川時代後期の天皇の御製はまだ整理もなされてゐないものもあります。そのやうに考へますと今上陛下の御製に関して様々忖度申し上げるのは洵に非礼ではありますが、先にも申し上げた通り御製の御発表がないことに何とも寂しい思ひをしてをります。

我々は直接に陛下の思召しをお伺ひ申し上げることはできませんが、御製御歌を通じてその大御心を拝することができ、それが皇室と国民とを結ぶ大きな繋がりであるのです。そして国民はこれを御歴代にわたつて、いつの時代も拝承まゐらせてきました。それゆゑにたしかな歌人の御指導によつて歌道を御修学あらせられ、国民に多くの御製御歌をお示しあそばされることを熱望してやまないのであります。昭和天皇や上皇陛下に歌の御指導をされた岡野弘彦先生から、嘗て私どもは大学で伊勢物語の講義を受けましたが、天皇としての和歌を御詠みになることについて、折々御話しくださいました。もし、宮内庁が和歌の御修練を阻んでゐるとするなら、これはまた問題でありますが、なぜ発表がないのか確たる理由を公表しないのも却つて不審の種となります。践祚以来満五年になるこの五月には、是非ともこの間に亘る御製御歌の発表をいただきたく謹んで念願申し上げるものであります。

預選歌の表記

令和三年の「歌会始」の撰者の歌や預選歌を見まして、やや複雑な心境にもなりました。よい意味では撰者の詠進歌も預選歌も歴史的仮名遣で、まま文語文法に従ひ表記されてゐました。十七歳の年少者の歌にも「払ふ」とあります。これなどははじめからかう書かれて詠進されてゐたのでせうから、私は驚きました。本人がさう書いたのか、詠進前に誰かが気を留めて本人に改めさせたのかは分かりませんが、「歌会始」に何れ現代仮名遣の歌が現はれるのではないかと危惧してゐる身には有難く頼もしく思はれたのです。

ただ、気になつたことは「実」の勅題であれば、自然と「実り」や、花卉の「実」を詠んだ歌が多くなるのは必然で、そればかりの歌を選ぶのを回避するためか、預選歌には実験、実践、実習、現実、史実などの漢語を用ゐた歌が見られました。これはある意味での現代短歌の弊害とも言へます。目で見て、文字として捉へれば何等違和感はありませんが、和歌は本来披講するもので、節にのせ朗々と唱和し、音として耳で捉へるものなのです。そのため歌の調べ、語調が大切にされてきたのです。宮中の「歌会始」ではこの披講の伝統が伝へられてゐます。現在宮中では公家である綾小路家、大原家の二流の流れを継いだ披講がなされてゐますが、この漢語の「じっ」の音の披講が実に苦しい言ひまはしであつたことが伺へました。ここに撰者の殊に漢語を選び、奇を衒ふ思ひがあつたのかもしれません。同様に令和四年には「窓」の勅題を賜りましたが、宮内庁の説明では「窓」の文字があればよろしく、「車窓」や「同窓」も構はないとあります。確かに文字としてはさうなのでせうが、「深窓の育ち」などが歌語となるのか、気にかかります。歌を詠む場合も、できた歌を何度も口に出して誦ひ、調べを確かめることが大切と思ひます。

令和四年歌会始に

武漢肺炎禍の感染者の増加によつて、昨年（令和三年）同様に歌会始の延期を仰せ出されるのではないかと案じてをりましたが、予定通りの実施となり、両陛下お出ましの上、御製御歌を賜りました。御製は武漢肺炎禍の早期の鎮静化により、再び世界との窓が開かれることを願はれるものでありました。

宮内庁が発表した皇族方の御歌をはじめ、召人、選者、そして選に預つた歌を佳作まで拝承し、今年は特に仮名遣の問題を考へました。それは全てが歴史的仮名遣であつたからです。この頃の倣ひで毎年高校生の年代の詠進歌が選に預かりますが、今までは仮名遣が関係する表記がない歌が多く故意にそのやうな若い人の歌を選んでゐるのかと思ひましたが、十六歳の高校生の歌には「答へ」とありました。促音の「つ」も大きく表記してあります。四十九歳の方の歌にも「教へる」とあります。詠進の要領は仮名遣には触れてゐません。

これらの歌は元来がこの表記であつたと思ひますが、例へば四十一歳の方の歌に「空だつた」と促音が大きく表記されてゐるのを見て、選者が直したのではなからうかとも思ひました。仮名遣を気にする人はゐますが、促音の表記にまで心を配る人は少ないのではなからうかと思ふのです。原作がこれであつたならそれは仮名遣の表記問題として歓迎されるもので歌以外の場でもその表記を使つていただきたいものです。また選者が直すと言ふのであればそれも歌会始の伝統に則したものであり至当なことであると思ひます。この際詠進の要領に「表記は歴史的仮名遣による」と明記されるべきだと思ひます。

仮名遣をよしとする一方で、極めて残念なことは口語の歌が増えたことです。「出来た」「見てゐた」

「空だつた」「見たつて」「わからない」などは、推敲すれば文語に直せるものです。口語の歌はもはや年齢とは関係がないやうです。しかも文語文法を用ゐながら口語文法が混在してゐるものもあります。「過ぎし」と過去の助動詞を用ゐて、「灰皿のある」と結んでゐます。文語では終止形は「あり」です。何となく意味が通じればよいのではなく、陛下の大前に披講される歌としては文法の不統一や誤りは非礼であります。我々も詠進に関しては仮名遣や用語、文法に留意せねばならないでせう。仮名遣は正しくとも口語の歌が目立ち、それが気になります。戦後、折口信夫や吉野秀雄などの歌人が口語の歌のよろしからざる点を指摘してゐますが、もはや文語口語の違ひがわからなくなつてゐるやうです。

　俳句に比べ短歌人口は少ないものの、それでも多くの人が親しんでゐるやうです。ただそれは「短歌」であり、敷島の道の「歌」ではないやうです。仮名遣や文法がいい加減であるものに歌の伝統を見出すことはできません。ただ言葉をつなげるのではなく言霊の風雅を学ぶ必要があるのです。

　今一つ申し上げれば、徳川時代の歌御会始には、宮中の他に上皇（院）が主催されるものもありました。摂政や関白の要職に在る者の詠進がありました。明治以降も大臣の詠進が折々ありました。是非とも総理大臣以下の閣僚が必ず詠進すべきであるとの慣例を復活すべきでありませう。勅題に応じて歌を詠むことが国民の代表者に課せられるべきであります。きちんとした仮名遣と文法に則した歌を詠むことは一つの文化で、我が国の首相や大臣・国会議員たる資格があると言ふものです。これが残念でなりません。

宮中御稲刈り

令和二年の秋、天皇陛下には宮中において御稲刈りをなさいました。今年は御自からお播き遊ばされた稲をお田植ゑになられ、この度お刈り取りになられるといつた、一年を通して一連の御作業を初めてなさいました。御播種のことは上皇陛下が平成になつてからお始めになられた新儀で、今上陛下もその御心をお継ぎなさいました。まして今年は有難いことに、御稲刈りにあたり「農耕文化の中心である稲作の思ひを深める」「各地で収穫が無事行はれることを願ふ」と言ふ内容の御感想を仰せになられたとのことであります。

この宮中における稲作りは昭和天皇が始められたことであり、昭和、平成、令和と絶えることなく毎年の恒例の行事となつてをります。『昭和天皇実録』を見ますと、皇位を践まれた翌昭和二年に、早くも赤坂の仮皇居（赤坂離宮）に水田をお開きになられて、五月十日に御自から御播種、六月十四日にお田植ゑ、十月十九日にお刈取りをなさつてゐます。今日から見ると随分と農事暦が遅いやうに思はれますが、当時はこれが普通であつたやうです。ここで注目すべきはこの時は御播種もなさつておいでであつて、これによれば上皇陛下が始められた平成の新儀であるとの解説は改める必要があります。ただ『実録』を見ますと昭和天皇は毎年御播種をなさつてゐませんので、毎年の御播種を継続してなされた点では上皇陛下が初めてと申せませう。

昭和天皇に関して『実録』を見ますと、このお田植ゑの始めは農事御奨励と御研究のためであつたとあり、敢へて「齋庭の神勅」の顕現であるとの記述はありません。「齋庭の神勅」とは天孫降臨の時に天照大御神が瓊々杵尊に、稲穂と共に下し賜つたお言葉で、国民の食物としてこれを授けると仰せになつたものです（巻頭に奉掲）。

然しながら昭和天皇にはこの御自覚をお持ちになられてゐたと拝察するのであります。御代初めのお刈取りが十月十九日でありましたので、時期的に神宮の神嘗祭（十月十七日）にはお供へ申し上げなさつてはおいでであリませんし、尤もこの年は大正天皇の諒闇でありましたから御遠慮でもありました。昭和天皇がご自身でお田植ゑ、お刈取りになられた稲を「懸税《かけぢから》」として根付のまま、神宮に供せられたのは昭和二十七年の神嘗祭からですが、このことが「齋庭の神勅」を御自ら体現されてのことであり、またそれが、平成令和の天皇に受け伝へられたことに不動の真実をみるのであります。先の今上陛下の御感想も単に農事奨励の御思召しではなく、稲作を通して我が国を更なる瑞穂の国にしなくてはならないとの「齋庭の神勅」への返り申しの御自覚の表れと承りました。

皇太子殿下御誕生奉祝歌

昭和八年十二月二十三日、待望の皇太子殿下（現上皇陛下）がお生まれになりました。この折に幾つかの奉祝歌が作られ広く歌はれましたが、文部省が制定した次の歌は、今申し上げたやうな我が国の国柄を踏まへ、皇太子殿下の御降誕を寿ぐものとなつてゐます。作詞者は明らかにされてゐませんが作曲は信時潔《のぶときさよし》です。信時は「海ゆかば」の作曲者でもあります。

一　静かにあくる夜のとばり
朝日たださすこの国に
日嗣《ひつぎ》の皇子《みこ》は生《あ》れましぬ
瑞雲こむる大八洲《おほやしま》
今よろこびの声充ちて
日嗣の皇子は生れましぬ

二　豊葦原の中つ国
神の宣《の》らせし大勅《おほみこと》
日嗣の皇子は生れましぬ
皇孫《すめみま》ゆきて治めよと
今さながらにうけまして
日嗣の皇子は生れましぬ

三　波風四方に荒くとも
奇しきさだめの国民に
日嗣の皇子は生れましぬ
ゆるがぬ国の大日本《おほやまと》
栄《はえ》あらせんと畏《かしこ》くも
日嗣の皇子は生れましぬ

分かりやすい歌詞ですが、殊に二番の「豊葦原の中つ国　皇孫ゆきて治めよと　神の宣らせし大勅　今さながらにうけまして」が、先に挙げた「天壌無窮の神勅」の内容をよく表現したものとなつてをります。皇太子殿下（将来の天皇陛下）の御誕生は、かの神勅の「汝皇孫ゆきて治らせ」の再現にほかならないのであつて、その使命を奉じて日嗣の皇子は生《あ》れましたと称へ申し上げるのであります。文部省制定とあつて作詞者は明らかにされてゐませんが、当然のことながらこの神勅への深い理解があつたことと言へます。現代ではこの神勅を教へられないため国民は知りませんが、天皇の本質を理解する上では、現在においてもこの感覚が必要なのであります。なほ昭和九年四月二十一日、皇后陛下（香淳皇后）は東京音楽学校（現東京藝大）に行啓、演奏会に臨御されました。このとき開会の初めにこの曲が奏奏されました。

明治神宮御鎮座百年

明治神宮が代々木に御鎮座なさり、令和三年十一月一日を以て百年を迎へました。畏くも両陛下には御製、御歌を御奉献遊ばされました。

　　御製
百年の世のうつろひをみまもりし御社は建つ明治の杜に
　　御歌
木々さやぐ豊けき杜の御社に参りて明治の御代を偲びぬ

二首とも明治神宮の社叢が百年を経過して自然の杜となられたことを御詠みになりつつも、近代日本の礎ゑを築き給うた明治大帝を、またその大御代を称へ御偲びになられたものであります。令和の御代になつてから国民が御製、御歌を拝するのは、この正月の歌会始以来二度目にあたります。

更にまた、天皇皇后両陛下、上皇上皇后両陛下、また皇嗣宮同妃両殿下におかせられましては、御鎮座百年の祭儀に先立ち、十月二十八日にお揃ひで行幸啓あそばされ、それぞれに御参拝なさいました。また皇族方の御参拝もこれに続いて行はれました。明治神宮としては盛大な御鎮座百年の大祭と奉祝行事を企画してをりましたが、これも武漢肺炎禍により取止めや規模の縮小がありました。それでも夜間参拝の許された一日の夜空を彩つた花火は、この疫病退散の願ひの凝縮した物と映りました。

大正九年の御鎮座以来百年の歴史は、その四分の三が我が国の戦後の歴史とも重なります。明治神宮は都内に御鎮座になる大社として著名であり、初詣を始め多くの参拝者崇敬者に恵まれた環境にあります。然しながら現在の明治神宮はいま一つ御祭神の御聖徳を弘めることに、何か物足りないものがあるやうに感じます。明治維新百五十年の時もさうでありましたが、この御鎮座百年も、御屋根の葺き替へといつた造営事業がありましたが、もう少し若者へ向けての御祭神の御聖徳をお弘め申し上げる啓蒙活動があつてよいものと思ひます。新しく出来た博物館も広い空間ばかりで、千円の入館料に比して拝観者に訴へるものがあまり感じられません。今回は修復なつた昭憲皇太后の御召物の展示がありましたが、私は明治天皇が御自らお削りになられた短い鉛筆が印章に残りました。斯様な明治の精神を今再び熱く語り継ぐことが今の日本には必要なのであります。

明治天皇は我々の世代にとりましては当時の天皇（昭和天皇）の祖父君といふことで、また家族をはじめ身近なところに明治生まれが多く居ましたから、実に近い感覚がありました。学生時代に高澤信一郎宮司から「甘露寺宮司は大正天皇の御学友で御祭神をご存じでしたよ」と聞いて、感慨深いものがありました。明治神宮の御鎮座の時には、まだ多くの国民には両陛下の御生前の時の思ひが残つてゐたことでせうし、お近くに奉仕した人物にはそれは生々しい記憶としてあつたことでありませう。

この前まで身近でいらした方が神として祀られる、これは靖國神社にも謂へることかもしれません。実はこの感覚が大切なのでありませう。祀られる者と祀る者との繋がりが緊密である関係、そして祀ることを通して御霊が浄化され清まり神威が高まる、この信仰が神道の理解には欠かせないものなのです。もはや明治は遠くなり今上陛下から四代前の聖帝となつてしまひましたが、改めて明治天皇昭憲皇太后の大御霊の声を謹んで拝聴すべく、心を澄み清めなくてはならないやうです。

御敬神と御孝心

明治天皇の御敬神と御孝心について、『明治天皇紀』の明治二十六年三月十六日条に興味深い記事があります。この日総理大臣である伊藤博文に謁を給ひましたが、それに先立ち宮内大臣である土方久元に勅諚をお下しになられました。曰く「皇祖皇宗の祭事竝に山陵の費と皇太后供御の費とは少しも之れを減ずることなかれ」と。これは宮廷の御費用の節約についての思召しに関連してのことであります。

陛下は常に質素倹約を旨とされ、それを宮廷でも奨励遊ばされました。それに伴ふ陛下御自身の御窮屈についてはお厭ひなさらないものの、宮中、並びに陵墓の祭祀と皇太后（英照皇太后）の御日常の用度に関しては節約には及ばないとの叡慮でありました。ここには先祖祭祀への深い思召しと御孝心を拝することができます。これを聞し召された皇太后陛下は、御遠慮遊ばされ、ただでさへ御倹約の御日常を更に慎み深くおはしましたとのことです。かやうな御逸話は明治天皇崩御後に、大帝を御偲び申し上げる新聞や雑誌などの、嘗てお近くに奉仕した方々の書いた記事に見えます。当時の国民はこれを読み、明治天皇の御聖徳を追慕申し上げたのでした。崩御後百年以上を経過した今、改めてかやうな記事を集大成して読み物として広く流通させたいものであります。「明治の日」への改称の機運も高まりつつありますが、その根本は明治天皇追慕といふものであり、その大帝の御治世を回顧顕彰することにあります。それゆゑにかやうな明治天皇の御逸話を国民が遍く知ること、そのやうな地道な実践が必要と思ひます。

因みに宮中三殿は明治宮殿と同じく明治二十一年十月に竣工し、翌年、大日本帝国憲法の発布に先立ち、両陛下の皇居への御移徙の前に、現在の建物に赤坂の仮皇居から御遷座なさいました。また御歴代の陵墓も判明したもの全ての整備がやはりこの年までに竣工してをります。仮皇居には賢所の一宇しか御社殿はなく、皇霊と神殿奉斎の神々は同じ建物に御祭り遊ばされておいででした。このあとに全ての祭祀体系が整備される時期になります。宮中祭祀が厳格に規定されるのはこの後の「皇室祭祀令」となりますが、既にこの時点で祭祀の厳修を仰せであつたのです。

明治天皇百十年祭にあたり

明治天皇が崩御されてから令和四年で百十年を迎へました。昨年の御鎮座百年の御参拝に続き、また武漢肺炎禍下ではありましたが、七月三十日の皇霊殿当日祭、山陵での祭儀に先立ち、天皇皇后両陛下をはじめ皇族方が明治神宮へ行幸啓となり、親しく御参拝遊ばされました。これは嘗ての皇室祭祀令によれば崩御後百年を越えた天皇后妃の式年祭は百年ごととされてゐたものを改め、百年を越えても十年の節目の祭祀を営まれ、また明治神宮への十年ごとの御参拝を御恒例になさる御思召しであると拝察申し上げました。明治天皇が年々の先帝四代の例祭に入ることによるのかとも考へましたが、それではその四代に入る孝明天皇の御追祭も同様に行はれてもしかるべきでありますが、さうではないことを勘案しますと、やはり明治天皇に特別な御感懐をお持ちになつてのことと拝察申し上げます。この十年ごとの御参拝の例は多分に昭和天皇が御示しになつたものであり、皇室におかせられてはこの思召しを御継承なさつて、行幸啓を仰せ出されたものと存じ上げます。かやうに皇室におかせられても明治天皇は格別に御欽慕申し上げなさつておいでの御様子を拝するにつけ、国民側は明治の時代の何たるかも忘れ、明治天皇と明治神宮が結びつかないやうな状況は慚愧に耐へないものであります。

私も八月になつて明治神宮に参拝しました。常ならば春秋二期の大祭に参列するなど折々の参拝を心がけてをりましたが、武漢肺炎禍の蔓延は神事への参列を神宮側が遠慮願ふ形となつて、昨冬の参拝以来となりました。今一つの目的は明治神宮ミュージアムの百十年記念展示に奉陳されてゐる宝物である明治天皇お召しの祭服一領、黄櫨染御袍三領を拝観するためでありました。有識故実の装束に興味ある私には現代に至る天皇の装束である黄櫨染御袍の実物を拝して有難いものでした。常用のため痛んだ鰭袖のみお取替へになつた御物や、天皇自らお削り遊ばされた鉛筆を再び拝し、御倹約にお努め遊ばされた思召しをお偲び申し上げました。

明治の日の改称の運動も高まりを見せてゐるやうです。再びですが、あらためて国民が明治天皇の御聖徳を知る、学ぶやうな簡単な書物やその時代を回顧できる、視覚に訴へるやうなものができないことかと感じてをります。

立皇嗣の礼

令和三年十一月八日、秋篠宮殿下が皇嗣であることを内外に宣明される「皇嗣の礼」が挙行されました。洵に慶賀の至りであります。本来この御儀は即位関連儀式の最期の重儀として四月に行はれる予定でしたが、武漢肺炎禍により延引を仰せ出されてゐました。そしてまた規模を縮小しての挙行でしたが、神宮、山陵への勅使発遣の儀をはじめ、宮中での御祭儀に関するものは今上陛下の立太子礼に倣つて厳修されたと漏れ承ります。但し神宮への御参拝、神武天皇陵ほか、昭和天皇山陵への御奉告の御参拝は、行啓の奉迎の為に人が群れることを避けるべきとの思召しにより更に延期となり、翌年四月二十一日に行はれました。

国の儀式としては午後四時から行はれた朝見の儀を以て一連の御儀が終はつた旨の報道がなされてゐましたが、本義に照らせば神宮、神武天皇陵、昭和天皇山陵への御参拝を以て大礼諸儀の完結になります。これを見落としてはなりません。神事は皇室の私事との考へによる報道は大きな誤りなのです。

さてこれにより法的に、また事実として既に決まつてをりました秋篠宮殿下の皇位継承第一位といふことが、改めて内外に宣明されました。第二位は皇子の悠仁親王になります。これを受けて今後は皇位継承に関する重要な問題が、いよいよ議論される時期が来ます。拙著『令和の皇位継承』にも書いたやうに、皇室の悠久の歴史に鑑みて拙速、且つ稚拙な議論に終始することなく、男系継承を自明の理として議論をし、ゆめ後代へ禍根を残すやうなことがないやう、慎重になされることを念願してをります。

皇嗣殿下の御発言から

一方皇嗣殿下は令和三年の十一月の御誕生日前に報道機関の記者を御引見遊ばされ、三十日に宮内庁はその内容を発表しました。殿下は今回の御長女御降嫁の一連のことを回顧され、思召しの深情を仰せになりました。時間をかなり延長されてのお気持の御披瀝でもありました。

重要なことは皇室への批判に関しての御発言でありました。私はこれを至極当然のことと受け止めましたが、朝日新聞などはこの御発言に対しかなり批判的に記事を書いてゐました。何度も申し上げてきましたが、皇室の御存在の根本を理解してゐない上での批判は聞くに耐へません。皇室が根本儀を忘れ変容することへの批判は諫言として受け止められるべきでもありませうが、皇位の尊厳や皇室の権威に疵をつけるやうな故意の批判報道は控へるべきです。

殿下は御言葉をお選びになりながら「傾聴に値する批判もある」とされました。要は報道の仕方、姿勢でありませう。朝日新聞をはじめとして幾つかの新聞社は「天下の公器」である新聞の根本精神を忘れてかなり久しくなります。批判は重要なことですが、偏向した考への押し付けや不要の批判は何のためになされるものかわからないことがあります。いや、逆にその意図するところは十分にわかります。国益を損なひ、国家の存在を蹂躙するやうな記事は何のためにあるのか理解に苦しみます。

皇位は不動

また皇嗣殿下についてお書き申しあげた『秋篠宮』と言ふ本が出版されたとのことで、何人かの方から感想を求められました。多忙な為に私はこの本をまだ読んでゐませんが、著者は殿下の御心内を国民に知つてほしく、筆をとつたのでありませう。週刊誌が今もつて殿下のことを様々書きますが、およそ読むに耐へないものばかりです。

何れ時を得て読みたいとは思ひますが、皇嗣殿下を論評する論者が幾人かゐるなかで、次の皇位継承者は皇嗣殿下であり、その次は悠仁親王でおいでであると言ふことを事実として深く認識していただきたいのです。これは不動のものであり、何かしらの目的のために、如何様に誹謗や中傷をしたところで何ら変はることはないと言ふことなのです。畏れ多いことながら殿下を誹謗することは、却つて今後、殿下を天皇として戴くことになる日本国民全体を侮蔑し敵に回すことになると言ふことなのです。皇位は絶対なのです。その絶対の尊厳を認識してゐないことが殿下を貶めて書くといふ異常な行動になつてゆくやうです。

今は秋篠宮家を材料にして書けば、その書物は売れるのだと思ひます。国民の関心もそこにあります。ただ国民はお悩みを何とかして御助け申し上げたいと思つてゐるのであつて、それは次の天皇として戴くと言ふ事実を知つてゐるからなのです。誹謗や中傷は何も生みません。逆に著者の内奥にある異常な心意を世にさらけ出すことになります。私にはその心の卑しさだけしか伝はりません。大方の国民も同じ思ひでゐることに気づくべきです。誰が何を書かうと自由ですが、皇位は不動であり、個人の好き嫌ひによるものとは次元が遥かに違ふものなのです。

上皇陛下のお言葉への帰一

上皇陛下の平成二十八年のお言葉を拙著『令和の皇位継承』の巻頭に奉掲しました。それはこのお言葉に含まれてゐる深意を国民が知るべきだと拝察申し上げたからに他なりません。何度もこのお言葉を拝唱してゐると、そこには象徴天皇のありかたは国民に寄り添つて祈ることであると仰せであることが次第に分かつてまゐりました。そしてそれが歴代天皇のなさりやうであつたとも仰せになつておいでです。この「祈り」は当然、天皇と言ふ祭祀王としてのものであり、これが政教分離を厳しく定めた憲法が規定した我が国の象徴のありかた、姿であると仰せなのです。一見矛盾するかのやうな感覚をもちますが、さうではなく、これが事実なのであります。宮中祭祀が天皇の私事であると憲法が定めたところで、天皇の「祈り」はそれに止まらず、象徴天皇のお姿そのものであり、それが御歴代のお姿でもあつたのです。そしてこの国民に寄り添つて祈る象徴天皇が今後も途切れることがなく永続することを念願されてゐるのであります。私の解釈は拙く、陛下の思召しへの誤解があるやもしれませんが、私はそのやうに拝承しました。

昭和天皇は戦後、所謂人間宣言をなさいました。畏れ多いことですが、天皇が人間であることは宣言などされるまでもなく自明なことであり、この人間宣言などとの俗称は当時の世俗側から名付けたもので、そろそろこれも改める必要を感じてをります。昭和天皇は後日この「新日本建設の詔書」は戦後の日本の再建には五箇条の御誓文に倣ふべきであるとの御趣意をお示しになられたものであつたと仰せになつておいでです。天皇が言葉の上で自ら、架空なる観念に基づく天皇観を否定されたところで、歴代天皇の神性は否定できません。天皇は神そのものではないとしても、神性をお持ちであり、まさしく神に近い存在であつて、その神性は何等変はることがありません。萬葉集に雷の上に庵すると詠まれたやうにその神性には揺るぎはありません。

教科書にはこの詔書が殊更に「人間宣言」として載り、戦後の皇室のありかたの起点のやうな書き方をしてゐますが、実はこの上皇陛下のお言葉こそ、令和以降の皇室のありかたをお述べになられたもの、即ち象徴天皇としてのあり方を「国民に寄り添つて祈ること」であると仰せになつたことであり、これは国民の記憶に長く刻むべきものであると思ふのであります。その祈りにはおのづと神性が備はつてゐるのです。今後歴史はこのお言葉を天皇の譲位宣言などと書くやもしれませんが、その真意は象徴天皇の姿は祈りにあつて、その永続を願はれることが第一であり、それが高齢によつて全身全霊を以てできなくなることを恐れての御譲位の御発意であつたのです。これを間違へてはなりません。今一度このお言葉を何度も拝承し、その深意をわが身に体すべきでありませう。

「かしこい」と言ふと、現代では頭の回転がよいことを指したことばと考へがちですが、本来は恐れ、慎むやうな意味であります。人間ではできない自然の姿に感嘆することや、台風や地震の災害に恐れることも同じ感情です。人智を超越したところにあるものに畏怖の情を抱き、わが身を慎んだのでした。百二十六代、二千七百年近い歴史を男系で紡いできたことを思ふと、そこには「かしこさ」の情が自然と湧き出てきます。そしてこの「かしこさ」は今後も続くのです。

第二章　かしこさの行方

賀陽宮

秋篠宮悠仁親王殿下の神宮御参拝

悠仁親王殿下には令和四年十月朔日、神宮にお成りになり、外宮・内宮の順に御参拝遊ばされました。殿下が単独で神宮に御参拝になられたのはこれが初めてであります。宮内庁はこの御参拝の理由を神宮で開催中の正倉院御物の展観の為のお成りと説明してをりますが、御参拝が主であることは申すまでもありません。新聞報道などは十六歳におなりになつた云々と書いてをります。十六歳におなりになつた年にお一人で皇祖の大神の広前に玉串を奉られて御参拝になられた意義は大きいものであります。

この十六歳と言ふのは実は明治天皇が践祚された御歳であり、明治天皇の初めての神宮御親謁は翌年の、明治二年の春であります。これは天皇の初めての神宮御親謁といふ大きな意味のあるできごとでした。そのやうなことを思ひますと今回の御参拝がこれと重なるのであります。若き明治天皇はその御治世のはじめに神宮へその由を天皇として初めてお告げになられたのです。また今回、殿下も皇位継承者としての御身位をもつて、その重き御覚悟をお告げになられたことと拝察いたしますし、かやうなことが国民が殿下を将来の天皇と仰ぐ心意に繫がつていくのであります。

この御参拝の動画の緊張された殿下の面持ちを拝して、皇祖天照大御神へ初めて単独での御参拝のお気持ちのただならぬことを思ひました。将来の天皇の御身位に大御神の御加護のあらせられむことを祈ります。

悠仁親王殿下の御待遇

即位の礼の後の、令和三年四月に行はれる予定であつた立皇嗣の礼は、十一月八日に行なはれました。饗宴の儀、御車列の儀が中止され、宮中における諸儀のみに縮小されての実施でした。このやうな武漢肺炎禍下ではやむを得ない状況でしたが、早くにこの儀礼を済ませていただきたかつたのは、これが単独の儀礼ではなく即位儀礼の一環、締めくくりにあると言ふことに重きを置くからなのです。

秋篠宮殿下は今上陛下が践祚された令和元年五月一日を以つて、皇嗣となられたことは動かすことのできない事実であります。皇位継承第一位の御身位におはしますことは疑ひを挟む余地はないのですが、何故かそれを認めたくない声があり、立皇嗣の礼を済まされてゐなければ、まだ真の皇嗣ではないと強弁する方もゐました。そのやうな声の持ち主にも厳とした事実を示すべく、恙無く立皇嗣の礼が執り行はれました。神宮や山陵への奉告などの祭儀もお済ませになりました。

男子皇族の減少が憂慮されてゐますが、拙著『令和の皇位継承』に書かうと思ひながら書かないでゐたことが二つあります。一つは今回の大礼諸儀（即位の礼・大嘗祭）に悠仁親王殿下のおでまし（参列）を願ふべきであつたと言ふこと。もう一つは皇室における側室の問題であります。このことは別に項目を立てて書きました。

悠仁親王殿下にはまだ中学生でおいででありますが、未成年とは申せ皇位継承順位は二位と言ふ極めて重い御身位におはします。確かに未成年と言ふ年齢の問題はありますが、皇位継承といふ実に大きな問題において、殿下の御存在を抜きには考へられないものがあります。即位の礼においても未成年でありますから、冠を付けて位袍をお召しになることは叶ひませんが、過去の歴史を見れば昭和天皇は十四歳で皇太子といふことから御父大正天皇の思召しから即位の礼に参列なさいました。闕腋袍《けつてき》に空頂黒幘を召されてのことでありました。皇太子か否かは違ひますが、前例に倣へば可能なことでした。また、歴史上幼帝での御即位もあり、それなりの御装束の支度も可能であつたことと思ひます。明治天皇は元服を済まされたものの十六歳での御即位でありました。御父皇嗣殿下とともに高御座の前に侍立するのではなくとも、せめて式場のどこかに適宜な御席を設けて御参列いただくべきでありました。そのことが、いづれ天皇として御即位なさるといふ御自覚の涵養に資するものがあつたと思はれますし、また国民にとつても皇位継承二位でおはされるといつた重い御身位であることを認識する場にもなつたはずです。まだ中学生であるといつた、未成年の国民と何ら変はりなきやうな御扱ひはそろそろ止めるべきなのです。幼帝などはそれが元服前であつたとしても、国民は当然、天皇として深く認識してゐたわけであります。悠仁親王殿下にはいづれ皇位をお践みになる御立場であることを国民が斉しく認識せねばなりません。

九月六日

令和三年九月六日、悠仁親王殿下には御健やかに十五歳の御誕辰をお迎へ遊ばされました。六日は百年に一度とも言ふやうな台風の襲来が予報されましたが、九州西側を通過し大きな被害はありませんでした。拙著『令和の皇位継承』の刊行日（奥付）をこの日にしたのは、悠仁親王の御降誕された日であるからです。銘記していただきたいのはこの日は将来の天皇誕生日となるべき日なのです。ところが世にはこの日を将来も平日にしようと言ふ動きがあり、その蠢動が続いてゐます。言ふまでもなく女系論者の動きであります。私どもは将来、この日を「天皇誕生日（天長節）」として素直にお祝ひ申し上げる時代が来ることをただただ熱祷してきました。それゆゑに翌四年のこの御誕辰は洵に有難く、安堵した気持ちで迎へました。それは皇位継承に関する有識者会議の提言により、この日がいづれ天皇誕生日であるといふ不動の事実を改めて確認したからであります。

この日に国旗を掲げ宮中に参賀に行く日が将来やつて来ます。昭和の初夏、平成の冬、令和の初春、皇嗣殿下の霜月末日。そしてはじめて初秋の天皇誕生日を迎へるのです。私はその時分にはどうなつてゐるかはわかりませんが、この日が天皇誕生日である、なければならない確認の為に微力を尽した皆さんと共にどこかでお祝ひをしてゐることと思ひます。必ず天の岩戸は開かれるとの信念と祈り、そしてそのための行動が重要なものなのです。

令和四年の御誕辰に、宮内庁は殿下の御動画を公開、民放が放映申し上げました。新聞の報道にも赤坂の御所内に御父皇嗣殿下と御一緒に御水田をお拓り遊ばされた由、とあり、御動画には稲穂の出揃ひはじめた御田を御視察なさる御姿がありました。時恰もこの日、天皇陛下には宮中においてお稲刈りをなさいました。この、殿下の稲作への深い思召しは昭和天皇へも繋がるものであり、単なる農事御奨励ではなく、皇祖天照大御神の斎庭の神勅のまにまにおはします皇位継承者としての御自覚に繋がるものと拝見致しました。

新聞報道には蜻蛉への御関心や「生物多様性の保全へのご興味」（産経）などと言ふ科学方面への言及を御見受け致しましたが、殿下の今後のことを思ひまゐらせば、帝王学として是非とも悠久二千七百年にならうとする皇統・国史への深い御思慮、祭祀への御理解をなされますことを念願するものであります。間近には曾祖父にあたられる昭和天皇の御事跡、また明治大正の両天皇の時代をもお学びいただくことも必要かと存じます。

悠仁親王の御修学

天皇陛下と皇嗣殿下との年齢差は僅か五歳であります。仮に天皇陛下が八十五歳で上皇陛下のやうに御譲位の思召しをされたとして、その時皇嗣殿下は八十歳におなりになります。前例によつてこのお齢で践祚になる可能性があるのですが、高齢の殿下がそれを御辞退なさる思召しをお示しになることもあり得ます。この場合はまた様々な手続きが必要となりますが、さうなると皇室典範によつて悠仁親王が皇位をお継ぎになられます。その場合、御年齢は三十後半になられませう。今まで皇位を践まれる方は皇太子（皇嗣）として、天皇陛下を補佐されるなどして次期天皇の為の御資質を自然と御体得されてきました。宮中祭祀においても然りであります。しかしながらこの場合悠仁親王は皇太子としての重い御責務を御経験なきまま皇位をお践みになることとなります。このやうな大きな問題も懸念されるのであります。

さういふことを考へると、悠仁親王殿下にはいづれ皇位につかれるといふ自明の理のもとに、なるべく早くから帝王学の御修学をお薦めまゐらせるやうに側近は努めなければならないと思ひます。場合によつては高齢の皇嗣殿下を補佐して皇嗣代をお勤めなさる場合もあらうかと存じます。そのやうに先々のことをも今から考へていかねばならないのです。

帝王学としての神話教育の御進講

小室氏との婚儀の一件があつてから、皇室によせる様々な思ひが雑誌の紙面を賑はせてゐましたが、ある時「もし悠仁親王が御自由なお考へのもと即位を拒否されたらどうなるのだ」などと書いてゐる憲法学者がをりました。この危惧を既に私は何度も述べてきましたし、それは三十年も昔に、現上皇陛下の践祚の折に葦津珍彦先生が指摘されたことであります。保守系の憲法学者でも今更に気付くほどでは困ります。

悠仁親王殿下は高校御入学にあたり筑波大付属高校にお進みになりました。孝明天皇の思召しにより設立された公家学問所の伝統をつぐ学習院以外の学校へ、慣例を破り皇位継承資格者が初めて御入学になりました。入学方法などに関して批判の噂もありましたが、重要なことは学校で何をお学びになるのか、このやうに混沌とした時代にあつて将来の天皇としての御資質をどのやうに身におつけになるかが大きな課題であります。これは殿下御本人だけではできません。周囲の教師、学友が帝王学をお学びになる環境を作らねばならないのですが、国立の学校ゆゑ難しいのではないでせうか。私には懸念があります。

殿下の践祚御拒否で大慌てするのではなく、践祚拒否などなさらないやうに至当な御教育がなされればよい訳で、そのやうな国体に根差す御教育を申し上げる手立てを厚くすべきであると強く思ひます。昭和天皇は乃木希典大将から山鹿素行の『中朝事実』を学びました。ことに神器の章に重点があつたと言ひます。帝王教育の基本はここに極まります。天壌無窮の神勅への絶対なる確信、これなのです。また国史（日本史ではありません）は白鳥庫吉、倫理は杉浦重剛でした。そしてお手本とされたのが祖父明治天皇の御治績であります。悠仁親王殿下には是非とも明治天皇並びに曾祖父の昭和天皇について深くお学びになることが、帝王学への近道と存じます。かやうに宮中祭祀や神器について学ぶことが、我が国の真の帝王学なのでありますが、誰がこれをお教へ申し上げるのか。なかなか難しい問題であります。

書道は御父皇嗣殿下から有栖川御流を学ばれておいでの由を漏れ承りますが、歌学びもしていただきたくお願ひしたいものです。これこそ明治天皇の御集を御拝承なさつていただきたいのです。またある方が皇族にあらゆる義務を押し付けてしまふのは酷ではないかと申してをりましたが、これも皇族である以上致し方のないことと存じます。これは何れも天皇及び皇族と申すものがどのやうな御存在であるかを理解してゐないことによる発言と思はれます。

戦後の国民教育から神話は抹殺され、本来は国の根幹であり、皇統維持のための重要な意味を持つ神話が、学び語られる機会がなくなりました。それに代はり所謂民主主義といふ考へが皇室の内部にまで浸潤してきてゐます。即位の礼は本来この神勅に順ひ、天津日嗣としろしめすすめらみことであることを明らかにされる儀礼であり、日本国憲法に則りなどと仰せになる場ではないのです。さうなると皇族御自身が天皇や皇室のあり方に疑問を御持ちになるのも無理がないのかもしれません。この神勅への御理解を欠くと大いなる問題に繋がる危険性が顕になつてきました。神話教育の御進講が望まれます。

何をするにも行政の一機関である宮内庁では行き詰まりがあります。この際内閣から独立した嘗ての宮内省と改め、陛下直属の機関として皇室の将来の在り方を検討すべきです。また皇宮警察とは別に北面の武士たる近衛府を再興するべきでありませう。現状である限り宮内庁には皇室のことを第一に考へられず、お護り申し上げる責務もないのです。

悠仁親王の中学卒業御奉告参拝

悠仁親王殿下は中学御卒業にあたり、令和四年三月十八日に宮中三殿並びに昭和天皇香淳皇后の御陵に御奉告の参拝をなさいました。これは小学校御卒業の折にもなされたことであり、かやうな儀礼を通して今後皇位を継承される御自覚を涵養遊ばされるには重要なことであります。宮中三殿では庭上からの御参拝であつたと漏れ承りますが、どの新聞にもこのことは報道されず、御陵への御参拝だけが書かれてゐました。

曾祖父母に当たられる昭和の両陛下の御生涯をお学びになることは、殿下が帝王学をお学びになる基本となるに違ひありません。今上陛下も皇嗣殿下も昭和天皇は御身近におはしました。しかしよく考へれば、平成は三十一年、令和に改元して五年になり、平成生まれが多くなる時代となり、昭和天皇の御生涯を記憶に留めることは皇室だけの問題ではなく、国民総てに言へることとなりました。毎年迎へる四月二十九日の昭和の日が苦難に満ちた昭和の回顧に止まらず、昭和天皇を追慕し敬仰申し上げる日でなければならぬ意義がいよいよ大切になつてきました。私は昭和の回顧といふ時に、昭和天皇を抜きにして昭和の庶民の生活にばかり焦点があてられる風潮を懸念してゐます。改めて四月二十九日の昭和の日の意義を考へるべきでありませう。本書の発行日をその日にしたのはそのためでもあります。

皇室と御学修

徳川時代の末、光格天皇には嘗ての教育機関である大学寮の再興の思召しがありました。その後に即位された仁孝天皇は公家衆の学問修学に憂慮をお示しになられ、京都に公家学問所を興す思召しを示され、これが孝明天皇により具体化されて弘化四年に学問所が開かれ、ついで嘉永二年に「學習院」の勅額を下賜遊ばされました。この伝統はその後一時期の杜絶がありましたが、明治になつてこの叡慮を継承されて皇族華族の学問所として東京に学習院が再興されました。学習院は宮内省の管轄下の華族学校として運営され、戦後の改革がありましたものの、その思召しは継承されて今も大学として存在してをります。明治以降皇族方は学習院へ御進学遊ばされるのが慣ひとなつてをり、昭和天皇は乃木希典院長の時代に初等科に在学され、その後高輪の東宮御殿に建てられた東宮御学問所において特別の御教育を御受けになりました。学習院時代には乃木院長の御薫育があり、御学問所では杉浦重剛の倫理学の御進講をはじめ様々な御教育を御受けになりました。昭和天皇はかやうにして後に天皇におなりになる帝王学を御学びになつたのです。実はこれが大切なものでした。

人間の人格形成には全てにおいて教育が基本であることは論を俟ちません。さういふ意味で学習院には皇室をはじめ、その藩屏である華族の教育の伝統がありました。これは少なからず戦後も継承され天皇陛下をはじめ皇嗣殿下、皇族方はここに初等科から大学まで御修学遊ばされました。今も敬宮殿下が文学部に御在学になつておいでです。

しかしながら秋篠宮家では大学進学にあたつては御子様のご希望を重んじになられて御自由になさいました。悠仁親王は学習院初等科ではなく、お茶の水女子大付属小へ御入学なさいました。皇族は学習院でなければならないと言ふ訳ではありませんが、今一つ慎重さがあるべきでした。畏れ多いことですがこの御自由さが眞子内親王に災ひしたのかもしれません。小室氏との出会ひも進学先の大学にあつたやうですし、悠仁親王に害を及ぼさうとした長谷川某の事件も、そのやうな環境の中での出来事でありました。但しこれは偶然のことであつて、学習院であつたならばさうはならなかつたとも言ひ切れないものがあります。

さうは申せ、皇族が民間人と同じく自由に進学先を御選択したいとする御思ひには、警備の問題を含め様々な面において、どこかに無理が生じることを浮き彫りにしました。「皇族の自由」と言ふ問題は今後も大きな課題となるものと思ひます。

先にも述べましたが、私は将来に皇位を御践みになり、天皇となられる悠仁親王殿下が、このやうな状況の中で如何に帝王学を御身に御体得なされるかに大変な関心を抱いてをります。そしてそれは大きな懸念ともなつてをります。教育は人格形成の上に重要なものでありますし、一般国民同様の学習は申すまでもなく、その他に「帝王学」をどのやうに誰からお学びになるのかを懸念してをります。御歴代の天皇の鴻業を学ばれればそれは自然と御理解なさることと存じますが、現在、御歴代の御聖徳をきちんと教へまゐらすことのできる学者がゐるのか否か定かではありません。殿下には御修学の御自由がある一方で教へ申し上げる側にも帝王教育の責務があるのです。そして学習の環境以前に御身の安全を万全に期した場でなければなりません。そのやうに考へると民間人が往き来する一般の大学といふ空間に学ばれることでよいのかといふ問題に突き当たります。我々ですら何が起こるのか全く予期できない厳しい時代環境の中で、皇室も民間と同じ土俵でよいとの安易な「開かれた皇室」論は改める必要があります。国民の側から是非とも九重の内におはしましていただくやうにお願ひ申し上げるべき時代になりつつあると思はれます。

第三章　皇統維持の行方

本書では皇統は男系であるとの自明の理のもと、「皇統」を用ゐ、「男系」の語は極力使ひません。そして現在の皇室制度を考へるとき、その基本はやはり明治の「皇室典範」にあることを抑へておく必要があります。明治と言ふ近代化の中で天皇を中心とした強固な国造りをせねばならなかつた時の、先人の様々な考へを検討し、それを踏まへて定められたものですから、その内容は現代でも不動の位置を持つもので、参考になるものなのです。

閑院宮

皇室制度の基本

明治憲法とともに定められた旧「皇室典範」も、その後の皇室の在り方や状況の変化から増補がされて細部の変化はありましたが、男系男子の長子優先といふ基本原則は現行の「皇室典範」にも踏襲されました。そして今こそ皇統による皇位の継承と維持とが最大優先事項となつてゐるのです。

明治の「皇室典範」が制定されて以来、優に百年を経過しましたが、今日のやうな高齢化社会を予測してゐないために天皇の在位の終身制が問題視され、特例法で譲位が実現されました。明治の「皇室典範」が天皇の終身制を定めた折に、高齢化も御病弱の場合も考慮されてゐたはずで、その場合は摂政を置く定めがありました。勿論摂政は皇族です。それまでもして天皇の終身制をとつたのは何故かといふ問題を、譲位が話題になつた際に取り上げましたが、これはあまり議論されませんでした。国史を顧みればわかることで、そのことは『令和の皇位継承』に書きましたのでここには繰り返しませんが、基本は皇位の継承が（他者の介入もなく）正しく問題もなく行はれなくてはならないといふことにあります。

現代の皇位継承問題で重要な点は「男系男子による皇位継承の維持」であるといふことで、これが不動の事実であるといふことを有識者会議の報告書は明確に宣言しました。皇族数の確保、女性皇族の問題などはその次のことであり、「男系男子による皇位継承の維持」のために今後は何をなすべきかが取組むべき課題となります。

先に基本が明治の「皇室典範」にあると書きましたが、この制定時には明治天皇の直系の皇子は皇太子嘉仁親王（後の大正天皇）お一人でありました。それでも男子皇族が多くおいでになつたことにより「皇室典範」に皇族の養子制度は採用されませんでした。それどころか『明治天皇紀』のこの前後を見ますと、永世皇族制の可否についても論じられてをります。土方久元の「皇族がこのまま続けば皇族への支給が減り体面を汚すことになる」との懸念や、それに対して井上毅が「皇族の賜姓は古制になく、皇族の繁栄は国家の賀である」と反論したことが見えます。明治天皇はこれを黙聴された旨が書かれてゐますが、後日土方を召して汝等の言は正鵠を得たりと仰せになり、皇族の賜姓を検討すべき御沙汰が下されました。当時の状況を踏まへればこの通りでありますが、今日はこれとは全く逆の現象となつてゐます。それゆゑ明治の「皇室典範」とは全くかけ離れた状況であるため、皇族の養子制に限つてはこれに準拠して不可とするわけには参りません。

三島由紀夫烈士五十年祭

令和二年十一月二十三日は昨年の大嘗祭に続き、令和の初の新嘗祭が宮中の神嘉殿で行はれました。平成の二十年以降に天皇陛下の御高齢をお案じ申し上げて祭儀の簡略化がなされ、夕の儀のみの御親祭でありましたが、今回は元の姿に戻され、夕暁の二儀を御親祭遊ばされました。皇嗣殿下も隔殿に侍され、御拝礼になられたと承ります。

ついで二十五日は三島由紀夫烈士が逝いて五十年を迎へました。書店ではどこも三島特輯の場が持たれ、多くの関連書物が見かけられました。この五十年を機に改めて晩年の三島烈士の憂憤について正面から向き合つて真剣に考へていただきたいものです。殊に政治家と言はれる議員は、彼が突きつけた憲法問題、天皇・自衛隊の問題について目をそらすことなく取り組む時が来てゐることを自覚してほしいものです。もう先送りはできない国際状況にあるのです。

そのやうな中で極めて異質であつたのが、「三島由紀夫は女系を容認してゐた」といふものがあつたことです。これは著名な女系推進の方が書いたもので、既に十年ほど前からこのことを唱へてゐたやうで、それに関しては松浦威明氏が批判を書いてゐます。女系容認の論は殊更に今年が三島烈士の五十年祭にあたるゆゑに、その注目を意識してのことであつたのでせう。「あの三島由紀夫が女系を容認してゐたのだ」との印象操作を巧みに作り上げたのです。これは三島烈士が内々の研究会で「男系に限る必要はない」と発言したとの、実に曖昧なことを事実であるかのやうに唱へてゐるだけなのです。

過去の人物、しかも五十年も経過してしまひ、またそれも公の席で大衆に向かつて語り、誰しもがさうであつたと確認できたのならともかく、内々の研究会での明らかではない発言を今さら言ふのは我田引水の誹りを免れないものです。言つた言はないなどの確とした証拠を云々してももはや始まるものではなく、仮に一時的にそのやうな発言をしたとしても、きちんとした説明をし、また議論をすれば即座に撤回したことでありませう。それは『文化防衛論』の内容に矛盾をきたすものであつて、それではなぜあの当時に「男系に限る必要はない」と言はねばならなかつたのかの説明ができないのです。それなのにこれを喧伝してやまない為か、この方は「三島のアイデイア」「一種の天才的閃き」

「先見性、洞察力の卓抜さ」などの言辞を用ゐて妙な持ち上げ方をしてゐます。私にはこれが実に聞こえの悪く、座りの悪い文章でならないのです。何らかの悪意が潜んだ不遜な陰が見え隠れしてゐます。自分の主張を正当化するために確としないことを殊更に強調してゐるとしか考へられないのです。そしてそこには烈士への思慕が全く伺はれないのであつて、自分の主張の補足の材料としてゐるだけのであります。

これは三島烈士の全てを百とすれば、この有無定かではない発言などは一にも満たないことで、一蹴唾棄すべき事柄です。ただ盾の会に関与した元の会員の方には先生の名誉を傷つけ、捨て置くことのならない出来事であることに相違ありません。無視も出来ないので幾つかの反論が出てゐますが、この女系容認論によつて三島像は揺らぐことはありません。

有識者会議

歴史用語に「有識故実《イウソクコジツ》」といふものがあります。過去の先例に詳しく、儀式や儀礼についての知識の深いことを言ふ語です。これは公家武家に亘るかなり幅の広い学問で、國學院大學にはこの道の権威であつた鈴木敬三先生がおいでで、日本で唯一「有識故実」といふ講義がありました。私は高校時代に先生と御縁をいただき、以来大学の四年間、またその後も先生が平成四年にお亡くなりになるまで、月毎の研究会に参加して教へを受けました。先生は博覧強記で、私の質問に「それは『兵範記』のどこのところに」、「そのことは『東鑑』のどこそこに、かうある」、などと話され、後で書物にあたると確かにその記述がありました。明治生まれの学者はまさに有識故実そのものを身に体しておいでであります。

ところで政府は皇位継承の問題に関して、また「有識者会議」を設けました。小泉内閣の時に女系容認の結論が先にありき、の姿勢の「有識者会議」なるものが設けられ、昏迷したことがありましたが、また今回も同じ名称の会が設けられました。有識故実はイウソクと読み、こちらはユウシキと読みますが、意味するところは同じなのですが、この構成員の方たちが皇位継承の問題に関してどの程度の「有識」であるのか疑問でした。

上皇陛下の御譲位に関して、その付帯決議として今後の安定的な皇位継承の問題を考へることが挙げられ、重い腰が上がつたのはよしとしても、その方向性は見えてきませんでした。この問題に関しての「有識者」はかなり重い役目であり、故実先例によほど詳しくなければならず、また皇統の重さ皇位の尊厳、祭祀への理解、即ち「天皇」と言ふものへの敬意と愛情、深い智識と洞察力とが必要となるのです。それに該当する人物か否か、頗る疑問がよぎり、これでどのやうな結論を導くのか、結論とまで行かずともまとまつた提案ができるのであるかの懸念もありました。前回の会議では旧皇族に関しての問題も浮上してをり、以前の「有識者会議」の時とはまた違つた様子で真摯さもあり、重い腰を上げたのは評価できるでせう。時間の余裕が無いのも事実ですが、慎重な議論が大切で拙速はいけません。「皇位の尊厳」についてどうなるのか気がかりでしたが、最終的な報告書は納得のいくものでした。

有識者会議の迷走

皇位継承に関する有識者会議は初期の頃には迷走してゐるやうに見えました。男系女系相半ばといふ意見の開陳があつたやうです。それなりの人物を体裁よく招いてゐるため、これは予想できた当然のことでした。そもそもこの会議自体何の目的で開かれてゐるのかわかりません。「皇位継承の安定的な」などとのよくわからない名称もいけません。

皇位は高天原のことよさしによる天壌無窮の神勅のまにまにあるもので、その尊厳は至高なものなのです。それを「天皇制」「天皇制度」などと、制度と見做し、制度である以上廃止できるとの妄念を抱く者があるから油断なりません。誰がどのやうな考へを持たうともその人の自由でありますが、再度申し上げますが、皇位は天壌無窮の神勅のまにまにあるものであつて、これが厳然たる事実であります。ですから有識者会議で意見を聴取される人物は、まづ皇位の尊厳を充分承知し、万世一系の皇統に対し奉り畏怖尊崇の念を抱く者でなければなりません。心の底から、素直な気持ちで天皇陛下万歳を祈念できる人物であることがこの問題を語る資格であるのです。万世一系の皇統など架空の観念だと皇位の尊厳を理解しない者とは同じ土俵で話ができるものではないのです。

有識者会議に招かれる人はその方面の学者としては第一人者なのでありませうが、こと皇位や皇統に関しての尊崇や思慕、畏敬の念があるかないかは容易に測ることができません。前提として「天皇陛下万歳である」といふ基本の理念や方針が示されてゐないから、国史に根差す皇統維持を理解してゐないどころか、皇位に対しても無知で、憲法を先づ第一に優先して考へ、自分の専門分野のみの蘊蓄ばかりを述べ、好き放題な無責任なことを述べてゐる人がゐます。本来は「百二十六代男系で維持されてきた皇統、この上ない皇位の尊厳を守り今後も男系で維持すべきにはどうするべきか」といふ前提のもと、甲乙建設的に話を進めるべきであるのです。勿論そこには男系女系といつた様々な意見が出ることもあるでせうが、「天皇陛下万歳」を祈念できない人物の意見は聞くに値ひのないものと思ひます。

今までの話を報道から伺ふ限り、その中にはこの場には相応しからぬと思はれる放言もありました。基本は皇位が永続するためにどうあるべきかと言つた、皇位、天皇、皇室を第一に考へた上での議論でなければならないのです。しかるに今回も憲法を盾に、旧皇族の復帰、皇位継承権の付与は憲法に違反するなどとの暴論がありました。皇位は憲法と言ふ俗事をはるかに超越したものであつて、憲法や皇室典範に縛られてそれがために皇統の維持が難しくなるやうなことがあつてはならないのです。制度として憲法があつても、惟神である大御位は神代のことよさしのままであり、これは憲法に縛られる制度ではありません。さういふことを理解する必要があるのです。たかが七十数年の憲法、しかも制定時に慎重に検討されたわけでもないことが明らかなものであり、且つまたこのやうな事態になることすら想定だにしてゐない時代の産物を、二千七百年に及ばうとする天津日嗣《あまつひつぎ》の大御位《おほみくらゐ》に宛てがふことができるのか否か、そこを重視するべきなのです。天津日嗣の大御位が憲法や皇室典範に反すると言ふのなら反さない解釈をすればよく、殊更にそのやうな陳腐な憲法議論をしたところで後世に嗤ひの種を残すだけではありませんか。明治の憲法制定にあたつても大日本帝國憲法と皇室典範は別立てのものであつて、天津日嗣しろしめすことは俗事ではないとの認識がありました。

有識者会議の曙光

皇位継承に関しての有識者会議が、その方向性を取りまとめました。それによれば女性皇族が婚姻後皇族として残る案と併記して皇籍から離脱させられた旧皇族の男系男子を皇籍に復帰する案を確認したのです。一見正統な皇統（男系）と女系の双方を併記したやうですが、女性宮家や女系に関しては慎重性が求められるとしてゐます。

この案はこの時点では双方ともその具体案が見えませんでしたが、後者に関してはやっと正面から取り上げる真摯な姿勢が見えました。小泉内閣の舵取りで進められた皇統についての邪悪な思惑は、十六年も空費してあの結論を迎へました。ただその十六年は空費ではなく、啓蒙の時間でもあつたのでせう。様々な意見が述べられ甲乙拮抗し、或は冷静さを欠いたり感情論のみが喧伝されたりしましたが、今回はやうやく正統な皇統のあり方に誰もが理解を示したことの現はれであります。世界最古の王室（皇室）である事実を知れば、今の時点でそれを覆すことは大きな問題であると認識されたのです。先の私の懸念は払拭されました。

ただ結論が出たところで、安堵してゐてはなりません。平成の御即位礼が恙無く終へた後に葦津珍彦先生が「さあ戦ひはこれからだ」と仰せになつたことを思ふと、今後も油断はできません。皇統の護持といふ大きな使命こそ我が国の国民に課せられた義務に他ならないのです。女系派は今後も執拗な反対運動を繰り広げることでせうが、皇室問題を取り上げるのはよいとしても、皇室問題を生活収入の材料にすることはいかがかと思ひます。私は皇室関係の自著の原稿料も印税も不要としました。皇室問題で生活収入を得ることは不遜であると考へたからです。女系派は今回打撃を受けることになり、女系こそと声高に唱へて、これを生活収入にしてゐた人はもはや相手にされなくなるのかもしれません。そろそろ国民を分断するこの考へを捨てる時期であると思ひます。

有識者会議報告書

令和三年の上皇陛下の御誕辰の前日に政府の皇位継承有識者会議が、過去の聞き取りをまとめた最終報告書を提出しました。この内容は女系と言ふ考へ方の持つ問題点、危険性をも指摘し、それを回避すべき方策を挙げたもので細かに見ればなほ考慮すべき問題点はあるものの、大方は私どもの考へ方と同じであり、また実に至当なものであつたことに安堵いたしました。要するに大きな基本である「皇位継承は皇統に属する男系男子による」といふ当然の理を改めて確認したものとなつてゐます。女系による皇位継承と言ふ問題を一顧だにしないその態度は大いに歓迎されるもので、慎重にその非を述べ、理に叶はぬものとして断固認めないといふ方針を明らかにし、また女系論一派の策動を予期してか福沢諭吉の「帝室論」の「帝室は政治社外のものなり」を引いて「皇室をめぐる課題が、政争の対象になったり、国論を二分したりするようなことはあってはならないものと考え」、静謐な環境の中で検討することを望むとしてゐます。これは尤もなことであります。更に、この報告書は今上陛下を第百二十六代と明記しました。「神話によれば」といふやうな変な枕詞をつけませんでした。この一点においてもこの報告書の誠実さがうかがへます。

この報告書は皇位継承の問題点と、皇族の減少に対しての方策と言ふことを取り上げて、その判断を示しました。第一に悠仁親王殿下への皇位継承を確認し、一部に囁かれてゐる敬宮殿下の皇位継承の策を排し、「今に至る皇位継承の歴史を振り返るとき、次世代の皇位継承者がいらっしゃる中でその仕組みに大きな変更を加えることには、十分慎重でなければなりません」「今上陛下、秋篠宮皇嗣殿下、次世代の皇位継承資格者として悠仁親王殿下がいらっしゃることを前提に、この皇位継承の流れをゆるがせにしてはならないということで一致しました」と明確に宣言したことがあげられます。皇位継承は国民の好き嫌ひと言ふ次元のものではないと言ふことを明らかにしました。この皇位継承の順位は当然のことであり、拙著『令和の皇位継承』でも力説したところであつて有難いことでした。ただこの報告書が「これまで歴代の皇位は、例外なく男系で継承されてきました」とだけ記して、何故男系でなければならないのか、皇位とは何かと云ふ大きな問題に触れなかつたことが残念でした。天照大御神の「ことよさし」に「かへりごと申す」身は男系でなければならない、と云ふ根本の理があること、皇位はこの「ことよさし」のまにまにあると言ふことをも宣言してほしかつたものです。ここでも議論は神話には遡らない限界があつたやうです。

女性皇族のありかた

報告書は次に悠仁親王殿下の他の皇族方が婚姻により皇籍を離れ、その数が減ることについて指摘し、「皇族数確保の具体的方策」を三点あげました。それを見ていきます。その第一が「内親王・女王が婚姻後も皇族の身分を保持すること」であり、内親王や女王が御結婚後も皇族としての身位で御活動いただくことを明記しました。ただこのことは女系への途を拓くことにも繋がり、危険を孕み懸念があるとする我等の意見を踏まへてか、「女性皇族の婚姻後生まれてくる子（女性皇族の配偶者が皇統に属する男系の男子でない限り、父方で天皇と血統がつながらないので女系の子となる）にもしも将来皇位継承を認めることとなれば、それは女系継承になってしまうという考え」があると記した上で「この点については、女性皇族が皇族でない男性と婚姻しても皇族の身分を保持するという新しい制度を導入した場合、その子は皇位継承資格を持たないとすることが考えられます。また、配偶者と子は皇族という特別の身分を有せず、一般国民としての権利・義務を保持し続けるものとする」としました。この明記は女系を一切排するといふ堅実な意思の表れであり、実に重要なものであります。

皇族の養子制度について

また第二として皇族の養子制度を新たに設ける「皇族には認められていない養子縁組を可能とし、皇統に属する男系の男子を皇族とすること」をも明記しました。これは画期的な大宣言であります。そしてここでも「皇統に属する男系の男子」と男系維持を特筆しました。それは「皇族が男系による継承を積み重ねてきたことを踏まえると、養子となり皇族となる者も、皇統に属する男系の男子に該当する者に限ることが適切である」との判断に基づいてゐます。そしてそれに該当する方として戦後に皇籍を離脱せしめられた十一宮家にも言及するのです。それは「この方策については、昭和二十二年十月に皇籍を離脱したいわゆる旧十一宮家の皇族男子の子孫である男系の男子の方々に養子に入っていただくこと」であり「これらの皇籍を離脱した旧十一宮家の皇族男子は、日本国憲法及び現行の皇室典範の下で、皇位継承資格を有していた方々であり、その子孫の方々に養子として皇族となっていただくことも考えられる」とするものです。この主張も我々は随分としてきましたのでこれも至当な判断であります。今までここに踏み込んだ議論はありませんでしたから、これが一番重要かつ喫緊なことであることを広く国民に知らせたことになりました。

そしてこの主張に対し、多年にわたり一般国民であつた、または今上陛下から遠縁であるとして反対する意見も取り上げて、「皇籍を離脱して以来、長年一般国民として過ごしてきた方々であり、また、現在の皇室との男系の血縁が遠いことから、国民の理解と支持を得るのは難しいという意見もあります。しかしながら、養子となった後、現在の皇室の方々と共に様々な活動を担い、役割を果たしていかれることによって、皇族となられたことについての国民の理解と共感が徐々に形成されていくことも期待されます」と述べるのです。この様々な活動を担ひ、役割を果たしていくことにより、国民の理解と共感が徐々に形成されていくと言ふ指摘は実は重要なことなのであります。皇室の在り方の根本、逆を申せば皇室に寄せる国民の思ひはここにあるのです。一時的に国民であつたとしても、また遠縁であるとも貴種の皇胤であることには変はりはありません。時間の経過によりそれらの疑問は解決されるものであると確信します。そして養子縁組されたその方には皇位継承権がなく、その子の代になつて皇位継承権が生じるとの考へは実に慎重で堅実なものであり、私の思ひつかなかつたことでもあります。なほ男系維持のために徳川家の例が示されてゐますが、これなどは拙著に紹介したものであり、少しは参考にして戴いたのではないかと密かに思ひます。

皇統に属する男系男子を皇族とする

報告書は第三点目に「皇統に属する男系の男子を法律により直接皇族とすること」を挙げました。即ち先にも触れた十一宮家の旧皇族は「日本国憲法及び現行皇室典範が施行された昭和二十二年五月三日から同年十月十四日に皇籍離脱するまでの間は、皇位継承順位第六位の寛仁親王（三笠宮崇仁親王第一男子）に次ぐ第七位以降、二十六方が皇位継承資格を持っていた」とする一方で「皇統に属するとはいえ現在一般国民である方が、現在皇室にいらっしゃる皇族方と何ら家族関係を有しないまま皇族となることは、国民の理解と支持の観点からは困難な面がある」とするのです。これは国民の理解や支持の面からはさうであるかもしれません。ただ報告書も述べる通り、一、二の方策で皇族数が確保できない場合にはこれも視野にいれるべき策であると思ひます。男系男子を維持するといふのであればこれも重要なことの一つであることを考慮すべきであります。

新聞報道はこの報告書の内容を各新聞社の考へを潤飾した上で記事にしてゐるので注意が必要で

す。まさに情報操作そのものですから新聞記事とは別に本文を読むことをお勧めします。敬称の問題を取り上げても、本文には「悠仁親王殿下」とあるのに、新聞は「悠仁さま」と書き換へてゐるのですから注意が必要です。

世襲宮家の確立へ

私は拙著『令和の皇位継承』で、徳川時代は世襲の四宮家は当主が御不在になつても存続してゐたことを挙げました。しかるべき方が養子にお入りになられ宮家をお継ぎになられた前例があるのです。明治以降は養子を禁じたため、これらの名家の宮家が断絶しました。

今後養子縁組がかやうになされるなら、現存宮家の常陸宮家、三笠宮家がその対象となりませう。宮家の宮号は嘗て都のあつた京都近辺の所縁の地名がつけられてきましたが、大正天皇の第二皇子雍仁親王に秩父宮の宮号が治定され、初めて関東の地名が用ゐられ、常陸宮がこれに次ぎました。秩父宮殿下は薨去のあと秩父神社の御祭神としてお祀りされてゐます。三笠宮、秋篠宮はともに奈良の地名であります。また悠仁親王が践祚されると自然と秋篠宮家の家名も絶えることになります。これも徳川時代に光格天皇が践祚された後も閑院宮家が続いたと同様にこの名跡も残す必要がありませう。

拙著にも書きましたが、私は今一つ、高松宮家を再興していただきたく思ふのです。将来、男子皇族が増えた場合、新たに宮家を興すことも大切ですが、嘗ての名家である宮家の再興も視野にいれるべきでありませう。高松宮家は有栖川宮家の祭祀を継承された宮家でありました。大正二年、有栖川宮威仁親王の危篤に当たり、大正天皇の思召しによりその第三皇子の宣仁親王が有栖川宮の名跡を継がれ、有栖川の旧称高松宮を賜つたのです。威仁親王は皇子栽仁王に先立たれておいででした。かやうなことを重視すれば、絶家により空白の期間があるものの、その名称を継承することにより国民の宮家への思ひや親しみも増すことと思ふのです。秩父宮もさうですが、是非とも桂宮、閑院宮の名跡も再興されたいとの思ひがあります。

四親王家の猶子の制

そこで一つの考へ方として徳川時代に盛んに行はれてゐた、四親王家の猶子の制を参考にしてみませう。猶子とは「ゆうし」と読み、読み下すと「猶《な》ほ子のごとし」となります。実の子ではないがそのやうに扱ふといふ意味です。徳川時代の閑院宮、有栖川宮、桂宮、伏見宮の各宮家の御当主は時の天皇との繋がりが遠くとも親王宣下を受け、それで宮家の祭祀を継承しました。宮家を継承したのではなく、祭祀を継いだのです。親王宣下を受けるとその天皇の「猶子」とされ、徳川時代だけを見ても次のやうに多くの方々がおいでになつてゐます。（※は養子）

後陽成天皇　伏見宮貞清親王
後水尾天皇　伏見宮邦道親王　伏見宮貞致親王　桂宮智忠親王
霊元天皇　伏見宮邦永親王
東山天皇　伏見宮貞建親王　有栖川宮正仁親王　桂宮家仁親王

桜町天皇　伏見宮邦忠親王　桂宮公仁親王
桃園天皇　有栖川宮織仁親王
後桃園天皇　伏見宮貞敬親王
光格天皇　伏見宮邦家親王　有栖川宮韶仁親王　有栖川宮幟仁親王　※山階宮晃親王
仁孝天皇　伏見宮貞教親王　有栖川宮熾仁親王　※久邇宮朝彦親王　※北白川宮能仁親王
孝明天皇　伏見宮貞愛親王　※閑院宮載仁親王

これは宮家の継承のための制度であると言はれますが、親王宣下を受け、猶子とされることは皇位継承の御資格があるとの認識があつたことがわかります。現在、伏見宮家は皇統としては遠い傍系の御存在であるなどと言はれますが、ご覧の通り徳川時代を通してみても伏見宮家の御歴代は当代の天皇の猶子であつたのです。傍系継承の正統性は十分にあつたのです。

ただ実際について、少し申し上げておかねばならないことが二例あります。一つは桃園天皇の猶子に有栖川宮織仁親王がおいでであありましたが、天皇の崩御後に姉の智子内親王が即位され（後桜町天皇　女帝）たのは、桃園天皇の皇子に英仁親王がおいでであありこの皇子の御成長を待つ間の為でありました。また、いま一つは後桃園天皇の崩御後、閑院宮（祐宮）兼仁王（宣下後に親王　後の光格天皇）が即位されたことであります。後桃園天皇はお若く二十二歳で崩じられ一歳の欣子女王がお一人残されました。この時は伏見宮貞敬親王が猶子でありましたが、廷臣は当代に至る直系、即ち欣子女王（のち内親王）に適宜な皇族を迎へて皇統を継ぐことが至当であると考へました。そこで閑院宮典仁親王の皇子である九歳の祐宮兼仁王に、欣子女王を配して皇位を継承させることになつたのです。急なことでしたからまづ祐宮兼仁王を養子とすべき叡慮御治定があり、同時に准后（後桃園天皇中宮）藤原維子を養母とし、親王宣下が行はれました。ここでは明確に「養子」とされてゐます。

かやうに実の子ではなくとも男系男子であることにより、猶子や養子といふ制度を設け、宮家の祭祀の継承とともに皇位継承を盤石なものとしてゐたのです。皇位継承は皇位を践むことであり、それは皇霊祭祀を継承することなのです。

ところで男系男子の養子制に関して、敬宮内親王殿下に旧皇族男子を配して女帝として即位していただくとの声があります。確かにこれも男系であるには相違ありませんが、皇位継承は「男系男子の長子優先」が基本であれば、現においでの悠仁親王の御存在を越えて男系であればいいとは限りません。先の後桜町天皇の即位にあたつても長子英仁親王がおいでであつたために、その成長を待つために一時期の女帝の御即位となつたのであり、光格天皇の御即位は直系の男子を欠いたため直系の女子を兼仁親王に配したのであります。敬宮内親王殿下に旧皇族男子を配して皇族としておいでいただくことは歓迎すべきことでありますが、ここで宮家が創設されるのは御配偶が旧皇族であるからであり敬宮殿下であるからではないのです。ですから今後は悠仁親王殿下の御直宮の男系が皇位継承をしてゆくことになり、敬宮内親王殿下に旧皇族男子を配した宮家は、皇位継承順位が後になる点を見過つてはなりません。

旧皇族への理解

今の時点で何も知らない一般の国民に対して「皇位継承者に相応しい人物として、敬宮殿下と旧皇族の子孫の方と、どちらを選びますか」と訊けば、多分敬宮殿下と答へるでせう。それは質問が旧皇族の子孫の方といふ漠然とした言ひ方をはじめ、それがどなたであるのかが想像もできないからであつて、一方で敬宮殿下は広く国民が存じ上げてゐることによるのです。ですからこの質問の答へは公平な目で見て判断する材料にはなりません。

皇位継承に関する報告書が旧皇族の子孫の方を皇統維持の為に、宮家の養子とすることを可能とすべきであるとした以上、この「旧皇族」と言ふことについて国民に分かりやすく説明する義務があると思ひます。そしてその説明にはいつどのやうな状況で皇籍から脱離した（させられた）のかと言ふことが明らかにされなければなりません。そしてこれが将来の皇室の弱体化のための手段であつたこと、そしてその影響が七十余年を経た今日になつて明らかになつたことを示さねばなりません。皇室の弱体化、解体は我が国の根本の憂慮すべき問題であるのです。

まづ第一に現在の憲法が公布された下においても皇族であつた事実を抑へておくことです。次に当時の宮内省が独立を失ひ、皇室に関する予算が減らされ、皇族数を減らす必要がでてきたことにもよります。この格下げは言ふまでもなく敗戦による占領軍の意向でもあります。なにより考へねばならないことは、当時、昭和天皇の直宮、また弟宮に男子皇族が多くいらして、今後も男子が生まれることが期待できた状況であつたことを踏まへねばなりません。もしあの当時に今日のやうな男子皇族が少ない状況であつたなら、占領下であらうとも宮家の削減には抵抗があつたはずです。皇位継承とは我が国にとつて重要且つ根幹の問題ですから、十一宮家全てを残さないとしても、ある程度の数の宮家は残さねばならないと考へたはずです。さうであれば現在でもその宮家は皇族として続いてゐたのです。

昭和の時代に今上陛下まで男子がお生まれになつたことにより安心してしまひ、皇位継承に関して皇室典範に男系男子の継承を明記するものの、その具体的な方途を考へることを怠りました。少なくとも昭和五十年代頃に「もしも」のことを考へて次の対策を真摯に考へてゐればよかつたのです。まだ戦後三十年の時代です。旧皇族も民間にあること三十年でした。

ともかく今は国民に広く遍く「旧皇族」及びその子孫の御存在のこと、男系の御血筋をついでゐる方がおいでになること、更に上皇陛下の従兄弟、今上陛下とははとこの御関係であつて、菊栄親睦会などを通じて、今も皇室とも御懇意であることなどを国民に知らせる必要があるのです。ただ現在のマスコミの偏向した報道ぶりからみれば、事実をどう伝へるのか、大いに懸念される点が多い上に、女系を主張する声に乗じたマスコミは、あらぬことをほじくり出して誹謗中傷をすることが懸念されます。大いに困りものです。

伏見博明氏の著書

そのやうな中で伏見宮家の当主である伏見博明氏が『旧皇族の宗家・伏見宮家に生まれて』（中央公

論社刊）と言ふ本を出されました。旧皇族自らが皇室の御役にたつことができればと旧皇族がどのやうなものであるかをお書きになりました。尤も高齢のため聞き書きを編輯した文章でありますが、そのお気持ちや国民に対して旧皇族の御存在をわかりやすく示した画期的なものとなりました。

伏見博明氏は室町時代から続く伏見宮家の御当主で、先の十一宮家の多くがここから分派した総本家にあたります。伏見宮博義王の皇子で昭和七年に生まれました。上皇陛下とは一つ違ひで学習院初等科では御学友として日光の疎開に随行してをります。父博義王が昭和十三年に急に薨去されたあと七歳で宮家を継がれました。母朝子妃は一條實輝の三女ですから昭憲皇太后の御生家との繋がりがあります。また叔母の知子女王が久邇宮朝融王妃で、王の妹が香淳皇后にあたります。このやうに皇室とは縁故が深いのですが、現在は後継の男子がおいでになりません。あるいはそのやうな境遇であることが、堂々と旧宮家について公表できることとなつたのでありませう。いづれにせよこの本は旧皇族と言ふものの御存在、そして今は民間人ではあるものの皇室と深い繋がりがあることを世の人に知らせるものとなりました。

私が本書の中で感銘を受けたのは皇族は何事にも動じない精神的な訓練を子供の頃から身に付けるといふことであります。これは皇族の御資質と申し上げるものなのでせう。今上陛下の御動作、例へば歌会始の録画などを拝しますと、大変長時間に亘る行事であつても微動だになさいません。陪聴を許された者が居眠りをした噂などを聞くこともありますが、我々凡人は長時間になれば緊張も緩み頭を掻いたり、周囲を見たりします。夏など武道館の追悼式への行幸啓を拝しても、猛暑の中汗をおかきになりません。昭和天皇は御在位六十年の式典の最中に、感極まり一条の涙をお流しになりましたが、涙を拭ふことはなさいませんでした。このやうなことは訓練してできるものでもありません。やはりそこには皇族としての自覚から生じるものがあるのだと思ひます。皇族・旧皇族には血筋とともに伝へられた行動様式が自づと具はつてゐるのであらうと思はれます。

旧皇族の子孫の方

旧皇族の子孫の方と言ふとまづ保守の論客である竹田恒泰氏が思ひ浮かびませう。氏は皇籍を脱離した竹田宮恒徳王の三男恒和氏の長男です。ご自分で竹田宮家の直系ではないと述べておいでの通り長男恒正氏には一人、次男恒治氏には二人の男子がおいでになります。この恒徳王の父恒久王は北白川宮能久親王（伏見宮邦家親王第九皇子）の第一皇子で、明治三十九年に竹田宮の号を賜りました。王妃は明治天皇の皇女常宮昌子内親王であります。

この北白川宮家は能久親王が台湾征討において風土の病気で薨去されたあと、三男の成久王が継ぎました。長男が竹田宮を興し、次男延久王は夭折されたためです。この成久王の王妃も明治天皇の皇女の周宮房子内親王です。成久王は外遊中の仏蘭西の巴里で交通事故により薨去、皇子の永久王も大東亜出征中の戦地で薨去されるなど三代に亘り外地で薨去されました。その子道久氏は伊勢の神宮の大宮司をなさいました。叔母の佐和子氏が宮内庁掌典長の東園基文氏に嫁いでおいでです。かやうに北白川家も皇室との縁故が深い家柄ですが、このあと後継の男子がゐないと聞いてをります。

能久親王は御子様が多くおいでであります。成久王の他の三人の男子は小松、二荒、上野の姓と爵位を賜はり華族に列されました。二荒、上野の姓は能久親王が嘗て輪王寺宮と称して江戸上野の寛永寺においでであり、日光輪王寺兼帯であつた所縁からのものです。長女の満子女王は明治神宮の甘露寺受長宮司の妻でした。先の伊勢の神宮の大宮司である小松揮世久氏はこの小松侯爵家の当主であり、また現在の大宮司である久邇尊朝氏は久邇宮家の当主で、祖父朝融王の妹宮が昭和天皇の皇后（香淳皇后）となります。かやうに旧皇族は現在の皇室とも実に縁故が深いのです。

宮家の養子

先の神宮大宮司の小松侯爵家の創立については次のやうな事情があります。このことは明治の皇室典範制定以前の宮家の在り方を考へる材料になります。

明治になつて閑院宮　有栖川宮、桂宮　伏見宮の四つの世襲親王家の嫡子は従前の例によつて親王宣下を受けて天皇の養子となり、新たに取り立ての宮家は、親王は一代に限りました。二代目からは姓を賜ひ、臣籍に入る一代皇族の制を定めて王子がその宮家を継ぐことが認められませんでした。

しかし明治二年に山階宮晃親王が末弟である定麿王を養子とすることが勅許され、また明治五年一月に薨去された北白川宮智成親王は、兄の能久親王が宮家を継承をすることを遺志とされ、それを勅許されたのです。ついで明治九年に華頂宮博経親王の重篤に当り、王子博厚王を特旨を以て皇族の列に加へ、華頂宮家を継がせました。このやうにして兄弟の継承から王子に依る宮家の継承の例が開かれてゆきます。なお博厚王はのち天皇の養子となつて親王宣下を蒙つてゐます。世襲親王家の他にも宮家を増やし、親王宣下をして明治天皇の養子とし、皇位継承の安定を図つたのです。このやうにして一代宮家の制は崩れてゆきましたが、天皇の養子となる制度は宮家の存在意義を明らかにしました。

明治十八年、さきに山階宮の継嗣とされた定麿王を小松宮の継嗣とし、山階宮晃親王の実子で梨本宮の継嗣とされてゐた菊麿王を山階宮の継嗣としました。兄弟関係より父子の関係を重視したのです。梨本宮へは久邇宮朝彦親王の王子多田王（のちの守正王）を入れて同宮家を継承させるなど、後継者の変更が行はれました。詳細は宮内庁編『皇室制度史料』皇族四巻に書いてあります。

さて、小松宮彰仁親王の後継となつた定麿王は、翌明治十九年に親王宣下を受け依仁親王と改名し、明治天皇の養子とされました。また、能久親王の第四皇子の輝久王は明治二十一年に生まれ、翌年小松宮彰仁親王（能久親王の兄）の養子とされましたが、同年に発布された明治の皇室典範に皇族は皇族からも養子をとれないといふ制度ができたため、後年（明治四十三年）臣籍に降りて前述の小松侯爵になりました。これにより依仁親王も小松宮を継ぐことができずに新たに東伏見宮家を創設することになります。

かやうに明治の皇室典範が制定されるまでの宮家や皇族の扱ひは徳川時代の慣例に倣ひつつも新たな形を模索してゐたのです。皇室典範が制定されて、永世皇族が確立する一方、皇族の養子の制を廃したため、宮家の継承は実系の王子に限られることになりました。

立憲民主党の本質

皇位継承問題の報告書が国会に提出されたのを受けて、各党はその検討に入りました。その中で立憲民主党（以下立民）は男系男子の継承に否定的な意見を述べてゐます。報告書が女性宮家に言及してゐない点などを指摘して、安定的な皇位継承を皇族数の確保にすり替へたとして争ふ姿勢を見せてゐます。報告書をよく読めばわかることですが、男系と言ふことを守ることが第一である以上、ややもすれば女系を導く可能性が少しでもある女性宮家を排したのは当然なことなのです。

立民は先の選挙で共産党と組みました（勿論自民党が公明党と組んでゐることも問題ですし、自民党内にも穏やかではない雰囲気がありますが）。共産党の組織票をあてにしたのでせうが、この目論見は失敗でした。選挙後共産党とは距離を置いたやうですが、今回のこの報告書に対する批判はまさに皇室をなきもの、皇統を女系と言ふ別のものにする、謂はば皇室解体を目指した発言であると断じることができませう。立民の皇室観の本質は共産党と通じるものがあることを明らかにしたのであります。

政治の場で与党と違ふ姿勢を明らかにすることは大事なものだと思ひますが、国家の根本の理念を枉げることは穏やかではありません。かやうなことを政争の具にしてはならないのです。立民は女性宮家などといふことではなく、それ以前にどのやうな皇室観をもつてゐるのかを明らかに示すことが必要でせう。憲法との釣り合ひで地位や門地などと言ふことを論じても、皇室自体がそれを超越したものであることに思ひを致さねばなりません。この場合与党を批判することが皇室解体につながる恐ろしいことであると言ふことに気づかねばなりません。女系論者を招いて勉強会をし、与党とは別の色を出さうと努力しても、それが皇室解体政党であることの表明であり、却つて国民からの不評を買ふだけなのです。女系論者に踊らされてゐることに気づかないのでせうか。野田元首相が国会における安倍氏の追悼演説の中で当時の天皇陛下の譲位の思召しに関して政争の具にしてはならないと確認し合つたことを披歴されてゐましたが、それと同じく皇位継承は政争の具にしてはなりません。それを好んで大騒ぎをすれば、立民は共産党と同じく皇室をなきものにせんとする政党であることを世に公にすることになります。理屈は要りません。まごころを示すべきです。皇位継承に関することは政争の具にしてはならないのです。

『日本書紀』の神武天皇の御巻に「八紘為宇」といふ語があります。「八紘《あめのした》をおほひて宇《いへ》と為《な》す」と読み、天皇の御稜威（お徳）が一つの屋根の下の全世界に及ぶことと解釈されてゐます。ここから「八紘一宇」といふ標語ができました。天皇の御稜威とは世界最古の王室であると言ふことと、百二十六代に亘る男系の血筋にあり、この尊貴さを仰ぐことなのです。

グローバル化とは何も小学校から英語を学ぶことではありません。外国語に通じてゐることは立派なことですが、そこに自国の文化や歴史と言ふ魂がなければなりません。真のグローバルとは各民族がその独自性を保ちつつ、相互に理解した上での世界構築でなければなりません。そのため我々は神話や古典に立ち返り、日本民族独自の自己同一性を見出さねばならないのです。過去の日本と自分との繋がりの認識、過去と現在の往復が可能で、それは今の自分の心を豊かにすることなのです。グローバルな国民の育成には英語教育よりも先に古典教育の充実が図られるべきなのです。

第四章

側室の行方

北白川宮

一夫一婦制が当然の社会通念となつた今日、側室の在り方を論じることは大変難しい問題となりました。まして皇室における側室となると一筋縄ではまゐりません。しかし少数とは言へ側室がまだ制度として存在してゐることも承知しておく必要があります。三笠宮寛仁親王殿下が福祉団体の柏朋会の会誌『ざ・とど』八十八号に男系皇統を貫くための方策をお述べになられ、その中に「側室を置くという手もあります。私は大賛成ですが」とあります。

ここでは皇統の維持と言ふ点から側室のありかたといふことを考へてみたく思ひます。賛否といふ以前に歴史的にあつた事実に目をむけて、一つの考へ方を示しておきます。

側室の考へ方

側室の問題を取り扱ふことは、現代では随分と難しいものとなつてゐます。拙著『令和の皇位継承』に関してある女系推進論者から、自分が一番の関心事である側室のことについて避けてゐるとの厳しい批判がありました。その論者の言ふところは、御歴代の天皇の多くが庶出であり、皇室に男子が多くおいでになつたのは、過去において側室がゐたためであり、旧皇族の血筋の方が皇籍を取得されても、側室が公に認められない現代の風潮の中で、一人の后妃による男子の誕生は確実には望めないと言ふことでした。確かに過去の御歴代は御正室からの皇子ではなく、庶子が皇位を継いでゐる例が甚だ多いことは事実であります。それでは皇位の安定的継承を望むなら皇室におかせられても側室を設けてよいのではないかと思つても、それがその通りに罷り通らないのが現代の状況でもあります。

その論者は、かうである以上は養子をとつたり、宮家を増やしても、いづれどの宮家にも男子がお生まれにならない確率もあり、いつか女系にならざるを得ない場合が来るのであらうと言ひます。そして側室を置くといつた主張が出来る輿論ならともかく、それが無理であるから、自分は女系論を信奉してゐるのだと言ふのです。ただ男子がお生まれにならないと初めから諦めるのではなく、その点は我々の深い「祈り」に通じるものではないでせうか。

昭和この方、今上陛下までは直系に男子の御降誕がありましたし、三笠宮家にも男子がお生まれになりました。その一方で幾つかの宮家においては皇子女の御誕生もなく、男子の御生まれがなかつたのも事実です。悲観的に考へれば、この論者の言ふこともその通りなのですが、それが即女系容認に繋がるとはあまりにも短絡的ではないかと思ひます。側室がなくとも男子の御降誕が望めないとは限りませんし、こればかりは神慮以外の何ものでもありません。また皇室の系図を細かに見れば、男子の誕生も多く認められますが、嘗ては小児の死亡率が高かつたことが指摘できます。それが庶出の皇子が皇位を継承せねばならなかつた経緯でありませう。その時代に比べ医療技術の進歩発展は目覚ましいものがあり、その点では現代に庶出を取り上げて声高に論ふのはいかがかとも思はれます。

森鷗外の『雁』を高校の授業で扱つたことがあります。無縁坂に住むお玉さんは「妾」として登場します。高校生はこの「妾」を「愛人」と理解しますが、法的に全く違ふものであつて「妾」「側室」は正妻ではないものの認知されてゐた妻であつたと説明しても理解に苦しむやうです。

このやうな状況下で側室の問題を令和の今日に論ずるのはかなり難しいことで慎重性が求められます。結局はそれが性差の問題となり女性をどう把へるのかといつた、女性観にまで及びます。更に女性の人権と言ふ問題にも突き当たります。子供を生むことは女性にしかできないことであり、その神聖さにも及ぶかもしれません。そもそも人類が子孫を残していくと言ふ営みを令和の今日、様々な状況の中でどう考へてゆくのかといふ考へにも発展し、また少子化の問題もありますが、これには確たる答へはありません。人間の本能とその本能への疑問が個人の問題として複雑に絡んでゐるのも承知してゐます。それは我々庶民の道徳観念に根差すものと、皇室がどうあるべきかとの思ひとの、複雑な関係ともなります。そして先にも申しましたが「皇位の尊厳」を重視することへ繋がつてゆきます。それを国民がどう認識し理解するかと言ふことにあるのです。

昭和天皇は東宮の時代に欧州に行啓され、英国に側室の制度のない事に感銘されたと言ひます。たしかに側室の制度はありませんでしたが、愛人が存在する王はゐました。側室は制度であり、愛人は個人の問題であり、道徳的問題としては大きな差があることを見誤つてはいけません。

このやうに側室の問題はかなり大きく、今ここで取り上げるには難しいものがあります。今までこの側室問題はある意味で蔭の部分として正面から取り上げるのも憚りがあつたことも、潜在的な意識としてあるのだと思ひます。

皇室と道徳観念

皇室における側室の問題を考へるときにいつも頭を悩ませることとは、皇室のあり方と道徳観念の関係についてです。本書にも皇室に「よい家庭のお手本」を見出したのは誤りであつたと書いてゐます。皇室は皇室として超然としてあるべきで、そこに国民が民間の家庭の一つの理想像を描いたのは誤りでした。昭和天皇の頃からこの感覚が生じ、上皇陛下の御成婚後の昭和四十年代にそれが顕著であり、当時の写真画報などにはそのやうな記事が書かれてをります。

それと同様に皇室に「道徳観念の基準」を当て嵌めてしまつたことはよかつたのか悪かつたのか、その判断が付かずにゐます。明治二十三年に渙発された「教育ニ関スル勅語」は明治天皇の御自らの仰せとして広く国民の仰ぐところとなりました。元田永孚の進講による教学大旨を基に儒教倫理を骨格としたこの勅語は皇祖皇宗の遺訓であり、日本人の生活や道徳の軌範を改めて示したものでありました。明治天皇御自ら「拳拳服膺シテ」と仰せになつておいでであります。世に十二徳と称される徳目は、人としてあるべき姿とされてゐます。

「夫婦相和」と「側室」とは当然別のものであると認識されてゐたのでありますが、それでも明治天皇には側室がございました。これは世の習ひでもありました。大正天皇は第一子から皇男子が四人もお生まれになつたため、側室の必要がありませんでした。昭和天皇は御成婚以来約十年、皇男子のお生まれがなかつたため側室を設けてはとの進言がありましたが、御承知なさいませんでした。それは御自身で修得された帝王学や倫理観によるものと拝察いたします。昭和天皇には皇位と言ふものへの深い思召しがあつたことは終戦の詔勅からも分かりますし、皇后宮に対する思ひや皇位にあるものが側室を置くべきではないとの帝王学があつたと拝察致します。また明治の時代に比して、このやうな側室感覚も次第に変化してきたのも事実でありませう。

本来皇室は一般の国民とは違ひ、聖なる場であり、その神聖さが永続せねばならないのです。それが国民の願ひであり、我が国の永続の秘訣なのであります。その神聖さの証拠が男系といふ皇統なのであります。例へその男系である皇統に連なる方が一時期民間にあつたとしても、その皇統の神聖さは失はれません。この一点を抑へておく必要があります。国民が仰ぐのは神話につながるこの不思議な例へやうのない神聖さにあるのです。

しかし戦後になつて今まであつた国民側の道徳観が崩壊してゆくにつれ、皇室に対して道徳的な姿を求めるやうになつて行きました。しかしそれはあくまでも道徳的な観念であり、皇位の重さ、尊厳とは別のものであるやうです。そこが曖昧になつてしまつてゐるから混乱が生じてゐるのです。皇位の尊厳を理解して、それを護る為であるならば側室の必要性も堂々と説かれてよいのですが、倫理観ばかりが表面に押し出され、それが求められてをります。ただ側室になる方の人権やお考への配慮も必要となります。

例へば小室氏との御結婚の一件は、かの母子の道徳的な観念から批判され、語られますが、さうではなく皇位や皇室の尊厳を傷つけることになると言ふ視点から批判されるべきものと思ひます。側室を置くことも道徳観念から語るのではなく、皇統を如何に伝へるかといふ、皇位の重さから語られるべきものなのです。そこには国民の視点から見て違和感があり、非情に映るやうなこともあり得るのです。それは皇室が国民と同じではなく超越した聖なる御存在であるからなのです。この認識が実は重要で難しいものなのです。

明治天皇の側室について

側室がゐたために男系が維持されてきたとする考へは、一理あります。ただ側室が存在した理由は、子孫を残さねばならない、またはどうやつて残すかと言ふ点にあつたと言へませう。少なくとも昭和の初めの頃まで、我々の親の世代までは多産でありました。しかしその一方で子供の死亡率も高かつたのです。産後の肥立ちが悪いと言ふことは当時では母子ともに出産に伴ふ大きな懸念であつたのですし、幼児期に思はぬ疾病で命を落とす子供も多くゐました。それでも一般国民の家庭では子供は健康的に逞しく育てられたやうです。その上今日の医学の飛躍的な進展が子供の死亡率を少なくしました。

しかし、明治の初中期までの宮中では、その御日常において旧来の仕来りや観念が払拭されませんでした。玉体に鍼や灸を据ゑてはならないとも言はれてきました。明治天皇は西洋の医学をお好きでありませんでしたし、その崩御前に御容態が急変されるまで、御典醫以外には御脈を取らせない御希望や慣はしがありました。そのやうな環境の中で、深窓の育ちである公家の姫君お一人が宮中に入内されて御出産をなさることは、実は大きな負担でもありました。そこで複数の側室が制度として存在してゐたのです。

公家の高倉家は装束の着装といふ衣文を家業として今日まで宮中と深い関係にありますが、幕末に高倉寿子と言ふ若い方が、一条家の寿栄君に御仕へしました。暫くしてこの寿栄君は若き明治天皇の皇后に冊立され美子と名を改められました。後の昭憲皇太后であります。寿子はそのまま皇后付の女官として宮中に奉仕し、明治六年に典侍（皇后付）となりました。寿子を明治天皇の典侍であるから、側室であつたなどと書いてゐる本もありますが、それは間違ひであつて、女官は天皇にも皇后にも皇太后にも同じ職名でそれぞれ仕へてゐました。実はそれ以前に明治天皇には権典侍の葉室光子と、同じく権典侍の橋本夏子といふ公家出身の二人の側室がをりましたが、光子は第一皇子を夏子は第一皇女を産んだものの、お二人とも母子ともに産後の肥立ちが悪くお亡くなりになりました。寿子はこれを深く憂慮して宮中の御内儀の改革を進めました。なにより寿子は皇后の御信任が厚かつたのです。

外苑の聖徳記念絵画館にある壁画の中に皇后の行啓を描いた絵にはその後ろに控へてゐる寿子の姿がみえます。ものの本によつては皇后の御信任が厚すぎたため、明治天皇は寿子を遠ざけられたと書いたものもあります。

寿子が御内儀を取り仕切る前には、東京にお移りになつた後でも中山績子や広橋静子などの旧来の女官が、京都以来のお局の仕来りを陋習と言はれても改めることをしませんでした。寿子は西洋王室に並ぶべき皇室像を描いてゐたと言ひます。そのため一度に何人もの側室を置く従来のありかたに異議を唱へ、柳原愛子、小倉文子、千種任子、園祥子と言つた何れも公家の娘である四人を年代をずらして側室としたと申します。後藤良雄の『日本後宮史』には明治天皇には九人の側室があつたと書かれてゐますが、ここにはその名前もなく何を側室の基準に考へたのかも曖昧な表記となつてをります。歌道典侍や掌侍といふのは女官の役職名であり、それらが皆天皇の側室であつたのではありません。歌道の指南をしたと言ふ税所敦子などを側室と書いたものがありますが、天皇の二十六歳年上であつてこれはありえないことです。

四人の側室、即ち柳原愛子は明治八年に梅宮薫子内親王、十年に建宮敬仁親王を生みましたが、二人のお子様は一年足らずでお隠れになりました。明治十二年に皇子（嘉仁親王＝後の大正天皇）を生んだあとは、御内儀にあつても一切を遠慮なさつたと申します。翌十三年に小倉文子が権典侍となりましたが懐妊のことはなく、ついで千種任子が権典侍となり、お二人を生みましたが健康的にも優れず、お子様も夭逝されました。次の園祥子は明治十九年に久宮静子内親王、翌年には昭宮猷仁親王を生みましたがお二方とも一年余りでお隠れになられました。しかしそのあと一男五女を生み、その中の四人の内親王（常宮昌子・竹田宮恒久王妃、周宮房子・北白川宮成久王妃、富美宮允子・朝香宮鳩彦王妃、泰宮聡子・東久邇稔彦王妃）が御成長なさいました。このやうに見てみますと、明治天皇の側室も一度に何人もゐたとは申せず、年代によつて変化があり、また時代による出産技術の進展があつたことも伺はれます。

側室の御待遇

高倉寿子は皇后の深い御理解のもと、このやうに側室制度を改めたのでした。そしてそこには皇統を維持せねばならないといふ熱い思ひと近代皇室のあり方を巡る難しい葛藤があつたことが伺はれます。寿子は皇后（昭憲皇太后）の崩御後に四十七年奉仕した宮中から下がり、京都に帰りました。昭和五年九十一歳で亡くなり、「元典侍正五位勲三等高倉壽子墓」と書かれたその墓は京都の知恩院にひつそりと建つてゐます。なほ大正天皇の御生母の柳原愛子は昭和十八年、八十八歳で亡くなり、その墓は東京の祐天寺に一般人の墓と並んであります。また園祥子は昭和二十二年七十九歳で亡くなられました。これらの方々は天皇と婚姻の関係はありましたが、皇族として扱はれることはありませんでした。そこには厳格な差があつたのです。早蕨の典侍と称された柳原愛子は実の子である大正天皇の崩御に立ち会ふこともできませんでした。ただ一説によれば貞明皇后の御配慮によつて枕辺でお別れを告げられたとも申しますが、『昭和天皇実録』にはその記載はありません。昭和天皇からは喪中御尋として菓子を賜つてゐますが、弔問も表向きには叶ひませんでした。今日からみれば非人情的なこ

蓮上院（大江磐代君）御墓
京都蘆山寺内宮内庁管轄墓地
（令和三年十二月　中澤妻撮影）

とですが、これが側室といふものの立場であることを十分に弁へ理解してゐたのです。

側室について思ひを馳せると様々なことが頭を過ぎります。実の生母であるのですが、その御待遇はまた別であつたのです。中でも光格天皇の御生母にあたる大江磐代《いはしろ》と言ふ側室についてはもう少し丁寧に知つていただきたい思ひがしてをります。磐代は伯耆から家族で上京し、はじめ閑院宮典仁親王妃成子内親王に仕へ、内親王の御結婚とともに閑院宮家へ移りました。針仕事などの雑事に奉仕してゐたと申します。そこで典仁親王の皇子を宿すことになりました。閑院宮家で祐宮と申された皇子で此の方が後の光格天皇であります。この女性が生んだ皇子が皇統の危機を助けた事実をもつと顕彰すべきであります。大統譜を見れば御歴代の天皇の生母には典侍などの称号、院号などがついてをりますが、光格天皇の御生母にはただ磐代とあるのみです。出家後は蓮上院と申されました。この方のお墓は閑院宮家の墓のある京都の蘆山寺の裏の、宮家の墓地にやや近い所の民間人（周囲には中山家などの公家の墓がある）の墓地の中に、典仁親王のお墓（明治になつて慶光天皇と追謚されましたので蘆山寺陵と申します）に向いてこぢんまりと建つてをります。気がつかないと見落としてしまふ程のものですが、皇統（男系）維持に大きな功績があり、国母とも申し上げるべき方でありませう。私は京都に行くたびにここに参り今日の皇統に思ひを致し、感謝の心をこめてお参りしてをります。磐代は畏れ多いことながら自分が生んだ皇子が皇統（男系）維持になつたといふことを熟知してゐた女性でありますが、歴史の表には表れません。明治になつて顕彰されて正四位、ついで明治天皇は従一位を追贈なさいました。

平成二十四年に磐代の出身地である鳥取県の倉吉市の博物館で磐代に関する顕彰展が開かれ、その図録が刊行されてゐます。実に周到に出来た図録でこれ一冊で充分な有難い伝記となつてをります。ご興味のある方は左記へお求めください。

『大江磐代君顕彰展図録』（千円　送料三七〇円）

〒682―0824　鳥取県倉吉市仲ノ町三四四五―八　倉吉市立博物館（電話　0858―22―4409）

徳川時代の后妃と皇室と言ふ大家族

名家といふ視点から、徳川時代の皇室を考へてみますと、それは摂家をも含めた大家族であつたことがわかります。五摂家と言はれる近衛、九条、鷹司、二条、一条の各家はこの時代には二条家が藤原氏の血を継いでゐる以外は、みな親王が養子となり当主に迎へられたことにより、王孫の血筋でありました（但し九条家は一代のみ）ので、皇室とは縁の深い関係であつたのです。かやうに外戚を含めると大きな家族でありました。そして后妃がこの摂家から入内される慣例がありました。徳川時代には崩御後に皇后を贈られた贈皇后はおいでになりますが、后妃としては准后が最高位であつて、これらの方が実質今日言ふ皇后と同じ役割をなさつておいでゞした。この他に女御や更衣などといふ方がおいでであり、皇子の実母にはこのやうな方がおなりになりました。当然のことながら実母より后妃が優先されたのです。

閑院宮家から皇統をお継ぎになられた光格天皇の后妃新清和院は前述の通り後桃園天皇の皇女（欣子内親王）で、内親王の中宮冊立は後醍醐天皇以来四百五十年余のことでありました。この方の御母は盛化門院維子で近衛内前を父とされます。仁孝天皇の准后の新朔平門院祺子妃は鷹司政熙の女で、孝明天皇の准后の夙子妃（後の英照皇太后）は九条尚忠の女です。明治天皇の皇后である美子妃（昭憲皇太后）は一条忠香の女で、忠香の正妻は伏見宮邦家親王の皇女である順子姫です。かやうに后妃はそれぞれ鷹司、九条、一条といつた摂家や皇族からお入りになり、九条尚忠は二条家から養子に入りましたので、二条家とも関係があります。また歴史を遡ればこれらの家は皇室とも深い関係にあることがわかります。かやうに幼少の時分から准后（皇后）に冊立される可能性があるといふ環境の中で育てられ、国母としての御資質をお備へになられ、天皇のお身近において、あらゆる面をお支へ申し上げる役目をお果たしなられたのであります。

大正以降の后妃

この例は明治以降も続き大正天皇の皇后（貞明皇后）は九条道孝の女で、先に挙げた英照皇太后の九条家からまたも皇妃（皇后）とおなりになられたのです。姉の範子姫は山階宮菊麿王に嫁ぎました。現在の明治神宮宮司の九条道成氏はこの九条家の当主であります。また昭和天皇の皇后（香淳皇后）は久邇宮家から御輿入れ遊ばされました。

更にまた貞明皇后の父九条道孝の弟が鷹司家へ養子に入ります。これが鷹司煕通でこの子である鷹司信輔は戦後明治神宮の宮司をされ、その子平通に昭和天皇の皇女和子内親王（上皇陛下の皇姉　故人）が降嫁されてゐます。現当主で神社本庁の統理をされてゐる鷹司尚武氏は松平家から鷹司へ養子にはいりました。

上皇陛下の御結婚がこのやうな慣例によらずに行はれましたが、当時の週刊誌などを見ると旧華族の方でこの方がお相手ではないかとの噂などが書かれてゐます。結婚の仕方も時代によつて変化してきてをり、両人の意志といふ個人の結婚ではありますが、やはりそこには両家といふ関係が生じ、これを断ち切るのは難しいもので、断ち切れないのが実情であります。さう考へれば皇族の御結婚もそれを踏まへたものにならざるを得ません。昭和三十年代以降は今までの風潮への反発があつたのでせうか、所謂恋愛結婚が流行りました。従来のお見合ひ結婚は古いものだとの感覚が生じたやうです。このやうな中での上皇陛下（当時の皇太子殿下）の御成婚がありました。爾来恋愛結婚が主になりましたが、平成の中頃から結婚そのものへの考へ方がやや変化したやうで、お見合ひを含めた柔軟性が出てきました。今日は異性との出会ひが難しい時代ともされ、結婚を断念する（或いはしない）やうな人もゐるやうですが、この頃は結婚の考へ方も変はりつつあるやうで、盛んに行はれてゐた恋愛結婚とは別に御見合ひ結婚もまた復権してゐるやうです。電車の吊広告などにも結婚相談などを散見するやうになつてきました。インタアネットにもそのやうな場があるとも聞きます。皇族も恋愛結婚に限る必要もありません。これから先はお見合ひも復権するはずで、皇族のお見合ひ結婚も極めて普通のこととなりませう。名家の取り立てはその為にも必要なのです。

皇室の藩屏としての名家の復活

王室を戴く国には貴族がゐることが普通ですが我が国では戦後、華族制度が廃止され表向きには貴族がゐません。これは戦後の日本弱体化、皇室を孤立化させようとの占領軍の意図の表れであつたことが今になつて充分理解されると思ひます。

身分や門地の差別といふことを今の憲法は禁じましたが、皇室の藩屏としての名家といふものが表向きに存在してゐたとしても、それが直ぐに差別に繋がるわけでもなく、問題はないと思ひます。現に表向きには華族制度はありませんが、その旧例による名家と皇室との結びつきがあると聞きます。華族会館が霞会館と名を変へてもなほ旧華族方の交流の場があります。

磐石な皇位継承、皇統の維持を言ふなら男系確保のために旧皇族男子の皇室との縁組など宮家の復活策の次には、皇室の藩屏としての名家を、幾つかお取立てになることを考へるべきであります。決してこれは差別ではありません。皇室につぐ名家があることがまたこの国柄の尊貴さを示すものなのです。

この藩屏は皇室との縁故のある名家で皇室をお支へ申し上げるもので、場合によつては御結婚の御相手となることもあるとしておきませう。結婚は両人の同意に基づくことは論を俟ちませんので、名家を取り立てたところで同意のない御結婚はありえません。勿論それ以外の民間から、または民間への御結婚を拒むものでもありません。ただ幼少の頃から国母になる可能性があること、女性皇族が降嫁される場合もあるとのことを念頭において、教育がなされることは大きな意義のあることと申せませう。

小室氏の結婚問題を一つの反省材料としてみれば、これから先の時代は皇位継承資格を御持ちの方が、後に皇后になられる場合のある民間の方を、または皇族となるに相応しい民間の女性の方をお迎へになることは実に難しいことのやうです。また女性皇族の降嫁の問題は今後も続き、第二の小室問題が起きないやうに考へねばなりません。今まで御成婚が何の問題もなく順調に、また国民の祝福の内に行はれてきたことは稀なことであつたと考へねばなりません。

これは実に悩ましい問題で皇位の尊厳を守ることと、結婚といふ「公私」の対立の問題となります。本来全てが皇位の為にある「公」以外の何ものでもないのですが、憲法が大きな足枷になつてゐることも事実です。皇室は我が国最古の王家であり、世界最古の王家でもあります。その点を深く考へてこの維持のために叡智を絞り出さねばならないのです。その蔭で皇室の解体を考へてゐる勢力もあつて、国民の皇室への信頼が揺らぐやうなことがあつてもなりません。

皇室の孤独化

かやうに皇后の視点から皇室を見ますと、嘗ては摂家や皇族といふ皇室の藩屏がいかにしつかりと確立されてゐたかと言ふことがわかるのであります。後ろ盾の家が皇室を御守りしてゐたのであり、皇后は天皇にお寄り添ひ申し上げなさりつつ、摂家を含めた謂はば大家族の切盛りをされてゐたことがわかります。政治的なことには関与されませんが、お内儀のことはその一切を仕切られたやうです。貞明皇后は早くに大正天皇がお隠れになられた後、若き昭和天皇をお支へになられたのであります。香淳皇后もまた同様でありました。戦後、高松宮殿下が行啓先で椅子に足を組んで煙草を召されることが度々あつたとことを、貞明皇后がお聞きになられて御忠告なさつたことを何かで読みました。些細なことながら皇族の品位を落とすことを戒められたのです。かやうに皇室は宮家が独立されても親密な繋がりを維持された大家族であり、我が国の一家族のありかたの大きな見本であつたのです。国民もまた大家族であつた時代でした。

しかし、戦後はどこにおいてもこの大家族が次第になくなり、一門一族の考へが廃れて核家族化しました。自分を省みても親戚との付き合ひは実に希薄となつてをります。華族制が廃止になり、藩屏としての華族がなくなりましたが、それでも皇室とのつながりは今日でもあると聞きますが、皇室におかせられても宮家は宮家としてのお考へのもとに、謂はば独立した核家族のやうになりました。またそれは皇室の孤独化とも申し上げてよろしいのかとも思ひます。御相談なさる相手もなく、また忠諫する近臣も欠く状態ではとただ案じられるばかりです。

このやうな状態は益々皇室の孤独化といふものに繋がつてもいきます。藩屛を欠いた不安定さが及ぼす影響の他に、孤独化した皇族個々のお考へばかりが増幅してゆくのです。それでも民間からお輿入れなさつた上皇后陛下は大へんな御苦労御尽力をなさつて、我が国最古の歴史を持つ古い王家である皇室を御守りなさつてきました。これは大変なことであると思ひます。その御尽力とは裏腹に世の推移のまにまに残念なことに今回のやうな御婚儀の結末を迎へました。大きな皇室を皇后陛下が御内儀として切盛りされる時代ではなくなり、またそのことが憚られたのでありませう。尤もなことで無理もないことでした。各宮家が独立なさり、皇族がそれぞれの御考へをお示しなさる時代となりました。

時代の変化と言へばそれまでです。表面上皇室は変化なくおいでに見えますが、お内情は変はらざるをえなかつたやうであります。これは悲しいことであり、また問題を孕むものとなつてゐます。皇統維持といふ外面的なものと、皇族の個々のお考へといふ内面的なものを併せて如何に皇統を維持してゆくかがこれからの大きな課題であります。

コラム②

天皇　すめらみこと

天皇を古語で「すめらみこと」と申します。「天皇」と言ふ語は天武天皇の頃に大陸を意識して作られたもので、それ以前には「すめらみこと」と申し上げてゐました。「すめ」は天皇や尊貴な神に対して申し上げる古語で、治める、統治するの古語「統《す》べ」を語源とするとも言ひます。「みこと」は御命令で、神々の命を受けて国を治める方を言ふ語であります。『大宝律令』の公式令の詔書式には次の五種類の天皇の自称が定められました。

㈠明神御宇日本天皇詔旨云云。〈明《あき》つ神《かみ》とあめのしたしらす日本《ひのもと》の天皇《すべら》が詔旨《おほみこと》らまと云々〉

㈡明神御宇天皇詔旨云云。

㈢明神御大八洲天皇詔旨云云。〈明つ神と大八洲《おほやしまのくに》しらす天皇が詔旨云々〉

㈣天皇詔旨云云。

㈤詔旨云云。

最初の二つは外国向けのもので、他は国内向けのものです。注目すべきは「明神御宇」と言ふ表記です。「明神」は神格や神聖さを具へたと言ふ意味があります。国内外に向けて、天皇と言ふものはこのやうに神聖なものであるとの意識が明らかであつたのです。これを受けて續日本紀の宣命は書かれてゐますし、萬葉集にもこのやうに詠んだ歌があります。

第五章

英国御弔問の行方

天皇陛下には皇后陛下御同伴で英国へ行幸啓、故女王陛下の御葬儀に御参列なさいました。わが皇室とかの王室との御友誼によるものであり、また天皇陛下にとつて深い思召しのあつた御関係の由を拝察いたします。今回のことはともかく、今後天皇が御弔問に外国へ行幸啓なされることはどのやうな意味、問題があるのか、吟味をする必要があります。ここでは改めて天皇の御身位といふものについて考へたく思ひます。

久邇宮

英国女王陛下崩御

令和四年九月九日英国の女王陛下が崩御になりました。英国王室とわが皇室は百五十年にあまる交誼を続けておいでであるため、その崩ぜられた訃に接せられて、天皇皇后両陛下、また上皇上皇后両陛下には三日間に亘り服喪を仰せ出され、また十九日に行はれた御葬儀には親しく両陛下とも英国へ行幸啓、御参列なさいました。ここからも如何に我が皇室が英国王室に対して御懇情をお持ちであるかがよくわかるのであります。本来天皇の外国行幸には、それ以前に宮中三殿に御親拝、神宮及び山陵に勅使が発つを例とするのですが、それがなかつたのは、葬儀といふ特殊な内儀のことであつたからと拝しました。このことは後で述べます。

皇室と英王室との御関係は明治二年七月にヴィクトリア女王の第四子アルフレッド王子（海軍軍人）が世界一周航海の折に来朝されたのが初めてです。尤もこれは外国王族を迎へた初めてのことで、『明治天皇紀』にはその折の苦労が書かれてゐます。外賓を迎へる神事として、その路次の平安を祈る韓神祭が神祇官にて行はれ、その順路の高輪で送神祭路次祭などが修められてゐます。王子は七月二十八日に参内し、明治天皇は立礼で椅子によつて御対面なさいました。この滞在中に王子に次の御製を賜はりました。

世を治め人をめぐまば天地のともに久しくあるべかりけり

時に明治天皇は二十歳、世を治める帝王学をこの御製から拜すのです。

ついで明治十四年十月にはヴィクトリア皇帝の王孫ヴィクトルとジョージ（後のジョージ五世）のま

だ十八、十七歳のお二人が来朝されました。

こちらから皇族のおでましは明治初めに有栖川宮威仁親王の御留学などがありました。特に直宮としては昭和天皇がまだ皇太子でいらした折の欧州御巡啓の折に、英国にお立ち寄りになられたことを初めと致します。この欧州御巡啓は第一次世界大戦の後のかの地を御視察遊ばされ、いづれ天皇として御即位される皇太子殿下が、当時の欧州を初めとする世界の状況を把握するよい機会になつたと、後に昭和天皇御自身が回顧されておいでであります。東洋の一小国であつた日本が日清日露の大戦を経て、国際連盟の常任理事国になるなど、当時の世界はもはや我が国を無視できない趨勢であり、この皇太子の御歴訪を歓呼の中にお迎へ申し上げたのであります。殊に英国においては御鄭重なおもてなしであり、昭和天皇はこの時の国王ジョージ五世陛下から英国における君主制のありかたについて様々なことを承りなさつた由であります。大戦後の欧州では君主制の在り方が問題化して議論があつた時代でもありました。抑々我が国の皇室は専制君主とは違つたものでありましたが、王室の進むべき方途がまた皇室のありかたの参考になつたやうでもあります。弟宮の秩父宮雍仁親王は英国留学中に御父大正天皇の危篤の報を聞かれ、崩御に間にあひませんでした。

昭和四十六年の欧州行幸啓の折にも、昭和天皇は歓待をお受けになられ、また昭和五十年の女王陛下の御訪朝（この朝は日本のことです）の折に、女王陛下は昭和天皇にお会ひできることを楽しみになさつておいでであつたと漏れ聞きます。それは戦後の日本の皇室の在り方から君主制といふものを考へるためであつたと言ひますが、この場合「戦後」などは関係なく、悠久の歴史を持つ皇室そのものへの敬意であり、その体現者におはしますすめらみこととしての昭和天皇への敬意であつたと思ふのです。英国女王陛下は九十六歳といふ高齢でおいででありながら、終身在位でありました。この姿勢は昭和天皇を御見習ひなさつたものであると私は思ふのです。爾来上皇上皇后両陛下、天皇皇后両陛下はじめ皇族方と実に御親密に御交誼なさいました。かやうな事からか、今回、外国国王のために三日服喪、また御弔問を仰せ出されたのも頷かれますが、私は天皇の御身位を考へると驚きでありました。

皇嗣殿下の国事行為御代行の意味

また英国行幸啓の間、皇嗣殿下が初めて国事行為を代行なさいました。この事実はじつは重いものがあります。この御代行により明らかに皇嗣殿下が実際の皇位継承順位第一位の御身位であることが、明示されたのであります。皇位はこのやうに伝はるとの具体例であります。

昭和六十二年、昭和天皇の御入院により国事行為を代行なされた皇太子殿下（上皇陛下）の米国行啓に際し、皇孫にあたる今上陛下が、更にその御代行をなさつたことがありました。これは皇位継承第二位にあたる御身位を具体的に可視化したことであり、それと今回は同じであります。敬宮内親王殿下の皇位継承権を云々し、女系を唱へる人がゐたところで、現実はこのやうに動いてゐることを認識すべきでありませう。この時、敬宮内親王殿下に国事行為を御代行させるべきだとの声はどこからも聞こえてきませんでした。

なほ葬儀は英国国教会のもと厳粛に執り行はれました。歴史のある国の国王の国葬はこのやうに宗教儀礼に基くものなのです。英国より古い歴史のある我国も本来これに勝る宗教儀礼があるのですが、米国押し付けの政教分離政策が邪魔をして正統な形で行へないことになつてゐます。英国王室をお手本になどと言ふならまづ第一にこの点を手本として考へるべきでありませう。

「開かれた王室」が残した傷

ただ英国においても王室のありかた、君主制をめぐり女王陛下の在位中にも様々な問題がありました。いくらわが皇室を御手本としたところで、欧州の王室とは抑々の成り立ちが違ひますし、風土も国民性も同じではありません。英王室が「開かれた王室」を演じなければならなかつたことは大きな瑕瑾を残しました。故王太子妃の悲劇をはじめ王孫殿下の王籍からの離脱など、なかなか難しい問題がありました。その都度「開かれた王室」は国民に対し資産を公開したり、何かと国民の目線を気にした行動をとりました。連合王国としてある以上、君主制を維持するための困難があつたのは事実でせう。これが果たしてよかつたのか疑問が残ります。君主制があり、まだ貴族制がある英国でなぜこのやうな事態になつたのか、嘗ての大英帝国の権威が音をたてて崩壊してゆくさまが感じられます。新国王陛下は王位を継承されて「国民への奉仕」を宣言されましたが、私にはこの「奉仕」といふ言葉に違和感を持ちました。英国王室は慈善事業の団体ではありますまいに。王室の存続が民意によるやうな連合王国の厳しさが窺はれます。

ここで改めて「開かれた王室」が如何に間違つた危険なものであることが明らかになつたと思ひます。国民が望みもしない、公開することの必要もないことを公表することが、従来の権威を自ら貶め、それが逆に国民の心に傷として残ることになるのです。これは我が国においても同根の問題があります。現在の「開かれた皇室」論はあくまでも一部の国民が声高に唱へてゐるまでであつて、わが皇室が英王室に倣つて「開かれた皇室」を唱へなさることはありえないのです。先にも述べましたが、わが皇室と英王室とはその成り立ちが違ひます。抑々国民との関係性において「開かれる」必要はないのです。一部の国民の声はかかることに気付かない誤解によるものであり、廷臣は断乎としてこのことを阻止せねば、何れは英王室のごとき惨事が起きかねません。民主主義に基づく間違つた言論の自由が大手を振つて通るやうな時代に、護るべきものに対しては毅然とした姿勢を貫く必要があることを深く考へるとともに、王制維持に尽力された故女王陛下をお悼み申し上げます。

なぜ「崩御」ではないのか

この英国女王陛下の崩御を報じた新聞各社の見出しは、全てが統一したかのごとく、「死去」となつてゐました。テレヴィ報道も同じであり、民放の女子アナウンサーがにこやかな顔で「死去」を報じてゐたことに大きな違和感を持ちました。

苟も君主制の国王である以上「崩御」と表記するべきで、宮内庁は明確に「女王陛下の崩御に際しての天皇陛下のお気持ち」と言ふ題で叡慮を発表しました。せめて「逝去」とあるべきでした。外国王族の所作に敬語を用ゐないといふ新聞各社の規定があることは承知してをりますが、わが皇室との御友誼を思へば、敬語の問題として「死去」でよかつたのか疑問が残ります。かういふ時に各新聞社なり、その編輯部の教養が問はれるもので、殊に敬語の使用に関して、その程度が明らかになりました。敬語の使用を軽視してきた教養の欠如の時代の到来です。国内においても正しく「崩御」を使へない時代ですから、外国の王に崩御の語を使ふ発想や根拠がなかつたのでせう。または承知の上でのことであつたのかもしれません。

昭和天皇の崩御の折に、現行の憲法に天皇が「崩じる」とあるので、法的に「崩御」の用語が使へるなどと説明してゐたことが妙に耳に残りました。使へるか否かの問題ではなく、「崩御」以外の用語がないのです。皇太后陛下（香淳皇后）の折も宮内庁は「崩御」と発表しましたが、新聞報道は「ご逝去」でした。皇族方の薨去も全て「ご逝去」となつて報道される時代で、明らかに情報操作そのものなのです。上皇、上皇后に関する特例法には敬称として「陛下」であると、法令に定めても、他の皇族方に「殿下」と申し上げないのと同様に「上皇さま」「上皇ご夫妻」などとある状況からして、（万歳ののちに）本来は「崩御」であるべきところを「ご逝去」と報道されると思ひます。さうなると天皇の場合にも「崩御」は報道用語として姿を消すのでありませう。

古くから、本当に古くから、しかも漢字文化圏の地域で自然に使はれてきた、敬意を含む重要な語彙がこのやうに廃れていくことをここ四十年の間に実感してをります。その一方で耳から入る、全く意味をなさない「新造語」が幅を効かすやうになつてきてゐます。活字（文字）は後世に残るもので、その当時の文化の水準や教養の在り方を示すものです。新聞の使命にはこのやうに国民の教養の恢復のためにもあると思ひます。それを怠つて、国益をはじめ文化や教養を貶めることしか考へてゐないのでは、抑々新聞や報道といふものの意味がないと言へませう。哀しいことです。

天皇皇后両陛下英国御弔問の意味

天皇は明治以降先代の天皇及び皇后の喪儀を御親葬され、この時「御誄」を奉られますが、その他はお身内の皇族であらうとも葬儀に御参列なさることはありません。これが天皇の天皇たる所以なのです。徳川時代までの天皇は先代の天皇（実の父であるとしても）の葬儀にも参列しませんでした。『明治天皇紀』には父孝明天皇の崩御に際し、お別れにあたる「拝訣」におでましになられてゐますが、大喪には御所でお慎みなさいました。この意味するところは喪儀に関与しないといふ天皇の御身位にあるやうです。それは天皇の御身位は神聖なるものと意識されてゐて、触穢の忌避を重視したからです。当然ながら外国の国王の葬儀にも参列できません。

外国王の葬儀への御参列は、平成五年に白耳義（ベルギー）国王の御葬儀に天皇皇后（現上皇上皇后）両陛下が御弔問になられたことを初例とします。これは日白皇室王室の御親密なる御友誼により仰せ出されたものであり、過去にこの一例しかありません。両陛下はこの年の秋に欧州への行幸啓が予定されてゐて、その折に白国へお立寄りの御予定でありましたが、その前に特に御参列を仰せ出になりました。今回の英国での葬儀への御参列も同じ思召しによると拝察申し上げます。

戦後になつて諸外国との友誼が厚くなるにつれて、皇室と外国王室との御関係といふものが生じましたが、この二例は果たしてよいことであつたのか、私はなかなか正解が得られずにゐます。たとひこれが皇室とその王室との御友誼によるものであつたとしても、天皇御自身が御弔問におでましになることはお慎みあそばされるべきであつたと存じます。皇族を勅使として御差遣されても十分であつたと思ひます。すめらみことと言ふ皇位の尊厳や天皇の身位と言ふものと、御個人の思召しの差はなかなか難しいものがありますが、その意味で平成五年の白国御弔問は問題を残したことになりました。

天皇の外国行幸とは何か

近代における天皇の外国行幸は昭和四十六年に昭和天皇が両陛下お揃ひで欧州に行幸啓されたことが初めになります。これは天皇の御個人でのおでかけではなく、百二十四代の日本国の天皇としての初めての外国への行幸であつたのです。戦後二十六年を経過してをりましたが、近臣にはこの認識を持つ人材がゐたのです。まづ掌典職員が神器（剣璽）の御動座（御携行）がどうなるのか疑問を呈し、これに呼応して神社界も同様な建言をしました。しかしこれは紛失や盗難の安全上の問題で却下されましたが、剣璽御動座の問題が改めて浮上し、二年後の神宮の遷宮後の御親謁に神器の御動座をすべきであるとの運動に結実し、それが成就し、今に至る慣例が成り立ちました。

次に天皇の外国行幸を皇室の大事、国家の大事と認識したことです。従来皇室の大事、国家の大事に関しては宮中三殿に御親祭の上、御奉告あそばされ、同時に神宮幷に先四代の山陵に勅使を差遣されるのが定めでありましたから、この折にもそれに倣ひ、行幸前と還幸後に御祭儀がありました。要するに天皇の外国行幸は神事に始まり神事に終はるもので、神ながらの玉体、明津御神《あきつみかみ》としての天皇がおでましになることなのです。爾来天皇の外国行幸前後にはこのやうな祭儀が厳修され、これに併せて神社本庁は全国の神社に御渡航の安全祈願祭の斎行を通達し、これを受けて御渡航の玉体の安全祈願祭を修し、御神札を宮内庁にお届け申し上げる慣はしが成立しました。要するに天皇の宮中祭祀と神社祭祀は共に密接な関係にあることが明示されたのです。

神ながらの玉体は天皇個人ではなく、皇位のあるところであり、天照大御神の生き通し、神霊宿る器と観念されてきたものなのです。そのため鍼灸を玉体に施してはならぬとされ、ここから刃物も当ててはならない、則ち散髪も髭剃りも不可であり、女官が髪の毛を歯で食ひ千切るなどとの説話を生んだりしました。明治天皇が西洋医学を嫌はれたことは、やはりこの伝統によるものかもしれません し、歴代天皇で手術をなさつたのは昭和天皇が初めてでございました。

しかしながら平成五年の白国への御弔問の際には、御葬儀といふことからか宮中では祭儀はなく、よつて神社本庁も動きはありませんでした。また今回の英国の場合も同じことでありますが、何故か神社本庁は独自に御渡航の安全祈願祭の通達を出しました。鄭重を期するのは尤もなことでありますが、宮中の祭祀と連動しない点は納得いかないものでもありました。国王の死は予期もできぬ突然のことであり、行幸啓の調整、また閣議決定が直前の事となり、二度ともに宮中では何ら祭儀のない異例のままに外国へのお出ましとなつたのです。抑々が葬儀へのお出ましであるので神事への憚りがあると言ふのなら、両陛下ではなく別の皇族を勅使として御差遣されてもよかつたのではないかと存じます。このことを先に申し述べた理由はこれであります。

洵に畏れ多いことでありますが、天皇といふ御身位でありながら、参列の御席次の扱ひは私の納得できるものではありませんでした。陛下は天皇といふ御身位のありかたよりも英国王室との御友誼を優先されたやうであります。かやうなことは身近な者がお教へ申し上げるべきでありました。もしかするとそのやうな叡慮を御示しなさつたのかもしれませんし、それを十分御承知の上で、王室の哀しみを慮ぱかられてのお出ましであつたのかもしれません。それはそれで致し方のないものでございます。

天皇と英霊

扨て、やや視点を変へてみます。天皇は触穢と御身位に関することから基本的に葬儀に直接の御参列はなさらないといふ鉄則があることは御分かりいただけたでせう。安倍氏の国葬を例にとつてもわかるやうに勅使は発ちますが、御自分では御参列なさらないのです。この原則を踏まへた上で、天皇の死者への追慕について考へると、なるほどと諒解されることがあります。細かに見れば例外も多く、一概に申し上げることもできませんが、昭和天皇は靖國神社の新祭神（と申してよいのか）の招魂、合祀祭に、行幸遊ばされるのが恒でありました。御即位後の昭和四年の春の例祭、七、八、九年、十二年の春、また十三年以降は二十年十一月の臨時招魂祭まで春秋の二度の行幸を仰せ出され、都合二十一回の多きを数へます。殊に昭和十五年の秋の祭儀には九月に従兄弟にあたられる北白川永久王が戦歿されたため宮中喪の最中でありましたが、除喪を仰せ出になり、その手続きの上での行幸でありました。葬儀と合祀祭とを同じ扱ひにはできませんが、根底にある死者への追慕については同じものがあらうと考へます。さうするとこの靖國神社行幸の意義が実に重いものであることがわかります。

明治天皇は明治七年一月二十七日、初めて靖國神社へ行幸、御参拝の上、宸筆の御製を下賜なさいました。臣下の御霊に拝礼される天皇の御姿は当時の国民にどのやうに映じたか、このことをよく考へる必要があります。これは大きな驚きであつたはずです。

天皇の靖國神社参拝に反対する勢力が、天皇の御参拝が戦争美化に繋がる、再び戦争国日本の為の可視化された装置になるなどと批判するのとは、全く次元が違ふものが見えてくることと思ひます。天皇の御本質をよく承知した上で、明治天皇以来の御歴代の戦歿者に寄せ給うた思召しを純粋に拝することが混沌とした現在に必要なことであると思ふのです

第六章

眞子内親王殿下の行方

竹田宮

秋篠宮家の御長女の眞子内親王殿下には令和三年秋に小室圭氏に御入籍なされて、皇籍をお離れになりました。ここに至るまでの様々な問題は、皇室の在り方とその御個人のお考へ方の拮抗といふ大きな問題を国民に与へました。これはかなり難しい問題ですが国民の皇室によせる思ひといふものが明らかになりました。ただ重要なのは「皇位の尊厳」とは何かといふ視点であつて、今回の一連の流れのなかでこの視点による論議が欠けてゐました。「皇位の尊厳」を中心に、現代の皇室における御結婚といふものを考へてみます。

皇族のご結婚

あらためて今回の眞子内親王殿下の御結婚に至る流れを見てみませう。

平成二十九年初夏に、小室圭氏との御婚約が進められてゐると報道され、一旦は七月に婚約の発表がある御予定でしたが九州北部の豪雨被害によつて延期となり、九月三日天皇陛下の御裁可を受けて当日に発表されました。しかるにその後小室家の種々の内情が問題視され、宮内庁は翌年の二月に婚約等の納菜の儀の延期を発表しました。翌三十年の十一月に御父秋篠宮殿下は多くの人が納得し喜んでくれる状況にならないと結婚は難しいとの御感慨をお示しになられ、そのままの状態が続きました。

そして令和二年十一月三十日に五十五歳の御誕辰をお迎へになられた皇嗣殿下は、御感慨を御発表なさいました。この中に長女の眞子内親王殿下の御結婚に関しての思ひがございました。

実はこれに先立つ十一月八日に内親王殿下の、その婚約者とされた小室氏との思ひを綴られた手記が公表され、依然お変はりない思ひを拝読致し、一国民としてなかなか複雑な心境になりました。皇嗣殿下はこのことを御踏まへになられて、ご結婚は憲法の規定に従ひ認めるが、多くの国民から歓迎される状況ではないと御判断なさり、そのことを小室氏は国民にきちんと説明しなくてはならない旨の御発言がありました。これに関しては御相手の小室氏とも御相談の上で、何れ御公表なさる由であるとのことでしたが、かなり難しい問題を抱へておいでのことと存じました。お二人による説明も大切ですが、それとは別に宮内庁としてもまた宮家としても、それぞれの立場から何らかの御考へを御発表になることが望まれました。

抑々皇族の御結婚と言ふものを、どう扱ふべきか、皇位の尊厳と憲法とではどちらが優先されるものなのか、これをきちんと整理しておく必要があつたのです。ただこれは今日においてはかなりの難問であります。戦後に幾つかあつた皇族の御結婚に際して、幸ひに国民の歓迎の裡に何ら問題もなく済んできたためそれに関しての問題点も見過ごされてきたやうであり、正面からこのことに関して議論することもありませんでした。それが今回大きな問題として明らかになつたのであります。当然憲法が優先されるといふ理解の下に話が進んでをりますが、今後将来の様々なことを考へれば今回のやうに皇族の御相手に相応しくない方が現れて、皇位の尊厳を侵す場合もあり得るかもしれません。そのやうな時は皇位の尊厳と憲法との整合性をどう考へるべきか、実はこれが重要なのです。

結婚は憲法の条項を云々する前に当事者同士の考えへがあつてのことで、現代ではそれは自明の理でありませう。男女の二人が確とした意志をもつて新たな家庭を築かうとすることに対して、余程のことではない以上、何等口を差し挟むことはできないのであります。ただそれでも親の了承が得られないといふ事例もあるのは事実です。

ただ、皇族との御結婚においては、当事者の諒解は当然のこととしても、国民の理解が得られなければそれは成り立たないと言ふことを、洵に畏れ多いことですが皇族方には御承知していただかねばならないと思ひます。では皇族の御結婚に自由がないのかと言へば、ないわけではないのですが、多くの国民が普通に祝福できる環境でない場合はそれは無理であることをご理解いただきたいのです。その点、洵に御不自由であることはお気の毒でありながら、已むを得ないお立場であるとの御自覚をお持ちいただく必要があるのです。それは皇位の尊厳と言ふものを皇族自身がどう考えへるか、またお相手になる方がそれをどう受け取るかにあるのです。皇位の尊厳と言ふものを考へれば小室氏は今回の縁談を辞退申し上げるべきでありました。それに考へが及ばないのであれば、国民に向かつてそのことをきちんと説明せねばならないのでした。御自分が結婚しようとする御相手が一般人であるならともかく、皇族であるとの重みを重々理解してゐるのだらうか、余りにも軽く考へてゐるのではないかとの疑問が湧いてくるのであります。説明どころかそれを怠り、米国へ遁走したかのごとき印象を国民に植ゑつけ、今更にお互ひの心に変はることはないなど言ひ放つことに誰もが背を向けることがわからないやうであります。皇室のことを考へた場合本来は辞退申し上げるべきであり、自分の親の失態の責めを負ふべきだつたのであります。それに思ひ至らぬ親子が、次期天皇の姉宮の配偶者となる資格などないのであります。

このことに関して「小室氏の行方」と題する一文を書いて、いつもながら神社界の業界紙である「神社新報」に投じました。数日後に採否の返事が来て言ふには、書かれてゐる内容、指摘はその通りではあるものの、神社界の業界紙としては、皇族の婚約者個人への批判は慎重でありたいとの部内の意見があつて採用が見送られたとのことでした。なるほど言はれてみれば「神社新報」の立場上さうであるのかもしれません。ここに「神社新報」の限界を見ました。ただこのまま反故にするのも残念なので、いくつかの重複もありますが、次にあげておきます。

小室氏の行方

国民的関心事の一つである秋篠宮家の長女である眞子内親王殿下と小室氏との御結婚について、皇嗣殿下は御誕生日の御会見において、日本国憲法のもと両人の意志を尊重されて御認めになる旨の思召しを御発表になつた。しかし、その一方では皇位継承者としての御立場もあり、また父親としての複雑な思ひから、多くの国民の理解が得られてゐないことを憂慮されて、きちんとした説明が必要であることにも言及されたのである。これに先立ち眞子内親王殿下は御手記を発表なされ、小室氏との御結婚についての意志に御変はりのないことを仰せになられたのであつた。

予てから懸念されてゐた、皇族の御意志と憲法との整合性と言ふ重要な問題がここに浮上したのであり、このことは実は慎重に議論されなくてはならない問題である。それは皇位の尊厳と憲法とが何れが優先されるのかといつた重要な問題でもあるのだ。二千七百年に及ぶ皇位の尊厳が憲法を重視するがために貶められることがありえる事態になつてゐるのである。端的に一例を言へば天皇や皇族が憲法の定める信教の自由によつて宮中祭祀を拒否し得るのか、今回のことはこのやうな問題を突き付けられたのと同じなのである。紙面輻輳のこともあるのでこの問題は今ここでは述べない。

それよりも私は小室氏に訊きたいことがある。それは週刊誌が指摘する母親の四百万の借金返済の問題などではなく、皇族を妻として迎へることに対してどのやうな自覚を持つてゐるのかと言ふことである。将来の天皇の義理の兄となる立場を真剣に考へたことがあるのかと問ひたいのであつて、国民はこのことを知りたいのであり、これに対するきちんとした説明がほしいのである。親の借金の返済の経緯の説明などはその次でいいのである。

また世上、俗に言ふ女性宮家や女系天皇なるものが、仮に成立した場合、自分がどのやうな立場になるのか、どのやうに身を振舞はなくてはならないのかと考へたことがあるのかとも訊きたいのである。少なくとも自分の配偶者に皇位継承順位があり、ややもすれば自分の子が皇位を継ぐことになると言ふ、実に大きな問題にきちんと向き合つて自分なりの考へを見出してゐたのかとも訊きたいのである。これまでの経緯を見ればこの親子は皇位の尊厳と言ふものを余りにも軽く考へてゐまいか。そこに真剣さが見出されないのである。

仮に小室殿下と呼ばれ、国民に寄り添はねばならない立場になるやうな人物が、立皇嗣礼から続く、殿下の御誕生日と言ふ、この重要な時期になぜ米国に留学してゐることができるのか、私には不思議でならないのである。国民に寄り添ふどころか、背を向けてゐる現状に私は納得ができないし、この人には将来的に無理があると考へてゐる。

その御結婚は多くの国民の歓呼の裡にありたいものであると皇嗣殿下はお望みであるし、私もさうありたいと思ふ。そのために小室氏はいますぐに国民に向けて自分の立場と皇位の尊厳についてきちんと説明せねばならない義務があるのである。

そしてここに至つて女性宮家や女系天皇の脆弱さが如実に炙り出されたことを国民は知つたこととなる。男子皇族に嫁ぐ女性は大きな不安と難しい試煉を自分に課しつつ、不自由な皇室の環境に覚悟をもつてお入りになるのである。そのことを国民は申し訳ない思ひで有難く拝してきたのであつて、それが紡ぎに紡がれて百二十六代の皇統が維持されて来たのである。これと同様の申し訳ない思ひが小室氏にはあるのか。眞子内親王殿下を初め皇嗣殿下をも御悩まし奉るに至つた原因は個人の好いた好かれたと言ふ軽薄な思ひにあるのではないか。国民はそれを見抜いてゐるのである。もはや取り返しはできない。この際御結婚は潔く辞退なされるべきではなからうか、それ以外の善策は見出されないであらう。

皇位の尊厳

この文章は確かに激しい内容かもしれませんが、私の憂憤は多くの国民感情と重なるものがあると思ひます。

畏れ多い事ながら秋篠宮家は天皇陛下の弟宮ですから、直系からみれば傍系になります。眞子内親王殿下がお生まれになり、お育ちになつた頃は、まだ伯父にあたる東宮殿下（現天皇陛下）に男子の誕生の期待があつたのでありませう。場合によつては将来の天皇の従姉妹の御関係として臣籍へ降嫁なされればよいとの御教育であつたのかもしれません。そのやうな点からは秋篠宮家での御教育は自由であつて、その環境において自らの御修練の中に皇族であるとの視点が確と育たなかつたのかもしれません。しかし、世の動きはそれと別にあつて東宮殿下に男子のお生まれが期待できなくなつた折りに、秋篠宮家に悠仁親王がお生まれになられたのでした。この時点で畏れ多いことですが御自身は将来の天皇の姉宮といふ実は大変な、重いお立場になられたのでした。ここで大きな御自覚をお持ちいただく必要があつたのです。同時に女性宮家の創設や女系天皇の話題など、急に身の回りが慌しくなつてきました。実は御自身と密接な、重要な問題が浮上してきたのです。この時にその重みを深く御理解いただかねばならなかつたと存じます。

皇位の尊厳と言ふものを深く御理解された場合、将来の天皇の姉宮として御自分がどうあるべきか、どうすべきかといつた思ひに至るのであり、至らなくてはならなかつたのです。それは御不自由そのもので実にお気の毒ではありますが、一般家庭とは違ひ、その理は通らないのであつてそれゆゑに皇族なのであり、そこに尊貴さが生じるのです。そのやうな御不自由なお立場にお生まれになつたことを、国民は充分に承知し、申し訳なさとともに確たる期待をもつてゐるのであります。この期待こそ皇位に寄せる国民の思ひなのであつて、その信を覆すやうな御結婚は残念ながらあり得ないのであります。

皇族でも御結婚の自由はあるのだ、との聞こえのよい声は、実は反皇室派の巧みな声なのでありま す。憲法を翳して皇族の自由を護る、人権を保護すべきなどとの声は実は皇室を解体しようとの巧みな戦術なのであります。

皇位継承者には天皇として皇位を御践みいただかねばなりません。天皇になるならないの自由の選択、意志の表明などないのです。逆にそれはお血筋による上御一人のみが出来ることであつて大きな神性なのです。このやうな点において皇族には自由などないのです。嘗てよく聞かれた「開かれた皇室論」は皇族を一般国民と同じ立場に引き降ろすことが目的でありました。それが功を奏した形になりつつあります。本来国民とは全く違ふのであり、これは差別などと言ふものとは次元が違ふのです。その根本、皇室は特殊であるとのことを教へられることもなく、途中で梯子をはずされた皇族は、皇族にも一般国民にもどちらにも戻ることもできずに中途半端な状態にならざるをえないのです。結果的に眞子内親王殿下はどちらにも引けない状況に陥つてしまはれました。一般国民として小室氏と御結婚するなら、国民の感情はどこに向けられませうか。小室氏が皇族の降嫁による国費の支給を断つて済むことではなく、これは秋篠宮家全体にまたそれは皇位の尊厳にまで及ぶのです。一切皇室との縁を断ち、自立して一国民として生活を営むことによつて国民は納得するなど、そんな簡単なことではありません。今は将来の天皇の姉宮であり、義理の兄にあたることをどう理解するか、懸念の材料はあまりにも重いのです。これは或いは仕組まれたものなのかもしれません。

自由と民主主義とはなにか

先ほど不自由といふことに触れましたが、ここで「自由」といふものの在り方について考へたく思ひます。現代の我が国のあらゆるものの歪つな状態の元兇は先の戦争に負け、憲法が変へられたことによるその後遺症にあるやうです。現行の憲法は平和と自由を掲げ、人が生きてゆく上での大切な基本的人権を謳つてをります。これはこれで重要なことです。しかし時間が経過するに従つて、何か釦の掛け違ひや下駄の履き違ひがあるやうな違和感が出てきました。それが原因で国全体のあちこちに宿痾が生じてきました。この病はなかなか癒えることなく、世代を経るに従つて益々悪化してきてゐます。この病は「自由」と「民主主義」の名を盾として、国益にとつて本当にそれでよいのかとまともに考へようとするたびに、大きな障碍となつてきてゐます。我が国では皮肉なことながら「自由」と「民主主義」が国益を損なふものとなつてきてゐるのです。私は「自由」と「民主主義」とは本来どのやうにあるべきものか、その基本的な諒解や共通認識が曖昧のままにきてしまつたことに大きな問題があつたと思ふのです。何でも「自由」であり「民主主義」である、と言ふ考へや思ひは実は国民各自が区々の尺度であつて、なにかと言へば「民主主義に反する」「自由の束縛」と声高に言へばごり押しできるやうになつて行きました。長い間教員をやつてきましたが、職員会議で何度もこの薄つぺらい言葉を聞きました。これでは真の民主主義が廃れ、真の自由が泣いてゐます。

しかし、この言葉に正面から立ち向かふにはそれなりの勇気が要るもので、そのために何も言へない状態が続き、何でもありの曖昧さが生じていき、やがてそれをも可とせねばならない風潮となつてしまひました。その為自由、主権、人権などといふ一つの概念が独り歩きしてゐます。かうなると何が正しいのかといつた「真の」価値観がわからなくなつてしまひ、気がついたら余計なものまでにも神経を尖らせて攻撃し、攻撃される時代となつてしまつてゐたのです。

殊に平成半ば頃からこの傾向は強まつた気がします。ものを言へない公共機関へのクレエマアの増加に代表される問題をはじめ、国会議員の議論にもこの下品な攻撃性が表れてゐます。国会の代表質問の攻撃発言は見てゐて辟易します。そしてその蔭に一番重要な部分が見落とされ、見えなくなつてゐるのです。学校への苦情も、制服の着方がだらしない、自転車の乗り方の指導をしてゐるのかなど、真の学校のあり方を問ふものとはまた別のものとなつてをり、その苦情の対応にまた追はれるばかりです。自由と民主主義の弊害は至る所で猛威を奮つてをります。

皇室における御自由

皇室におかせられても、洵に畏れ多いことでありますがこの自由と民主主義から生じる曖昧さが平成になつてからやや浸透しはじめてをり、時代の変化とは申しながら一つの懸念の材料となつてをります。三島由紀夫烈士は『英霊の声』において、どうして天皇は人となつてしまはれたのかと言ふ嘆きを語らせてをります。これはそもそも烈士の怒りでもあり嘆きでもありました。

私はいつも申し上げてをりますが、昭和天皇の「新日本建設の詔」を天皇の人間宣言などと読み替へたことが不幸の始まりであつたのです。ここに天皇、皇族の一般化、大衆化といつた恐ろしい罠が仕組まれてゐたのです。昭和天皇は現人神ではないと仰せになりましたが、その神性は否定されてゐません。これはいくら御本人がそのやうに仰せになられても、我が国の長い国史を顧た時に、御歴代の天皇がみな天照大御神の生き通しであるとの一貫した思想があつて、これは否定できないことなのです。天皇にはすめらみこととしてのおのづからの神性が具はつておいでなのです。宮中祭祀が厳として斎行されてゐる以上、神の子として皇祖神をお祀りになられてゐるのであります。この点を押さへねばなりません。そんなことあるものかと反論されても事実はこれ以外ないのです。どんなに反論されても宮中の賢所祭祀と神宮の祭祀はともに今も絶えず行はれてゐる事実があるのです。

それですから天皇、皇族の一般化、大衆化、世俗化は、この天皇の神性を表面上失はせる好い機会でありました。殊更宮中祭祀を天皇個人の信仰などと言ふ形に押し込め、長い間国民に報道することもなく、その蔭で簡略化や廃止にむけた姑息な手段をとつたのです。昭和天皇の御憂憤は御高齢の一言に掻き消されましたが、上皇陛下には御即位早々に元の形に御戻しになさいました。しかしそれもまた御高齢になるにつれ御本人の思召しとは別に簡略化が当然のやうになされました。同じことの繰返しとなつてゐます。

かやうに隙があればそれとなく介入し、皇室の自由やら人権などを標榜し自然を装ひながら皇位の尊厳を貶め、皇室を解体しようと言ふ勢力があるのも事実ですが、一方で戦後の皇室の歩みの中にこの自由と民主主義のもたらす弊害、即ち皇室の世俗化、一般化が、あたかもよいことだとする悪しき風潮が入り込んだのも事実です。そしてそれを畏れ多いことながら皇室側も自然の成り行きとして受け入れてしまつた油断があつたのです。

一般国民と皇室は違ふものでよかつたのです。それを態々同じやうにしてしまあふとの罠に嵌つてしまはれたのでした。上皇陛下は東宮でいらした時代に御自身の皇子を自ら（両殿下で）御育てになる選択をなさいました。昭和天皇もそのお気持ちをお持ちで、それ以前の里子に出す風習を改められました。里子の制度も側室同様になくなりました。昭和天皇の時代は皇室の御内情は国民の知るところではありませんでしたが、上皇陛下が東宮殿下でいらした昭和の三十年代には家庭にテレヴィジョンが普及し、皇室報道が盛んにもてはやされ、これにより国民は「皇室は特別なもの」と意識しつつも、或る点で我々と同じく子育てをなさるものだとの感覚から、身近なものと感じてしまつたのです。その頃の報道機関は皇室を子育ての家庭のあるべき姿として映し出したのです。それでもまだ当時は、国民側に明治大正生まれの人も多く、皇室に対するそれなりの「畏れ多い」との思ひが存してゐたのであつて、その感覚がある時代にはそれでよかつたのです。しかし時代の推移とともに国民側にその感覚がなくなつて、皇室においても子育ては当たり前であると言ふ状況になると、話はやや変はらざるを得なくなります。皇室の世俗化、一般化を求める一方でその神聖性や尊厳を護ることも大切だつたのですが、大衆の大きな流れのなかで見失はれて、これに気がつかなかつたのです。この時誰かが皇室はさうではないのだといふことを声高に言ふべきであつたのですが、まだ国民側にも皇室に対してものを申さぬ節度がありました。これが逆に働いたやうです。

国民の節度の喪失と「開かれた皇室」

この節度が失はれていくのは、昭和五十年代あたりからではないでせうか。その頃以降の皇室を巡る国民側の対応についてもう少し細かに観察してみる必要があります。皇室についてきちんと教育を受けてゐた明治、大正生まれの減少がその一因でもあります。

平成になつてからは「開かれた皇室」などと言ふ語が頻りに喧伝されるやうになりました。これは情報操作以外の何者でもないのですが、これが叫ばれる頃には、皇室が既にこれを受入れねばならない状況になつてしまはれてゐたのも事実でした。時、既に遅しの感覚です。これは当時の天皇陛下をはじめ皇族方の御意思であつたのか否かはわかりません。時の陛下（上皇陛下）は災害などが起こるたびに、国民に寄り添ふ思召しをお示しになられ、実行遊ばされましたが、国民はそれに甘え、ややもするとそれが当たり前であるとの風潮になつてしまひました。被災地での膝を付いての御見舞ひは実は畏れ多いことでありました。これを「平成流の皇室」などと表現したのは国民の甘えしかありません。

これらの事象は先の「開かれた皇室」の延長線上にありました。この「開かれた皇室」と言ふ語は誰が唱へ出したのかはわかりませんが、これほど空虚で曖昧なものはありません。国民が知る必要もない下世話なことを、事実か否かわからないものの週刊誌などが興味本位に報道する姿勢には節度も品位もないものでした。それは誤れば変な意味で皇室への攻撃と尖鋭化していく危惧もありました。反論ができない皇室は大層お困りでありました。当時の皇后陛下や東宮妃殿下に対する批判も重なり、失語症や深いお悩みの状況が続きました。そしてこの勢ひはややもすれば今も何かの折々に首をもたげ、止まることがないやうに思はれます。

君民一如の誇るべき長い歴史のある国柄であつて皇室と国民はいつの世も一体であつたのに、殊更国民の心から離反しないやうな余計な演出を皇室におさせ申し上げたのは、その陪臣にあつたのでせうか。仮に皇室側がそのやうな「開かれた皇室」をお望みになられても「皇室は特殊な御存在」として、その神聖性や尊厳を護ることを、宮内庁はじめ国民は積極的にせねばならなかつたのです。仮に皇族方が自由な御発言をされたとしてもそれに諫言する侍臣がゐなくてはならなかつたのです。古来名君と称される方は必ず忠臣がゐて輔弼の任に当つてゐたのです。残念なことにそれが今はゐません。その役に当たる人物はゐても見識や思考に陛下の御為に、皇室の御為にといふ忠義の心が存在しません。そのやうな人物は奸臣以外なんと言ふべきか私にはわかりません。

皇族の「御自由」はどこまで認められるのか。憲法の保障する宗教や結婚の自由はあるのでせうか。天皇が宮中祭祀を御自身の信仰の面から拒否されたらどうなるのか。皇族が外国人と御結婚なさつたらどうなるのか。葦津先珍彦先生が「天皇は最も不自由な立場である」と言はれた通り、天皇皇族はこの国と国民の為に不自由と言ふ犠牲を背負ひなさつておいでであり、それゆゑ天照大御神そのものであつて特殊なのだとの、当たり前の感覚が大切なのです。もしそれが国民にもまた皇室にもなくなつてしまつたら、皇室の権威と尊厳が薄れていくことになるのです。行き着くところは皇室の解体のほかありません。これは恐ろしいことです。世代の交代が進む中でどうやつて皇室のことを正しく伝へていくかが重要な時代になつてをります。

閉ぢられた皇室

私が常々申し上げてきたことは「閉ぢられた皇室」です。この「閉ぢられた」とは国民とのつながりを完璧に絶つたといふことではなく、皇室におかせられても、また国民においてもある程度の節度のある距離を保つといふことです。それは慈愛と畏敬、加護と尊崇といふやうな繋がりであつて、そしてその聖なるところには憲法も及ばない超然としたものであるとの感覚、これに如くものはありません。一時期流行した「開かれた皇室」やら「平成流の皇室」などマスコミが故意に作らうとした悪意を打破することであります。皇室は二千六百八十余年、百二十六代、一貫して何等お変はりありません。それを態々「開かれた」「平成流」などと称し、世俗化を刷り込んだのです。それは皇室と国民との従来ある紐帯とはまた別のもので大変危険なものに見えました。それはまだ止んではをらず、また新たに「令和の皇室像」などを求めてゐるやうです。

今回の眞子内親王殿下の御結婚の顛末が全てこの世俗化の中で語られてゐて実に聞き苦しいものがありました。皇室を擁護する論や殿下を批判する発言、また小室氏批判、世俗の金銭問題を興味深く取り上げて書いた記事など様々でありましたが、何れも今後の皇室の問題、あり方に関して賛否ともども様々な問題を浮き彫りにしたものと考へます。そしてその根底には国民の皇室に寄せ奉る思ひ、憂慮があることが十分に理解出来ます。

今回のことを契機に、皇位の尊厳を保ちつつ今後悠久に続く皇位継承を思ひ、皇族のあり方、御心得をはじめ国民の皇室に寄せ奉る態度、ひいては皇国日本の国のあり方について深く考へるべきだと思ひます。

真の自由などどこにもない

もう旧聞になりますが、眞子殿下の結婚についてある週刊誌が「皇室から抜け出すための手段であつた」「人権も何もない皇室がいやでならなかつた」などと書いてゐるのを読みました。ご本人から直接お聞きしたのではないのでせうから、これは事実ではなく、記者が思ひこんで書いたものなのでせうが、何か愕然とした思ひが致しました。ご本人の御振舞ひが記者をこのやうに思ひ込ませてしまつたのかもしれません。

殿下が本当にご自分は不自由だとお考へでおいでしたならそれは大きな間違ひであることを御再考願ひたいのです。確かに現在の皇室は一般国民と比較すれば、様々の面で御窮屈であるとも思はれますが、決して不自由な御身ではないはずです。この記者が言ふやうに自分は皇族に生まれたと言ふことを苦にされ、そこから逃れるためのご結婚であつたなら、私は極めて残念なことと思ひ、決してそのやうなことではないと信じます。

一億総中流と言はれた時代は終はり、今は大きな格差社会になりつつあります。大変な貧困の中を逃れることもできず、自分の生まれた境遇をどうすることもできずに苦しんでゐる国民もゐるのです。私は夜間定時制に勤務をした六年間、様々な貧困家庭を見てきました。生徒が悪いわけではないのですが、彼らは必死に生きてゐました。それでも改善されない生活の中にゐました。

この記事の真偽や記者の意図はわかりかねますが、殿下はこのやうな国民を顧みることもせずに、ご自分の境遇のみをお考へになられて、今回の挙に出た、と記者は思つたのでせう。今後皇族方が殿下と同じやうな御振舞ひをされれば国民の皇室に寄せ奉る心が次第に薄くなつてゆくことでありませう。記者はそれを十分に承知してゐて故意に書いてゐるのかもしれませんし、また殿下の御振舞ひがかやうなことを想起させ、誤解されるものであつたのかもしれません。未だに尾をひく深い悲しみは、殿下にこのやうな点へのご理解がなかつたのかと感じてしまふ国民側の心理にあります。真の自由などはどこにもありませんし、それは我々が描く幻想にすぎません。世界に目を転じればもつと苦しい境遇を生きてゐる人々もゐるのです。自由と言ふものの欲望は際限がありません。我々は与へられた生活から逃れられずそれを運命だと捉へ生きてゐるのです。皇族も同じことなのだらうとお察し申し上げます。

歌会始の怪

令和三年の宮中の「歌会始」の儀は武漢肺炎禍の影響により、二ヶ月お繰り延べになられて、三月二十六日に勅題「実」を賜り、行はれました。披講席にアクリル板が設けられるなどの感染防止策がなされた異例のことでありました。天皇陛下には武漢肺炎禍をはじめ様々な災害の沈静化について、人々の願ひが実り、平和の世となることを祈る旨の、

人々の願ひと努力が実を結び平らけき世の到るを祈る

といふ御製を、また皇后陛下には

感染の収まりゆくをひた願ひ出で立つ園に梅の実あをし

と武漢肺炎禍の早期終熄をただに願はれる御歌を、それぞれに賜りました。皇室は「祈り」であるとのことをまたお示しになられたもので、そのためには国民の願ひと努力が大切である旨を仰せになられました。ここで我が国の歴史を顧たとき、葦原の中つ国を瑞穂の国にする為に多くの国民の「願ひ

と努力」があり、それが積み重なつて今の繁栄があることを思ふのであります。いづれも「平らけき世」を「ひた願ひ」、また願はれる大御心をいつの時代も拝承し、またこれからも国の修理固成に努める所存を思ふのであります。

実は今回の「歌会始」に関して、これはどうかと思はれる怪事がありました。それは『週刊新潮』四月一日号（発売は「歌会始」の前日の二十五日）に秋篠宮眞子内親王殿下の今回のお歌が掲載されてゐたことです。その御歌は

烏瓜その実は冴ゆる朱の色に染まりてゆけり深まる秋に

と、今回の「歌会始」に発表されたものと一字一句違ふものではありませんでした。民間から詠進した歌を、事前にどこかに発表した場合、預選や佳作に入つてゐたらそれは取り消しになります。そもそも歌を詠進すると言ふことは、年初にあたり天皇陛下のお手許に歌を奉ることを意味しますから、選に預る預らないの問題ではなく、御儀の前に公表するべきものではありません。詠進する人はそれなりの慎みの情がありますから、そのやうな非礼のことはしないと思ひます。それでは皇族の御歌はどうなのかと言ふことになりますが、これも同様に陛下に差し上げなさることと同じでありませう。そして皇族が御自身から事前に御歌を御公表になることもないことと存じます。

ところが、どうしたことか、今回このやうなことが起きたのです。「歌会始」の御儀の前に、宮内庁、またはこれに関係するさるべき人物が、眞子内親王殿下の御允許がないままに勝手に御歌を漏らし、それを『週刊新潮』が「歌会始」の御儀の前に公表したと言ふ、実に由々しい事態が起きたので

す。週刊誌の発行月日が四月一日であるので後世から見れば「歌会始」の御儀の後の日付になりますが、実は一日前の二十五日に発売であつた事実は書きとめて置かねばなりません。

しかもその記事がこの殿下の御歌を、例の小室氏に関してのことにこじつけて解釈した、何とも申し上げるに忍びない内容になつてゐたのです。これは何なのでせうか、驚きを通り越して実に大きな憂慮と危惧を抱くのであります。このあつてはならない漏洩は、どこからなされたものか、宮内庁当局はきちんと確認をすべきでありましたし、仮に宮内庁関係者がこれに関与してゐるならそれは懲戒処分の対象であります。また撰者が関与してゐるならそのやうな信用の置けない背信行為の撰者は更迭すべき問題であります。仮に御製が事前に漏洩した場合、これは大問題となりませうし、それと同じことなのであります。これは「歌会始」に関してのことだけではなく、宮廷の内部に機密を漏洩できる人物が存在してゐる事実を把握し、ここを明確に確認すべきであり、このままで済む問題ではありません。しかしその後も宮内庁はこのことを公にはせずに、今以つて謎のままに放置されてゐます。

秋篠宮眞子内親王殿下の御歌と小室氏

秋篠宮眞子内親王殿下の「歌会始」の御歌の作歌の意図は宮内庁のホウムペイヂにある通り明らかであります。殿下は御幼少のころより烏瓜がお好きでいらしたことから、秋の深まりとともに烏瓜が赤く色づいていく様子を、観察をもとに御詠みになられたものであります。そこに小室氏が入り込んでくる隙間はありません。それなのに『週刊新潮』の記事は、「父殿下（皇嗣殿下）に対する反抗の歌」

との広告見出しのもと、宮内庁関係者から御歌を聞き出した罪の意識もなく、この御歌について「さる歌人」や「精神科医」まで持ち出して、実に恣意的に（無理に）曲解して、今話題となつてゐる小室氏への断ち切れない恋愛の情の表れであるなどと評するのであります。これはあまりにも殿下の作歌の意図を侮蔑した物言ひであつて、歌の鑑賞の埒外にあるものです。何のためにこのやうな害を垂れ流す記事を書くのか、書く以上責任を負ふべきであり、名前も公表できない「さる歌人」の放言などをいかにも実しやかに書くことは厳に慎むべきことでありませう。

また書きますが、小室氏は自身の進退に真摯さを欠くが為に、殿下にこのやうな不快な思ひをさせ、更に「歌会始」をはじめ皇室全てに対して、（自分の行為が）それを貶めることに繋がつてしまつてゐる事実を、どのやうに把握し反省してゐるのか、知りたいものです。宮内庁の責は糺すべきで、『週刊新潮』の記事の非礼は言ふまでもありませんが、このやうな興味本位な解釈ができるやうな状態にまで、させてしまつた小室氏の現状を苦々しく思ふのです。彼もまた大いに反省をすべきなのです。

そしてこれと同様のことは昨年の「月の兎の」の御歌の時にもありました。そのときも御歌の意を恣意的に曲解して小室氏への思ひであると書いたものがありました。一見殿下の気持に寄り添ふやうな書き振りですが、殿下の真意がわからない以上、これは他者の恣意以外のなにものでもなく、このことは和歌を理解する心得としてあるまじきものであると拙著にも批判しておきましたが、また同じことを繰り返してゐます。これは殿下の真意とは別の品の無い下衆心とも申しませうか、実に情けのない解釈であつて、またこれを鵜呑みにしてしまふ人がゐないわけでもなく、空恐ろしいことだと思ひます。

これに対して殿下御自身が御批判なさることもできないため、間違つた情報が拡散することになります。このやうなことが続くとなると御製や御歌を正しく（当たり前に）理解することが出来なくなつてしまひますし、皇族方のお心を素直に拝承する慎みの気持が欠けてしまふことになりかねません。どのやうな御歌を御詠みになられても小室氏に引き合はせて解釈されるのであるなら、殿下は御歌の御発表をお控へになられるかもしれません。

『週刊新潮』の発行は二十五日でした。なぜ一日待てないのか。慎み待つ気持、次週の号ではなぜいけなかつたのか。他の週刊誌より先にこの件を扱はねばならないと言ふ思ひが先走つたのでせうが、それが却つて『週刊新潮』の品位を落としました。

内親王殿下の御結婚

令和三年九月に、眞子内親王殿下と小室氏との御婚儀が年内に行なはれる由の報道がありました。「御結婚」と言ふことに関してまづは祝意を表し、また末永い御幸せを御祈り申し上げる次第です。ただこの祝意にはその蔭に素直にお祝ひ申し上げられない事実があり、今現在も、小室氏による国民へのきちんとした説明がなされてゐないといふ重大な瑕疵と蟠りを残した形となりました。これは極めて残念なことであります。

報道によれば臣籍に降嫁されるに当たり、皇室の行事として婚儀の成立を示す納采の儀や、両陛下に結婚の由を奏する朝見の儀を行はれないとのことです。また報道されないものの宮中三殿に謁するの儀も同様のことと拝察します。更に御結婚による一時金の支給も御辞退されるとのことです。これは極めて異常なことで、殊に近代以降のわが皇室史では異例の事態であります。宮内庁は「納采の儀」「朝見の儀」、更に「宮中三殿に謁するの儀」も行なはない方針でゐるのです。これは何故か、何を意味するのか、またこれをどう言ふことと理解してゐるのかを、私は小室氏に聞きたいのです。

よもや国民感情を配慮してなどと言はないでください。悲しいことですがこれらの儀礼がないと言ふことは、殿下を皇族として見做さないから勝手に嫁ぎなさいと仰せになつてゐることと同じことだと考へます。かやうな悲しいことにしてしまつた原因は誰か、その責任は何なのか問ひ質したいのです。尤も殿下の御意向もございませうが、宮内庁も苦肉の策であつたやうです。また一時金を辞退されることで国民は納得すると考へたのでせうか。世に噂される一時金目当ての結婚ではないといふことを示したいのでせうが、今回の問題はかやうな金銭の問題ではないといふことに何故気付かないのでせうか。儀式を行はないから皇族ではない、だから一時金もいらない。これなら国民も納得するだらうと安易に考へたのなら大きな間違ひなのです。道義の問題を金銭の問題に摩り替へてはいけません。

御結婚をなさるのなら皇族としてきちんとした盛儀の裡に、国民の祝意をお受けになられるべきであり、そのためには小室氏は国民に理解される説明を熱意を以てするべきでした。それが出来ないなら潔く身を引くしかないのです。これは道義の問題なのです。選択はこの二つのどちらかしかありませんでした。不審は母親の問題であり、その説明も必要ですが、御自身の覚悟といふものについてもあるべきでした。国民はそれを聞きたかつたのです。

然しながら小室氏は国民に対してまともな説明責任を果たさず、剰へ米国に逃れ、更にこのやうな結果になつたのです。まして結婚後は米国で暮らすなど、国民に背を向けた小室氏の態度はあまりにも皇室を軽んじ国民を蔑ろにしたもので、そこに誠意を感じることはできませんでした。これで長い間の悲恋が実つたなどと思はないでください。これで全てが幕引きになつたわけではありませんし、皇室の歴史に深い傷をつけたのです。国民は永遠にこのことを忘れないのです。

天神地祇のお悲しみ

初孫にあたられる殿下の御成長を常々お気にお掛けになり給ひ、御結婚についても御関心をお寄せになり給うた上皇、上皇后両陛下の軫念のいかばかりであるかを小室氏は推察申し上げたことがあつたのであらうか。更に御父皇嗣殿下の複雑な御心境をお考へ申し上げたことがあつたのでせうか。私は激しい憤りを感じてゐます。

また生後まもなく謁され、ことある毎に御拝礼遊ばされた宮中三殿の神々にも御奉告なされず、皇族と見做されない形で臣籍に降嫁され、小室氏の妻とおなりになられるのです。御歴代の天皇、殊に昭和天皇はいかに御照覧遊ばしますことか。天神地祇のお悲しみはさぞや深いことでありませう。かやうな異例であつても、皇族であつた事実は消えません。悠仁親王殿下が御即位されたあと、天皇の皇姉といふ繋がりは永遠の事実であり、変はるものではないのです。お二人は納得しての御結婚でせうが、後の時代に、生まれた子供がこの事実を知り、天皇の甥、姪、または悠仁親王の次の御代の天皇と従兄弟の関係であることを知つたとき、これをどう説明してよいのか私にはわかりません。恐ろしいことです。このやうな苦悩を殿下に負はせ奉るのです。覚悟のほどを伺ひたいのです。

また殿下をお迎へする小室家ではどのやうな儀礼を考へてゐるのでせうか。米国での挙式とあれば異国の風習に倣ふのでせうか。宮中三殿の神々に正式に謁することができなかつた殿下を異教徒の儀礼のもとお迎へするのでせうか。これもしないと言ふ選択があるのでせうが、それはあまりのことだと思ひます。天神地祇のお悲しみはまた更に深いことでありませう。週刊誌が様々の憶測を書き立てましたが、どのやうなことがあつても皇位は盤石で皇室もゆるぎません。憲法では結婚といふものは二人の同意により成立すると言ひますが、その家族親族、そして亡き祖先、また将来の子孫をも繋げる大きなことなのです。小室氏がこのやうな考へに至らなかつたのは実に残念でならないのです。

慣例は守るべき

今回の儀礼の中止の件で、ある識者が内親王（皇族）の結婚の儀礼を定めた「皇室婚嫁令」は戦後廃止になつてをり、今までは慣例で行はれてゐたものであるから、行はないと言ふ選択もあると言つてゐたことに頗る懸念を抱きました。「皇室婚嫁令」には宮中三殿に謁することと朝見の儀についての規定がありますが、納采の儀については触れてゐません。法令は廃止になつても慣例として行はれてきたものをその都度、変更すべきものではありません。この俗耳に入りやすい発言は、実は宮中祭祀の廃止に繋がる実に危険な発想なのです。それを意識しての発言か否かわかりませんが、皇族の儀礼についてはそのやうに簡単な改廃がなされてよいはずはありません。再度言ひますが皇族の御結婚である以上、それなりの品位と格式を以てきちんとした儀式次第を経て、国民の祝意の盛儀の裡に行はれるべきであるのです。そのためになにを努力し何をなすべきか、またそれが出来ないのなら全てを白紙に戻すのが道義といふものなのです。

お二人は御結婚後、米国で暮らしてゐます。これも老婆心ながら不安でなりません。殿下は三十年近く皇族としておいでになられ、民間の大学でお学びなさつたとは言へ世俗をあまり御存じなさらぬ深窓の育ちであります。それが治安も悪く、慣れない米国において庶民としての暮らしをなさることがどれほどの御負担を強ひることか小室氏は理解してゐるのでせうか。結局一市民とはなり切れず要人としての扱ひは解けないでせう。人生は何が起こるかわかりません。夫婦としてお幸せであることもあれば、仮に氏が病気や事故で亡くなる場合もあり、寡婦となられれば殿下はお一人で子育てやら何やらをせねばならないのです。庶民はいざとなれば実家に戻ることやその家族の支援を得られることがありますが、殿下は再び皇室に戻れないのです。好いた惚れたはわかりますが、もう少し将来の現実を見てほしいのです。厳しい状況になれば御二人を支援する団体が現れるかもしれませんが、これがどのやうな団体で、何を目的とするのかを見抜かないと殿下の御立場を初め皇位を貶めることにも繋がりかねないことになります。

殿下は至純であります。それがために人を疑ふことをなさいませんでした。この小室氏を疑ふこともしませんでした。この有難い御性格は洵に尊いものではありますが、世の中みな善人ではないことを御悟りいただきたいのです。誰もが騙され、または約束を破られたりした経験があつて、人生を歩むための自己防衛能力を次第に身につけるものです。今回も公私の御立場を御弁へになれなかつたと言ふ印象が強く残りました。その点が心配でなりません。一度ことがあつた場合、それは米国の小室氏の奥方の問題で済まされるものではなく、わが皇室、ひいては皇位の尊厳をも傷つけるのです。私はそれを思ふと、皇姉としてそれなりの環境のもとでの御生活を願ひ、臣籍に降嫁されたとは言へ「公」の御身であることを弁へられてきちんと平安に御生活なさることを祈るのです。

民の心

入籍の前の九月二十七日に小室氏が米国から帰国しました。その帰国の態度は国民の関心に叛くもので誠意のかけらも見えないものでした。そして武漢肺炎の経過観察隔離期間を経て会見がありました。何度も申しますが今回の件は小室氏側が辞退申し上げることで、きちんとした幕引きができたはずでした。それができなかつた小室母子が残念でなりません。

彼の皇室観はどのやうなものなのでせうか。宮中の一般参賀に参上したことがあるのでせうか、また折々の皇室行事に伴ふ国民の奉祝行事に参加したことがあるのでせうか。一度でもその場に、あの雰囲気に触れたことがあれば、如何に多くの国民が皇室に寄せ奉る思ひの厚いことがわかり、また皇室の至尊、有難さを実感したことでありませう。その経験があれば自分がした一件が、これらの多くの国民の赤誠を無にした重大な問題であることに気付き、否それ以前に自分が皇族と結婚するといふことがどれ程重いことかが分かるはずなのです。その後の彼の考へがあまりにも軽く、そこに慎重性が微塵も伺へないことが国民の不審、怒りとなつたのです。

わが国民は「理」とその裏にある「情」とを大切にしました。人は理だけでは動きません。そこに情があるから行動を興すのです。また情に溺れて理を見失ふこともありますが、その理のために心を動かすのが情なのだと思ひます。歴史を顧れば国に殉じた兵士は理といふ大義のもとに死んだのです。ですからそれに情を掻きたてられ、その理に自分も殉じようと思ふのです。小室氏の行動にはこの「理」がありません。当然そこには「情」が生じる隙間もありません。通じない理を押し通すことが今後どのやうな問題を孕んでゆくのか多くの国民が心配してゐるのです。「ご結婚おめでたう」で済まされる問題ではなく、彼の一生の負の始まりでもあるのです。民の心をもつと知るべきなのです。

公私の別

「公私」の別と言ふものをいつ頃から言ふやうになつたのでせうか。「公」といふ概念はかなり古くからあつたやうですが、「私」の観念はそれほど古くはないのではと思ひます。鎌倉時代の武士が主君に仕へることを「奉公」と言つたとあります。一主人であつてもそれは「公」でありました。徳川時代には商家に仕へることを「奉公」と称してゐました。かやうに物事をすることは「公」に仕へることであつたやうです。

教育ニ関スル勅語に「義勇公ニ尽シ」とあります。或は法律の中で「公私」を判然としなくてはならない事項があつたのかもしれません。それでも公に尽すことは人の道であり、当然のことでありました。「私」の観念は明治以降、しかも中期のあたりから生まれたのではないでせうか。明治末以降の「私小説」といふものはそのやうな流れ中での産物なのでせう。戦後の憲法は基本的人権と言ふものを謳ひ、個人の尊厳を説きました。学校では人の命は地球よりも重いと教へ、今日では個性を尊重することを説いてゐます。次第に「私」の領域が広くなつてゆき「公」の部分が狭く小さくなつてきました。誰もが私を大事にし、私を主張し、私を重んじるために「公」を軽視するやうになつてきて、次第に公私の別を言ふやうになりそれが却つて混乱をきたしてゐるやうです。人は「公」の中で生まれ育つのであつて「私」だけでは生きられないことを忘れたやうです。

嘗て三木首相が八月十五日に靖國神社を参拝した時、「公私」が問題となりました。それ以前に愛媛県の玉串訴訟では公費の支出が問題になりました。この語句上の峻別は難しい問題で私人として参拝したと述べても首相は首相に違ひありません。そもそも公私の別などないのです。私は学校で勤務してゐる時間帯は教師としての公人、校門を出て帰途に一杯飲んで、家に帰るのは私人、私人である休日に町で生徒に会つた場合、生徒は私を教師として挨拶し、私も生徒を教へ子として会話します。公私の区別などしません。私が自分の病気平癒を祈願するのは私人、クラスの合格祈願をするのはこれも私人で、玉串料が自分の私費であつたとしても、そこには公的なものも含まれてゐます。要は公費を使ふ時は公人でさうでない場合は私人と便宜上区別したのです。それがわかり易いからです。でもそれだけで済まされる問題ではないのです。

皇族に公私はないのか

しかし、この公私が定かでない方がおいでになりました。天皇陛下を初めとする皇族方です。どんなに私的と仰せになつても。そこに公的な立場がついて回ります。国費を用ゐようが内廷費(お手許金)を用ゐようが双方とも出所は同じです。

戦後、宮中祭祀を個人の信仰として憲法を解釈したため、宮中にも公私の別が求められるやうになりましたがこれがいけません。嘗ては奥向きのこと(私)と表(公)と言ふ形での公私の別はありましたが、表の部分は全て「公」でありました。即ち天皇および皇族は国民の前にお立ちになる時はいつでも公人におはしましたのです。さう言ふ意味で我々のやうな真の自由はありません。帰りにぶらつと飲み屋に立寄るやうなことはありません。選挙権もありませんし国民と同じ戸籍もないのです。税金も納めません(但し相続税は別でした)。それゆゑに皇族は一般国民とは違ふもので、我々がいかに不自由だと言つたところで皇族の御窮屈さには及びません。ですから皇族との結婚とは個人の結婚とは大いに違ふのです。それは日本といふ国との結婚であり、また憲法どころではなく、世界を宇宙を超越した皇統といふものとの結びつきともなることなのです。ことの重大性はいふまでもありません。

我が国では過去の歴史を見ても覇者にはなつた者はゐましたが王者にはならなかつたのです。王者

（天皇）の身がいかに不自由であるからを知つてゐたからではないでせうか。この点が大事なのです。国民は皇室に真の自由がない、突き詰めていけば皇位を維持するため、日本を永続させるために皇室に不自由から生じる犠牲を押し付けてゐるといふことを充分に承知してゐるのです。このことを充分理解しておく必要があります。

殿下は御結婚されても全くの「私」人になられることはないでせう。将来の天皇の皇姉にましますことは変はりません。時には黒田清子様のやうに弟の天皇陛下（悠仁親王）を御支へになられて神宮の祭主としてのおつとめをなされることを考へたこともありましたがもはや無理であります。

葦津先生の憂慮

御歴代の天皇は「私」を抑へることを御自身の修養となさいました。そして常に「公」でありました。国民の上をお祈りになる祭祀をはじめあらゆる面が公であつたのです。私の面は表に現れるものではなく内々のものであつたのです。国民はそれを充分に存じてゐました。御窮屈に亘らせたまふ御身の上を思ひまゐらすたびに天皇に皇室に重要な信頼と畏こさを見出したのです。天皇皇室と国民との結びつきはこのやうな関係から成り立つたものなのです。

戦後はこの公である性格を持つ宮中祭祀が私事になつたことからもわかるやうに、表の部分からも宮中における公私の峻別が行はれたのです。これが問題であり、葦津珍彦先生の憂慮はここにありました。即ち天皇や皇族の「私（御自由）」はどこまで認められるかといふものです。現行の当用憲法を盾にとればそれは全面的に認められるものですが、それでは皇室は解体されてしまひます。現憲法の危ふさは皇族のお考へによつて変化するもので、今は善意によつて皇位が維持されてゐるが、将来皇位の保障はあるのかといふ疑問です。

上皇陛下がまだ御在位の時に譲位を滲ませ給ふ御言葉を賜り、その意に添ふべく特例法が定められましたが、私どもは譲位はあるべきではないと主張しました。今回は一時金の支給を御辞退なさる由で、これも思召しを体して支給しない事となりました。皇室経済会議はその額面を決めるもので御辞退の可否を問ふ場でないとのことです。思召しはよくわかりますが、何でも思召しのままであればそこに大きな問題が生じます。皇太子である方が皇位を践まないと仰せになられたらどうなるのでせうか。

私どもは男系男子皇族による皇統維持といふものが当然であると考へ、今は丁度この確認に至り、ともかくも安堵したところですが、男系男子皇族がおいでになつても、その方が皇位を践まないと仰せになつた場合、我々はどう対応すべきかといふことが葦津先生のお悩みでした。皇太子殿下でいらした現上皇陛下は昭和天皇の崩御後に皇位を継承されました。私どもには当たり前のことと認識されてゐますが葦津先生は皇位をお継ぎにならない選択肢もあつたはずであり、これは御歴代の天皇や国民のことを慮ぱかられて皇位を践まれたのであつて洵に有難いことと思はねばならないと述べてゐます。今上陛下も当たり前のやうに皇位を践まれましたが、私はこの時に葦津先生の考へを再度思ひおこしました。一生を犠牲にされ不自由な皇位におつきになられたのです。

その点今回の眞子内親王殿下の一件は葦津先生の憂慮そのものを押し付けられたことになりました。皇族が公私のうち、私を優先されたのです。先程も書きましたが皇族には公私などありませんでした。しかし戦後は表においても故意に公私を区別せざるを得なくなりました。これが皇室における問題点と矛盾の始まりなのです。それでもまだ慣例や古い考へ方が残つてゐた為、宮中において「私」は極力表に表れないものでありました。国民はそのことを亦充分に承知してをりました。それゆゑ皇室は国民のため国家のために私を犠牲にされる有難いものであるとの感情があるのです。しかし皇族の世代も変はり考へ方も違つてくるとそこに公より私が頭を持ち上げてきました。憲法といふものが天皇や皇族といふ仕来りや考へ方までも縛り上げるとともに、皇室にも憲法が保障する自由の風を吹かすべき時代となつていつたのです。あるところで「待つた」をかけるべきでしたが、憲法が足枷になりこれを怠りました。これは恐ろしいことですが、やはりなるやうにしてなつたのです。殿下の暴走などと週刊誌は書いてゐましたが、もう三十年以上昔に葦津先生が憂慮したことが現実に起きたと考へるのです。

皇室に対し奉る批判

私は皇室に対し奉る、真摯さの欠ける批判は慎むべきだと考へてをります。週刊誌などが皇室記事を書いて余計な噂話まで拡散し、皇室や皇位の尊厳を傷つけてきたことが何度もあります。平成の御代の皇后陛下、皇太子妃殿下に対しての嫌がらせに近い誹謗などは聞くに忍びないものでありました。

全て慎みの心を欠いてゐるからなのです。皇室について書く場合そこに敬意がない文章は読んでゐても不快になります。仮に批判をするにせよ、そこに皇室や皇位の尊厳を重んじる思ひや誠意がなければなりません。

今回の眞子内親王殿下の一件について私の筆は重いものでありました。殿下を直接批判申し上げることは避けるべきだと思ひましたが、さうするとどうも婉曲的な表現となつてしまひます。週刊誌の記事は殿下のみならず御両親殿下の今までの教育の在り方までに言及するものもありますが、批判されるべき原因は小室氏側にも多々あります。やはり国民への充分な説明を欠いて米国へ行つたことが大きな不審を招きました。

今までの皇室批判は根本的な皇位の尊厳、またはその維持を傷つけるためになされてきたものが多くありました。今回の一件をめぐる週刊誌記事にも皇位皇室の尊厳を傷つけるやうな思ひが行間から読み取れるものがありました。しかし中には皇室の今後のことや国民との関係について懸念を示してゐるもの、結婚後に不慣れな米国でまともに生活がおできになられるのかと言ふ心配の記事もありますす。それほどに国民の関心が深いことがわかりますし、今までの皇室批判とはやや違ふものがあるやうにも感じました。とは言へマスコミは小室氏の行為が皇位の尊厳を傷つけることには言及せず、お二人やその母に注目し国民もそれに気をとられてゐます。

その中でまともな皇室批判はやはり遠慮すべきであるとの風潮もあります。これも致し方ありません。

過去をもはや論じても何もなりません。もうお二人は御結婚なされたのですからその事実に向き合つて、今後の皇室と小室夫妻のありかたを考へるべきでありませう。但し現在の皇室周辺、まして藩屏たる宮内庁に皇位の尊厳について深い見識や赤誠を以つて御相談され、御意見を申し上げることが出来る人物がをりません。その点皇室は孤独であります。これがややもすれば道を誤ることになつてゐるやうです。かうである以上、我々は皇統の永続・皇位の尊厳の為には、洵に恐れ多いことですが相手が皇族でおはしまさうとも、もし危ふいことがある場合には慎みと真心を以て、御理解いただくべきことはきちんと申し上げねばならないと存じます。これは批判ではありません、皇室を御護り申し上げる為の諫め言なのであります。

皇室批判の行方

小室家の内情を暴いたのは週刊誌でした。このことを宮内庁は把握してゐたのでせうか。多分宮内庁といふ国家機関が個人の家の内情を調査し、御結婚相手として相応しいか否かの材料を集めることは現在ではできないのではないでせうか。あの時週刊誌が書きたてなければ御結婚後に大きな問題が浮上したことでありませう。その点これはよかつのか悪かつたのか判断に迷ひます。本来は宮内庁がきちんと把握すべき問題であり、今後これは大きな課題でもあります。

その後も小室家の批判は続きました。それは何度も言ひますが小室氏が自分の立場を弁へず、きちんと国民に向けて説明を怠つたからです。本来静かな環境のもとにありたいものですが、さうならなかつたのです。そこで殿下は複雑性ＰＴＳＤにお罹りになられてしまはれました。これは長期に亘り繰返し嫌な思ひをし続けた時に発症するものださうで、それは御自身や宮家、小室氏の家族に向けられた批判を原因とするとのことです。

実にお気の毒でありますが、このことを当の小室氏はどのやうに考へてゐるのでせうか。批判の原因を自分以外のものにすり替へてはいけません。真摯にこのことを考へるべきであります。と申しますのも異例な形で皇族を妻にお迎へになつたことは簡単なことではなく、ややもすれば一生涯が批判の対象にならざるを得ないほど注目されることを自覚すべきなのであります。

またご自身のみならず、殿下に、またそれが他の皇族に及ぼす害や秋篠宮家への批判、延いては皇位の尊厳を傷つけるといつた別の方向へ行くことを強く懸念してやみません。宮内庁は殿下の心労疲弊が甚だしいのでかやうな批判を抑へて頂きたいと火消し役をしてゐましたが、国民の理解は得られなかつたやうです。いつの時代も宮内庁は屁つぴり腰で本来は宮内庁がその批判の受け皿になり皇族をお護りする立場にあつて、皇室批判にどう対処するのか、国民の理解はどうすれば得られるのか考へるべきでありました。

朝の雨

令和三年十月二十六日は朝から小雨が降りましたが、そのあと恢復し、御結婚（御入籍）の日として好き日和になりました。まづは眞子内親王殿下の御結婚をお祝ひ申しあげ、お幸せな人生となられることをただ祈るばかりです。しかしながら我々は中々複雑な心境でこの日を迎へました。

これに先立つ十月十二日、殿下は武蔵野陵並びに同東陵に御参拝になられ、御結婚の由を御奉告なさいました。これは殿下がご自身でお望みになられたことと洩れ承ります。報道では私的な御参拝とのことでありますが、形は何であれ御心はやはり昭和天皇にお向きであつたことと拝承しました。私は昭和天皇が如何様に思召しになられておいでかと案じてをりましたが、殿下もそのことはお分かりであつたと拝し、安堵致しました。小室氏は殿下と連絡をお取り合つてゐる由と聞きますが、彼は武蔵野陵並びに同東陵に参拝する意志があるのか、また嘗て参拝したことがあるのかをも聞きたいものです。

次いで十七日には神嘗祭賢所の儀に御参列になられました。実はこれ以前に秋季皇霊祭神殿祭に御参列のことも漏れ承りました。最後の宮中祭祀などと報道されてゐましたが、十九日には天皇陛下の思召しから（私的に）宮中三殿を御拝礼になられ、御結婚の由を階下から御奉告なさいました。これらの記事を拝して皇室の神事優先、神祇に対する思召しを改めて思ひ、また殿下が最後まできちんと祭祀にお臨みになられる御姿に有難いものを感じました。できれば盛儀として御装束を召して殿上にて御拝礼なされることが希まれました。小室氏はこのやうな皇室の根本の伝統についてどう思ひ、またどのやうに考へてゐるのでせうか。

眞子内親王殿下御入籍

この十月二十六日には殿下と小室氏との御入籍、またこれに関しての会見報道がありました。私はこの時間帯は勤務の都合上拝聴には及ばず、帰宅後に概要を聞き、また翌朝の新聞にて詳細を拝読しました。またその後各種の週刊誌の記事などをも一瞥しました。国民の関心が高いことはいふまでもありません。

殿下のお言葉や小室氏の発言について、まことに複雑且つどう理解するべきか苦しむ文言もありました。全てが「誤つた情報が事実であるかのような印象」の払拭に始終した感があります。報道機関との直の質疑応答も御体調を慮ぱかる思召しから打ち切られ、書面での回答となり、なんとも腰砕けの形となつて国民の心配は増すばかりであります。

ただ一点だけ申し上げれば小室氏の陶酔したやうな「愛してゐます」発言には頗る嫌悪感を抱き、愕然としました。この一言でこの男の価値が見通せました。国民が彼に望んだ最初の一言は何であるのか、彼は事前にそれを何度も咀嚼して考へるべきでした。当然の事ながら、結婚を御聴許なさつた皇嗣同妃両殿下に感謝の辞があつてしかるべきであります。また同様に自己の不始末により多大なご迷惑をかけ、また今後のことでも御心配あそばされておいでであらう天皇皇后両陛下、上皇上皇后両陛下始め皇族方に対し奉りての謝辞、国民全てに対しての何かしらの挨拶にあたる発言があるべきでした。これは殿下のお言葉にもありませんでした。

ここまで皇室と国民とを侮蔑した発言はありませんし、ことの重大さが分からないやうです。それゆゑ国民はこれからの御生活が心配でならないのです。この場に「愛」などと言ふたやすく抽象的な言葉は要りません。真摯に両陛下並びに皇室の方々、また国民へ向けての一言、これが最初になされるべきでした。彼は始終自分の家族の弁明をしました。国民はそのやうなことを訊きたいのではないのです。皇族と結婚することになつた自分の器のなさ全てについて国民に陳謝すべきであつたのです。そして今後の生活や殿下をどう御守り申し上げるのか、なぜ米国へ行くのかなどについて具体的に説明するべきでした。聞くところによるとその後就職の試験に何度か落第したとも言ふではありませんか。一時期合格間違ひなく、高収入を得られて生活も安定するなどとの噂もありましたが、現実は厳しいものなのです。これこそ「誤つた情報が事実であるかのような印象」でした。あまりにも慎重を期さないこの男のことを国民は心配なのです。

各週刊誌も一瞥しました。様々の方が今回の報道を評してゐますが、否定的と言ふか心配の記事の多いことと思ひました。中にはある示唆に富むものもあれば、これは害の垂れ流しだと思ふものもあります。殊に「サンデー毎日」にはなぜか小室氏擁護論がありました。

誤つた情報

ここで仰せになつた「誤つた情報」とは何をさすのでありませうか。新聞に報道された文面を何度か読み直しその上から判断すると、小室氏がかの地の大学進学にあたつての受験資格の疑義、またプリンセス眞子のフイアンセと称して皇室を利用した疑義、母親の遺族年金の疑義などの報道についてであるやうです。彼はその全てを否定し、また殿下もこれを「誤つた情報」として拡散されることに恐怖を覚えると仰せになりました。殿下が精神的な疾病にお罹りになられたのは御自身のへの批判よりも、小室氏への国民の疑義に対する批判に重きが置かれてゐるやうに拝察致しました。小室氏のかやうな疑義についてその真偽はどうでもよいのです。彼は懸命にその疑義の解消のためにその説明をしてゐましたが、真偽が問題ではなく、かかる誹謗中傷が生じた原因、またこれを問題視せざるを得ない状況であつた小室氏の考へ方の甘さ、慎重でない態度を国民は問題視してゐるのです。それに真摯に答へるべきでした。国民は皇族を妻として迎へることの重さ、皇位皇統に寄せる思ひの一片だに見えない振舞ひに怒り、心配し、呆れてゐるのです。もし彼が私の近くにゐる人ならばこの点を指摘してさしあげ、また身を引くことの潔さを教へたでせう。そのやうな態度がほしかつたのです。殿下を愛する以上に、愛するものがあつた筈です。

かやうな御窮屈な御立場でおいでであることから殿下は皇族でいらつしやることを苦痛に思召されておいでであるとの評がありました。これは国民側が勝手に思つてゐることで、事実はわかりません。御父皇嗣殿下がかやうな異例の婚姻の形をおとりになられたのも、皇族としてのおつとめが最早果たせないと判断されたからとの評もありました。皇嗣同妃両殿下には殊のほか深いお悩みでおいでのことと拝察します。

国民の分断

殿下はお言葉の中で最初に皇族の公のおつとめに関しての国民との繋がりについてお述べになりました。その一方で私個人のお考へも仰せになり「私たちの結婚を心配し、応援してくださった方々への感謝」や「私のことを思ひ静かに心配してくださった方々や事実に基づかない情報に惑はされず、私と圭さんを変はらず応援してくださった方々に、感謝してをります」、また「私たちを変はらずに励まし応援してきてくださった方々の存在です」と重ねて仰せになりました。これを私は何度も反芻し実に悲しい思ひが致しました。洵に残念ながら御結婚に賛成できない国民の微衷をお汲取り戴けなかつたことかと、また御自分のお立場をよくおわかり戴けてゐないものかと感じました。国民は挙げてみな殿下の将来、これからの御生活のことを心配し、またその御心情を拝し、何とかお支へ申し上げようと努めてきました。個人的に小室氏の好き嫌ひではなく、大丈夫なのかと言ふ思ひ、それゆゑの反対であり批判でありました。皇孫であり皇姪であり皇姉におなりになる御身位であることを心配してのことでした。誤つた情報を生んだ根源がどこにあつたのかよくお考へ戴く必要があります。最後まで私に固執された仰せに涙数行下り、この上ない複雑な思ひとなりました。

皇室は御歴代いつの時代も国民全てに亙り御慈愛の思召しをおかけになつてきました。それは公においでであつたからなのです。残念ながらこの御発言はこれに反する形となつてしまひました。本来国民各々が皇室に寄せ奉る様々な思ひに対し、賛成も反対もそれをすべて包み込まねばならなかつたのです。この御結婚に賛成であれ反対であれ国民はみな殿下の今後を心配してのことで、立場は相違してもお支へ申し上げたことには変はりないのです。かやうな国民の衷心を御理解いただきたかつたものです。

この仰せからでは反対した者は、応援をしなかつたとお感じになられ、かやうな国民へは感謝をなさらないやうに受け取れます。このやうにややもすれば国民を分断なさるかのやうな発言はお慎みなさるべきでありました。御自身の思ひを十分にお述べになられたのでありませうが、これを事前に誰かが御相談に与らなかつたのでせうか。また宮内庁としても事前にかやうなことはよくないとの御意見を申し上げなかつたのでせうか。ある週刊誌が殿下の仰せを「敵愾心」などとの畏れ多い語句を用ゐて表現してゐましたが、国民の不審は殿下にも向けられる結果となりました。かやうなことの原因を考へるとき実にこの上ない悲しみに襲はれます。

女系論者の強言

私は先に皇室皇族への批判は慎むべきだと書きました。それは一方的であり反論できないお立場であることを考へれば尤もなことであります。皇室の権威を失墜させるやうな、また皇位の尊厳・皇統の尊貴を貶めるやうな低俗な放言は放つておくことはできません。ただその批判が皇位の尊厳・皇統の尊貴を護る為のものであるなら、きちんとした誠意をもつて申し上げるべきことは申し上げねばなりません。天皇であれ皇族であれ御個人として様々な思召しをなされることもあらうかと存じますが、それが皇位の尊厳・皇統の尊貴に反するやうな誤つたものであつた場合、これはお諌め申し上げることが国民としてのまごころと申すものでありませう。

殿下は懸命に小室氏の不祥事を我が事のやうに背負ひ、その払拭に努められたやうですが、国民はそれ自体を納得できなかつたのです。悲しいことでありました。あの場合殿下の御体調を勘案して小室氏一人が残り、説明に努め、記者の質問に答へることもできた筈で実際にその案もあつたと聞きます。なぜ彼は動かなかつたのでせうか。

さて、殿下の御結婚に関して今も申し上げたやうに賛成反対の大きな国民的な分断がありました。それは今も燻つてゐるやうです。ただ気になるのはこの賛成が女系論者派であり、反対が男系論者派であるかのやうな構図が生まれ、いらぬ論争をしかけてゐる過激な女系論者もゐるやうです。男系継承が確認されたことに業を煮やしてか、このやうな構図を作り上げ、批判を強めてゐるとも聞きます。私などがこの御結婚を批判し、反対をしたのは皇位、皇統の尊厳を思ふからであり、男系維持も同じ論点からであります。男系維持派がみな同様に反対したと言ふのはよくない表現であります。

殿下のこの国民を分断するかのやうな御発言を都合よく解釈し、またこれを振りかざして男系維持派に対して誹謗がなされるのは的外れのことであります。恰も上皇陛下の思召しが女系容認であつたかのやうに忖度し、騒いでゐたことと同じであります。この期に及んでまで、まだ何かしらの理由をつけてゐるやうで、次は秋篠宮家への批判を強めていくのではないかと警戒してをります。恐るべきことであります。

皇族の御結婚の問題

御結婚が成立し、殿下は小室氏夫人とおなりになりました。御盛儀もなく、給付金も辞退され、皇室との御縁もこれで切れたかのやうな思ひでおいでであるのかもしれません。

そのやうな折りに皇嗣妃殿下の父君がお亡くなりなさいました。その報道によれば小室氏同夫人は皇嗣同妃両殿下と秋篠宮家各殿下の御弔問に先立ち、川島家を弔問されたとのことであります。当然のことでありますが御同列ではありませんでした。

この報道を聞いてよからぬことが頭を過ぎりました。上皇陛下には九十歳近くに御成りであり、我々は陛下の萬歳を御祈念申し上げてはをりますが、万が一のことも覚悟申しあげておかねばなりません。さてこの万が一の大葬儀に小室氏夫妻は米国から参じるのでせうか。またどのやうな立場で参列するのでせうか。このやうな異例の結末となつてしまはれた皇孫の、旧皇族夫妻は参列が可能なのでせうか。上皇陛下のお気持ちにも複雑なものがありませう。また国民は小室氏の参列をどう見るのでせうか。葬礼への参列か否かはどちらを選択しても大きなものがあります。

何度も申し上げますが、皇族であつた過去は消えません。またその御関係も将来的に消えません。日常では意識されないことも、非日常の折りに強烈に意識せねばならないことになるのです。そこまでお考へにならねばなりませんでした。つまり米国へ行かうが、どこへ行かうがこの繋がりは消えないのです。御体調を考慮して静かな環境を求めるなら御両人がそのやうになる環境を努めて作るべきでありました。余りにも安易でした。洵に残念なことですが当然のことです。

今回の一件でも明らかなやうに多様なお考へを皇族が御持ちになられる時代となりました。それが明確に現れるのがやはり御結婚の問題であります。難しいことですが単に両性の合意だけでは済まされないことが浮き彫りになりました。

嘗ての摂家や皇族はさういふ意味で皇室の藩屏として重要な役割を果たしてきました。幼少の頃から若しかすると后妃に冊立されるかもしれないとの覚悟のなかで育つことは、後に国母としての御自覚の涵養に資したことと思ひます。戦後はこのやうな華族制度は廃止になりましたが、これは身分制度といふか皇室の藩屏の解体に外なりませんでした。

御結婚に御両人の合意は申すまでもありませんが、国母陛下としてのお資質をお具へいただくことも必要であります。降嫁される配偶者の教育もきちんとなされて今回のやうなことのないことを国民は望んでゐるのです。

皇室と憲法との関係

皇室と現行の当用憲法との関係はどうあるべきなのか。これも整理しておく必要があります。明治憲法は皇室典範と別立てでありましたが、現行の皇室典範は憲法下の法律とされてゐます。憲法が皇室の全てに重く圧し掛かつてくる問題にどう対処したらよいのか。皇統維持、皇位の尊厳を言ふなら根本にこの問題を解決せねば今後も「御自由」を叫び、同じやうな、またはもつと深刻な問題が発生しないとも限りません。折々の皇族個人のお考へに順ふのでは、場合によつては皇位の尊厳が傷つき皇統が維持できないことも起こります。皇位は本来この憲法を超越したところにあります。それであれば憲法に定める基本的人権は天皇皇族にどこまで該当するのかといふ問題が生じるのも当然なことでせう。

我が国は天皇を戴いてゐることによつて政治をはじめ国民生活に安定感があります。日本は皇位とともに永遠であるとの信は、天皇や皇族に対する信でありました。ですから国民はある点での俗世とかけ離れた神聖なものをそこに見出し、それを尊んできたのです。ある意味での道徳軌範のやうなものを天皇や皇室に求めたのです。教育勅語はその発露であり顕現であつたのです。明治天皇御自から拳拳服膺を仰せ出されたのです。そのため国民は皇室の不祥事に対してはこの上ない無念さを抱くのも当然であるのです。

小室氏との結婚内定後に暴かれた小室家の内情は、週刊誌記事ではあつても重要なものであつたと言へます。皇位の尊厳を考へた時、それは安易に結婚できる状況ではないことを国民に知らせました。宮内庁はなぜそこまで踏み込んで小室家側の内情を調査しなかつたのでせうか。これにも憲法の影響がちらつきます。国の機関が一国民の蔭の部分を暴いたとなれば大問題なのでせう。でも本当に宮内庁は動けないのでせうか。

このやうな状況であればあるほど、心して考へねばならないことが多々あります。今までそれを正面から扱ふことを避けてきました。改憲の問題と同じ病根です。そこで憲法の規定以前にある、悠久の皇位の尊厳と国民と皇室との紐帯といふものを、皇室におかせられても、また国民においてもよくよく学ぶことが必要となつてきます。

皇室における御修養

第一に皇族の御修養の問題があります。何でもご自由でよろしいとは申し上げられない、実に厳しい現実があることを御承知おきいただき、常に御修養御修練なされるやうに御幼少のころから皇位を践むまたはその御連枝であるとの御認識を御育て申し上げねばならないのです。明治天皇の皇女は高輪御殿でお育ちになられ、昭和天皇の皇女も呉竹寮にお入りになられました。また昭和天皇は学習院初等科御卒業後、東宮御学問所で帝王学をお学びになりました。その御日常は『昭和天皇実録』に見えます。杉浦重剛の「倫理」や白鳥庫吉の「国史」は書物として市販されました。この学習方法は帝王学の御学習としては現代でも理想的なものですが、果たして教へる側の人物にそれなりの技量や思想の持主がゐるのかが問題となります。

民情をしろしめし給ふことはこの御修練には大切なことではありますが、俗世とは或る点で隔たる感覚を御持ちいただかねばなりません。もはや「私」はありません。全てが百二十六代に及ぶ皇位といふものの尊厳に貫かれた尊貴なものであるのです。お気の毒ではありますがやむをえぬ犠牲なのであります。皇位が血筋による世襲である以上、これは御覚悟していただかねばなりません。実に特殊なことであり、特別な扱ひであること論を俟ちません。百二十六代に及ぶ皇位が世界に冠する特殊なことなのです。これは国民からの切なるお願ひに他なりません。

再度申し上げますが国民はこの大いなる犠牲、公への献身的なお姿に感謝し感涙、感銘し、そこに皇位の尊厳と皇室の有難さを感じてきたのであります。「大君のへにこそ死なめ」の感覚はここから溢れ出る、ことばでは説明できないものなのです。

伊勢物語の寓意

伊勢物語は平安時代の物語文学の一つで、在原業平の一代記とも読み取れ、業平の歌と色好みといふ主題で構成されてゐます。平城天皇の曽孫でありながら臣籍に降りた業平、母が藤原氏でないことから宮廷から追放された惟喬親王などの不遇をかこちながらも褪せない恋心にまことを見ようとしたのです。後に二条の后と呼ばれる藤原高子や伊勢の斎宮をめぐる恋愛譚、そしてそれは実らない恋なのでした。実らない恋であるから却つて美しいのです。悲恋といふものがあるから人間が輝くのだといふことを学びました。伊勢物語は元々歌が単独にあり、その詞書が長大化して物語化したものであるのです。大和物語も同様です。さて、その伊勢物語の九十三段にこのやうな話があります。

昔、男、身はいやしくて、いと似なき人を思ひかけたり。少し頼みぬべきさまにやありけむ、臥して思ひ、起きて思ひ、思ひわびてよめる。

あふなあふな思ひはすべしなぞへなく高きいやしき苦しかりけり

昔もかかることは、世のことわりにやありけむ。

実に短い話ですが、本来これは歌が存在してゐた、そこへ簡単な説話を創作したものなのです。この「男」を業平と考へてもよいし、身分の低い男と考へてもよいでせう。「似なき人」とは自分の身分に似つかわしくない女性のことです。そこから転じて最高、高貴なと言ふ意味になります。高貴な女性に恋をしたのです。ただ全くの片思ひではなく、少し結婚が期待できるやうな気がしたので、益々熱をあげて寝ても起きても彼女のことが気にかかり、なんとかならないものかと悲しみにくれて歌を詠んだのです。「あふなあふな」は諸説がありますが、現在では歌の意から身分相応なことと解釈してゐます。「あぶなあぶな」と読んで危ない、危険の解釈もされてきました。「なぞへなく」は準へることがない、比較できないことです、何がかと言ふと「高きいやしき」身分のことです。歌の解釈は、身分相応の恋をしなくてはならない。身分が高い女性と低い自分との恋は、何ものにも比較できないやうな苦しいものだなあと言ふものです。そして評者は、昔も今もこのやうなことは世の中の常識であつたのだらう、と切り捨ててゐます。身分の相違による悲恋の結果、実らぬ恋の美しさと男のふるまひに一つの「雅」を見い出したのです。これは平安時代も、またそれから八百年経過した今も日本人が持つ美意識であるのです。男とは所詮そのやうなもので、一方では熱をあげても、実らぬ恋に対しての潔さが必要であり､それを「世のことわり」と誰しもが考へてゐたのです。今更のことですが、私がここに書いた伊勢物語の寓意をかの小室氏一件と読み替へいただければと思ひます。

皇室解体勢力の欺瞞

今回の殿下のなさりやうは洵に畏れ多いことですが、結果として国民の信を裏切ることになつてしまひました。かう考へると皇室と国民とのゆかしき紐帯を毀さうとする、または皇位の尊厳を傷つけようとする一部の国体破壊、皇室解体者の策動にまんまと乗つてしまつたのではないのかとの危惧を感じてゐます。彼らは何も言ひません。この当用憲法があれば皇室はこのまま自然と解体するであらうと考へてゐます。じわりじわりと浸透してゆく誤れる思想が我が国のありかたを蝕んでゐます。皇室も同じであります。

憲法を盾にすれば皇族も自由であるべきだとの考へは十分わかります。しかしそれを御自身で仰せになられては困ります。またそこには基本的人権を重視しつつも限界があるのも事実です。この事実にどのやうに向き合ふかが皇族、国民に課せられた問題なのです。ややもすれば逆に皇位、皇室の尊厳を傷つける結果になる問題を孕みます。またそれを知つてゐるが為に、そのためこれをうまく利用し主張する国体破壊、皇室解体の勢力が存在してゐることにも注意が必要です。その是非を慎重に考へた上で議論すべきであります。「皇位」と「憲法」とはどちらが重いのかよくよく議論すべき問題であります。

皇嗣同妃両殿下からは「長女の意思を認める」との御結婚の容認の御言葉がありました。これは憲法下ではこのやうに仰せになるほかは御無理なことであると思ひます。大変複雑な御心境においでの上であることを拝察申し上げるのです。国民は「無理である」と仰せになつてほしかつたのですが、このやうな言及は憲法が支障となり仰せになれません。当然のことです。しかし御内心はかなり難しいお考へを御持ちであると拝察しますし、またかくお育てになられた御責任をも御自覚なさつておいでなのではないかとも拝察いたします。この憲法は皇室にも複雑な悩みを持ち込み、なんとも歯切れの悪い状況にしてしまつたのです。

皇室理解教育を急げ

今回の御結婚の一件を通して、戦後放置したままである「国民の皇室理解教育」と言ふものをしなくてはならないと言ふことを強く実感しました。殿下や小室氏は私どもの子供の世代です。その世代が世の中の力となる時代が来てゐます。戦後八十年近い時間を経過し、皇室とは何であるかとの教育を受けてこなかつた世代もややもすれば三代となります。まだその慎みを教へられた世代がゐる家庭では、皇室への敬慕の念は生まれませう。

しかし今回のことは皇室においてもさうであつたやうに国民が皇室について無教育の状態であつた証しを突きつけられたのです。このまま放置しておけば次の小室氏が出てきますし皇室の解体といふ恐ろしいことが起こりかねません。この頃になつて日本人の当たり前の感覚ががらがらと音を立てて崩れてきました。何とかせねばならない危機感が沸き起こります。戦後百年は空恐ろしい国になつてゐないことを願ふばかりです。

さてその為に行動を興さねばならない秋がきました。皇室とは何であるのか、嘗ての日本人が受けてゐた当たり前の皇室理解教育を進めなくてはなりませんが、教科書検定で問題意見がつくやうな状況では学校教育に任せることは無理でせう。小室氏一件による危機感がまだある今がよい機会です。男系問題が一息つきつつある今、この皇室教育、皇室とは何なのかと言ふ啓蒙が必要であると痛感します。若い世代に向けて自然に皇位、皇室の尊厳を説く場がどのやうにしたら出来るのか、どうすべきであるのか心ある皆さんの叡智を集めねばなりません。これは何も皇室だけに留まる問題ではなく、我が国の根幹の問題をも含んで押し広めていかねばなりません。そのためにこの拙著が少しでもお役に立つなら有難いことと申せませう。

第七章

令和の国家像の行方

梨本宮

令和四年初夏、「令和の国家像」研究会（櫻井よしこ理事長）から「天皇と神道」といふ題での講演の依頼があり、永田町へ行つてきました。この人選はこの研究会の某大学のとある教授からのご依頼があり実現したものでありました。

当日は櫻井氏ほか国会議員など二十名ほどの出席でしたが、かなり皆さま熱心に話を聞いてくださいました。一時間の講演の内容は主に宮中祭祀と天皇の祈りと言ふもので、過去に何度も書いてきたものでした。興味深いことは、その後の質疑であり、これが一時間でしたがいづれも憂慮されるべきことばかりでありました。以下質問と私が答へたことを書いておきます（これは質問の全てではなく、私がメモして残したものです。一時間に亘る質疑はかなりの量であり、整理して答へるのは大変でしたが、示唆されることも多々ありました。またここに文章化するにあたり、当日言ひ忘れたことも書き添へておきます）。

○天皇を理解するには神話を避けて通れないとのことだが、もう少し詳しく

天皇の地位は神話に由来します。『日本書紀』に見える所謂「天壌無窮の神勅」に、「我が子孫の王たるべき国なり」とあり、天皇の地位・皇位は「天壌とともに窮りない」、永遠であると明確に書いてあり、それが今も続いてゐます。その延長線上に憲法が定めた「象徴」の地位があるだけなのです。この神勅から革命を断じて否定してゐる精神が読み取れます。神武天皇以来一系が百二十六代続いてゐるのです。この事実が重要なのです。科学的に存在が証明された天皇から何代などと言はない、百二十六代と申し上げてゐます。朝日新聞でも「神話の時代を含めて百二十六代」などと書いてゐる、これが無視できない事実です。御歴代の陵墓があり祭祀がされてゐる事実なのです。橘千蔭の父、枝直が富士山に「今も神代の雪は残れり」と詠み、契沖の師である下河邊長流が富士山に登つて「まだ天地はわかれざりけり」などと詠んだ感覚を取り戻さねばなりません。我が国では神話に由来する神社が今も祭祀を続けてゐるのです。長い歴史の中で不明となつた陵墓もあります。これを明治になつて作つた、作られたものだなどと言ふのは愚かです。様々な形の陵墓を整理したのです。宮中祭祀も天皇の祭祀としていろいろな形があつたのを整理して現行の形になつたのです。陵墓の比定が科学的ではないと言ひますが、科学的である必要はないのです。

陛下の祭りの基本は祖霊祭祀と申してもよいものだと思ひます。皇祖神の祭祀です。即ち普通の家庭における御先祖のまつりと同じですが、しかし、陛下の場合、陛下個人の祈願の場ではないのです。国の平和国民の安泰を祈られるのです。伊勢の神宮に御鏡を、また熱田神宮に宝剣を預けて祭祀をさ

せてゐるのです。そしてこれらのものは神代のもの、高天原で鋳られた御鏡、八岐大蛇の尻尾から出てきた剣など人造のものではないことに大きな価値があるのです。かやうに神話は生きてゐます。

陛下の祭祀は祖霊の祭祀である以上、男系でなくてはなりません。男系維持の根拠はこれが一番の理由です。女系では祭祀を受ける神様からみて、何ら関係ない他氏から祭祀を受けることになります。宮中の祭祀は男系であることが大前提にあるのです。

昭和天皇は昭和二十一年の元旦詔書で神話の極端な解釈、即ちわが民族が世界に優越せる民族であり、世界を支配すべきであるとの考へや、天皇を現人神とする思想を否定されました。前者は神話の一部を都合よく曲解したものであり、後者は御自から否定されたとしても「天皇」の神格、神聖さは動じません。天皇や皇室に敬慕の念を持つのはそのやうな特殊性にあるのです。皇室が神話との強い関係があることを認識しつつこれを断ち切らうとすれば、そこには無理が生じ、政教分離の捻れた感覚に陥ります。政教分離の感覚は我が国に馴染みません。祭政一致であつたことを神話から読み取る必要があります。天皇の地位は神話に根差し、密接に関連したものなのです。

○全てが科学的に処理されてゐる時代に、神話をどう理解するべきか

神話は人間が作り上げたものであるとの考へを捨て、今も生きてゐるものだと思はないといけません。神話が後世の国民に何を示してゐるのかを考へねばなりません。我が国は神話と人の代（現実）との境がないのです。神話の延長に今があるのです。今は神代と繋がつてゐます。荒唐無稽なことと

思はないでください。先ほども申し上げた通り神代と現代の繋がりを認識させるものが百二十六代の皇位なのです。科学的な解明が色々と試みられても、科学は人間が研究開発したもので、限界があります。「わからないものはわからない」のです。本居宣長翁はこれを超える人為を「さかしら」として退けました。

わからないものも解明できるといふ科学優位の錯覚がありますが、科学で解明できないことがいくらでもあるのです。まづ自分がなぜここに生きてゐるのかは解明できません。偶然のできごとは全て何者かの計らひなのです。人間の信仰ともいふべきものはそれがたとひ科学的に荒唐無稽なものでも否定はできません。まづなぜ神話が生れたのかの原点に立ち返つてみることが必要です。そして神話がどのやうな時に顧みられ、その威力を発揮したかを振り返ることです。日本民族の行動規範や骨格はこの神話に規定され、この神話をなしにしては語れない、人間の情理と言ふものが湛へてあるのです。

一方には神武天皇の御存在や二月十一日の即位は科学的にをかしいとの議論がありますが、科学を援用すれば『日本書紀』の記述の信憑性が裏付けられる可能性もあります。科学が万能であるの立場に立ち、価値がないと切り捨てるのではなく、神話が伝へる理念や情、それを信じてきた国民性に目をむけるべきでありませう。

○皇位継承者には帝王学を学ぶ場が必要

帝王学と言へば思ひだされるのは昭和天皇でありませう。学習院初等科御卒業後特別に設けられた御学問所で学ばれ、当代一流の学者が御進講しました。それ以前に乃木希典学習院院長から山鹿素行の『中朝事実』をお学びになるやう御進言をお受けになり、「神器」のことを深く理解されました。帝王学にはかういつた土台つくりが欠かせません。御学問所を設けて悠仁親王殿下に是非国体の何であるかをお学びいただきたいものです。もはや学習院はじめ民間の大学にはまともな帝王学の教育は期待できません。殿下の身の回りの警備を考へたとき、やはり外の大学で学ばれるよりはこの方がよろしいと存じます。殿下は一般人とは違ふといふ感覚を国民が広く持たねばなりませんし、殿下御自身にもその御自覚をお持ちいただきたいのです。

次に誰が帝王学を進講するのか、そのやうな学者がゐるのだらうかと思はれてきます。杉浦重剛や白鳥庫吉のやうな国士が進講した場合、現代ではそれを奇異として批判する向きも出て来さうです。まづ第一に国民が天皇・皇族は一般の理論、考へ方には馴染まない、違ふものであるといふ認識をもたないとならないでせう。問題は国民側にあります。御結婚にしろ何にしろ国民と同じ認識で語ると無理が生じる、国民とはまた別であるとの考へをどう認識するかが今後の課題となりませう。これを差別だと言へばその通りですが、（差別し）区別せねばならない御立場であることは明らかでありませう。

○皇室のお仕事の分担による女性宮家の在り方について

私はこの、皇族の御仕事が多いからそれの御負担軽減のために女性宮家を設けるといふ理屈が、本末転倒であると思ひます。何から何まで御負担を願つてゐる現状が異常であることに気づかないとなりません。何々会の総裁としておでましいただく、お言葉をいただく。被災地へ行幸啓をされる、その他さまざまな点で皇族に甘えてゐる国民が悪いのです。おでましになるのは勅使や皇族の使ひでよいのです。侍従を差遣されれば済むことで、国民はそれでも十分であるとの認識に立たねばなりません。行幸啓やおでましがないことで皇室と国民との間に溝ができるなどとは思ひません。そんな軽薄な関係ではないのです。開かれた皇室なるものが国民の甘えと不遜な考へを植ゑつけてしまひました。雲の上の御存在でよかつたのです。今一度国民は皇室のありかたを慎みの気持ちを持つて考へるべきでありませう。

皇族の減少に関しては、御相談相手としての藩屏、旧宮家関係者や皇室と親しい華族の復活も視野にいれねばなりません。民間人をお相手にご相談なされば、それは民間の感覚が宮中に流入することになります。旧宮家なり華族なり、少しでも皇室と境遇が近い者が皇室の将来を考へて助言や相談をなさる場が必要でありませう。菊栄親睦会などと改まつた会ではなく、自然に御相談がお出来になる環境が望まれます。『昭和天皇実録』を見ますと、戦前は皇族方が多くおいでであつたから、よく参内されてはお話をなさつてゐることがわかります。さういふ意味では今上陛下や皇族方はお寂しいことと存じます。下世話に申して、腹を割つて御相談できるお相手があれば今回の眞子内親王殿下のやうなことにはならなかつたと思はれます。

○『秋篠宮』といふ本が出ました。帯に皇族である前に一人の人間としてとあります。お考へを

この本は一瞥しただけで深く読んでをりません。この著者は三十七回殿下の元に通ひ、その聞き書きから本書を書いたとのことですが、その真意は那辺にあるのでせうか。出版の目的は何か、国民の前に殿下のことを明らかにして、どうしたいのかがわかりません。この時期にこのやうな題名の本を出すには何かしらの意図があるのでせうか。その上ここに書かれてゐることは著者の思ひや推測に過ぎず、殿下自らの御真情ではないのですが、そのやうに錯覚させてしまふ書き方に問題があり、これに気づかねばなりません。即ち著者には殿下に寄り添ふ形をとりつつも別の考へがあるのではといふ思ひがあります。

皇位継承順位第一位の秋篠宮皇嗣殿下、または第二位の悠仁親王への国民の不信感や嫌悪感を増長させ、皇位継承を妨害しようとしてゐる策動が世の中にあり、それに利用されない事を願ひます。ただ、「皇族である前に一人の人間」といふ語は俗耳に入りやすく、思ひやりのやうにも聞こえますが、殿下の場合まづ「皇族」であつて、また永遠に「皇族」であり、国民はそこに一人の人間像などを期待してはゐないのです。国民の覚悟は誰かにどのやうに貶められても、殿下を天皇として戴かねばならないことにあります。誰が何を言はうと殿下の地位は微動だにしません。もし国民の声で皇位継承が左右されるならそれは一大事なことです。今はお静かに見守り申し上げることしかありません。

御歴代の天皇や皇族方はその公の御立場と御自身といふ狭間に常に苦慮されてゐたのです。このお悩みが織りなされたものが皇統であり皇位なのです。国民はそのお苦しみやお悩みを理解して、それゆゑに皇位の尊厳を仰いできたのです。さういふことをこのやうな記事を書く人、またはこれを読む国民はまづ以て理解しなくてはならないでせう。

○天皇は我々と違ふ身位であることをどう教へるか

嘗ては国定教科書に天皇の地位や祭祀について書かれてゐましたので、国民は自分ら臣民とは全く違ふ御立場であることをよく理解してゐました。自づと畏怖の感情が湧いてきたものでした。吉田兼好の『徒然草』を見ればその第一段に「御門の御位はいとも尊し」とあり、その後に竹の園生の末葉まで人間の胤ならぬぞやんごとなき、とあります。皇位は尊貴である、また皇族に至るまで人間とは違ふといふことが明らかに書かれてゐます。兼好は下級公家で社家の出身の知識人でしたからこのことは十分に理解されてゐたのでありませう。「人間の胤ならぬぞやんごとなき」、これなのであります。鎌倉時代の国民感覚はこのやうなものであつたのです。本書の有名な書き出しの「徒然なるままに、日暮し――」の序段は全て書き終へたのちに書きつけたといふので、彼が一番に言ひたいことは第一段のこれであつたのでせう。御歴代の天皇は天照大御神の生まれ替はらせたまうたものである、天照大御神から一系の天子といふ感覚であり、これが重要です。しかし、これを教へることは現代の教育の場では無理があります。仮にこの一文を教科書に載せたら、文科省はどのやうな検定意見をつけるでせうか。そこに現代日本の宿痾があるのです。

天皇、皇室も我々と同じであるとの感覚が近年根を張つてをりますが、これがいけません。側室の問題など、一般大衆の道徳から論じられ、皇位と言ふ視点が見えません。柳原二位局は大正天皇の実母でおいででしたが、崩御の拝訣には立ち会へませんでした。実の母子の関係より皇位の方が格段に重いのであり、これは親子の情に照らして非人情ではないかといふものを超越したものでありました。誰もがそのことを承知してをりました。

天皇とは何か、それは日本の象徴であるとばかり教へてゐては、行き詰りが見えてきます。〈ただ天皇観の事実や変遷として、このやうな考へもあつたと教へることは必要であると思ひます。〉歴史上に見える天皇が今上陛下と一系の天子として血筋が繫がつてゐると言ふことは理解させてもよい、理解させねばならないと思ひます。生徒が自分で問題意識を持ち、調べると言ふことに重点が置かれる、これからの「探究」の時間に天皇とは何かといふ大きな課題を設定することもできませう。ただこれは教へる側がきちんとした天皇観、国体観を持つてゐないとなりません。溢れるばかりの情報の選択はかなり難しい問題です。日教組の勢ひは嘗てほどではなく、それは良いとしても、逆に何も意識してゐない教師が多くなつたことがこのやうな問題に関して逆に大きな課題となりませう。やはり公教育には期待できないやうです。天皇といふ御存在をどのやうに教へるかは、真剣に取り組むべき大きな課題であるのです。

○宮中祭祀の簡略化と大嘗祭の屋根の問題は関係するのか

令和の大嘗宮の茅葺の御屋根は材料がない、職人がゐないなどとの嘘で固められた理由によつて板葺きに変更させられました。無謀なとんでもない事件でした。唯物的な考へで神の御存在を無視したものでありました。しかしながら平成の大嘗祭でもこのやうに簡略化される予兆はありました。監視を怠つたことを自省してをります。

宮中祭祀の簡略化にも同じことが言へます。表向きの理由は天皇陛下の高齢化であり、そのやうに聞けば反対はできないものでありました。しかし根は御屋根の問題と同じで共通した悪意にあります。聖なるものに対して懐く畏く恐れ多いといふ慎みの情が消え、極端にいへば不要だ、要らないと言ふ感覚です。唯物的なものの考へしかできない実に粗末な人間が多くなり、「いくら節約できる」などとの金勘定が第一になつてしまひました。これでは次には大嘗祭など不要であるとの暴言が現れても怪しむには足りません。神事である以上、茅葺でなければならない理由があるのです。聞くところによれば次期の大嘗祭の御屋根の問題を考へる会が永田町でできたと聞きます。国会議員にはこのことを真摯に受け止めていただかねばなりません。

○皇室を取り巻く合理性の問題

現代の日本の社会は全て合理性が求められ、不合理なものは退けられてきてゐます。パソコンによる作業は事務処理を円滑化にしたやうですが、その合理化の蔭に切り捨てられた大事なものがいくつもあることに思ひを致すべきでありませう。皇室に関することにもこの合理性が求められたのです。大嘗祭の御屋根の問題も、宮中祭祀の簡略化もその原点はここにあります。

時間の短縮化、能率化は新たな時間と作業を生み、休むことを知りません。たうたうと流れて押し寄せてやまない情報の中から、その真偽を判別することもなく、立ち止まり深く考へることができない、敢へてやらない状況にまでなつてゐます。合理性からくる経済感覚などそれなのでせう。祝日を月曜に移すことで消費経済が活発になるとは言へ、その蔭で祝日の意義が無視され切り捨てられました。地方の過疎化なども、国民の暮らしが向上する蔭で切り捨てられたものなのです。これではいけません。我が国は再度この国を覆ふ合理性の追求について再点検すべき時代に来てゐると思ひます。皇室もこの合理化の波に飲み込まれつつあります。皇室は厳としてその枠内にないといふ認識がなければ、終ひには皇室など不要といふ極論までになりませう。恐るべきことなのです。

○宮内庁は皇室を守る意志があるのか

宮内庁は行政の一機関ですから陛下や皇室を守る立場にはありません。職員は他の省庁と同じく、仕事として勤務してをり、そこにそのやうな発想はありません。淡々と毎日の仕事をこなしてゐるだけです。皇宮警察でも同じことでありませう。宮内庁職員に意識の改革を求めても、逆にそのやうなことは職務外であると居直られて終りでせう。

現在の宮内庁に皇室を御守りすることを求めてはなりません。ではどうしたらよいのか。それは、天皇直属の機関としての役所を設けることです。行政の一機関ではなく、天皇や皇族に関してその御意志を体した機関、宮内大臣は陛下の御諮問を直接に受ける者とするべきであります。週刊誌を騒がせてゐる皇宮警察も改革が必要となります。陛下を直にお護りする禁衛府を再建せねばなりません。自衛隊が国軍となつた暁には近衛部隊を創設せねばなりません。自衛隊の問題も喫緊のことですが、宮内庁の改革こそ最大の問題であるとの認識を持たねばならないのです。

ここにお集まりの皆さんは皇室に関して憂慮されてゐる方々でせうから今日お話ししたことなど真剣にお考へいただき、実際の問題、課題を整理して、何かしらの実践に結びつけていただきたいと念願してをります。

後日、講演を御依頼いただいた教授からお礼のメイルが届きましたが、参会者は一同に興味深い話であつたとのことで、「中澤先生を推薦した者として有難いことであつた」とのことでした。中でも国会議員にはこのやうな話を初めて聞いた方もゐて、感慨深いとの感想を述べてゐたとも聞きました。ただ国会議員がかやうな根本の問題を知らないことにやや不満が残りました。

皇位継承に関する有識者会議の報告を受けて、当時の菅（義偉）首相は皇統は男系男子で継承してゆくとの確認を公にしました。ここに皇位継承の在り方が厳然と確定したのであります。ついで男系で皇統を嗣ぐ為の対策として、戦後に皇籍を離脱させられた旧宮家の子孫にあたる方への対応を考へるなど、男系維持の確たる方針が模索されてゐます。ただこのやうな状況下においても、依然としてこの非を鳴らし、女系継承を主張する方々がゐます。ここではやや感情論ともとれる女系論の非をみてゆきます。

第八章

女系論者の行方

東久邇宮

愛子天皇待望論の愚

男系男子継承が明らかになつたものの、驚いたことにいまだに「愛子天皇待望論」を振りかざす人がゐます。敬宮殿下に何としても皇位についていただきたい、天皇になつていただくことを強く熱望してゐる人たちです。この人等は悠久の皇統のことなど毛頭考へてゐないやうで、好き嫌ひの感情論から声高にこの主張を繰り返してゐます。結果的に女系に繋がる危険性があるのですが、そのことなど考へずにひたすら「愛子さま」を繰り返してゐて、そこに皇統の意識などありません。中には充分そのことを周到に考へてゐる者も潜在してゐます。敬宮殿下が天皇におなりになると女系の始まりになる危険性がある、と説明すると、それならばその子が天皇にならなければいい、と言ひます。とにかく殿下に天皇になつていただきたいやうなのです。その理由は殿下がお気の毒であるとのことです。または可愛らしいからとのことです。何と言ふ単純な呆れる理由でせう。田中卓氏の著書である『愛子天皇ではいけませんか』を聖典のやうに崇めて、どうしてもなつてほしいと言ふのです。なんとも刹那的な感情論で、その後のことはその次の世代で決めればいいとも言ひます。これは大困りの人たちですが、かなりの数がゐるやうです。皇位継承の議論がその御代ごと、時々になされるなどありえないことです。このやうなことは暴論以外の何事でもありません。

田中先生は立派な方でした。昭和の終はり頃に伊勢へ行き、お会ひしたことがあります。青々塾といふ皇學館大學の学生寮のやうなものを先生個人で主宰されてゐて、皇學館の友人がゐた関係で訪問しました。昭和の初めに平泉先生が謝枋得の詩「雪中の松柏愈々青々」から命名した私塾を創められ、それを継いだものであると聞いてをります。その後も何度かお手紙をいただきました。建国記念の日の制定を初めあらゆる点での先生の御尽力は感謝でありまた尊敬申し上げてをりました。

その田中先生が秋篠宮殿下に嫌悪感を抱かれたのでした。それは昭和天皇の諒闇中に御婚約の発表があつたことによると察します。諒闇の喪中になぜそのやうなことをされたのか、大きな驚きと怒りであつたやうです。その後も秋篠宮家は御自由でありました。そのやうな点が田中先生のご不満であつたのでせう。皇室の藩屏であるはずの宮家としてあるまじき行為であるとお考へになつたのです。当の宮家においても直宮である皇太子殿下に男子の御降誕を考へておいでであつたのかもしれません。まさか今日のやうになるとは予想してゐなかつたのかもしれませんが、それは畏れ多いことでありますが、田中先生のお怒りもわかります。とは申せその私憤や嫌悪感から皇位と言ふものを論じてよいのか、私には疑問でなりません。このことは先生の直門でありながら、男系を維持すべきといふ点では先生を批判せざるを得なくなつた方々が書いてゐるものに譲ります。皇位を好き嫌ひや気の毒だなどとの庶民感情で語つてはなりません。それは万世一系といふ厳然たる理によつて語るべきものであります。

天皇陛下の御本心とは何か

不思議なことですが、敬宮殿下に皇位を継いでいただきたいと熱望してゐる「愛子天皇待望論者」は、みな口を揃へてこれが「天皇陛下の御本心」であると言ひます。「愛子を天皇にしたい」と言ふことは天皇陛下のみならず、上皇陛下の御本心でもあるとのことです。このやうなことを誰が言ひ出したのか、大方の見当がつきますが、全く根拠のないことを真面目にこのやうに語るのでこれには驚きました。噴飯ものです。なぜ、そのやうな他人の本心がわかるのでせうか。いくら親しい仲でも他人の「本心」など知り得ることはありません。まして天皇陛下と言ふ大御位におはします方が皇位継承と言ふ重大なことに関して、軽々と御本心をお話しなさることなどあり得ません。例へ噂としてそのやうなことがあつたとしても、それは慎重に扱ふべきものであります。

簡単に御本心などと申しますが、これは実に深く重いものであり、至尊御自身の個人としての御本心と、皇位の尊厳の体現者におはします天皇陛下の御本心といふ二つの面があり、これがお互ひに拮抗されて、そこから導かれるのが至高の大御心とも申すべきものであり、それを勝手な想像から簡単に口に申しあげるものではありません。

敬宮殿下を持ち上げて皇位をお践みいただかうとの発言をすることは、それが殿下にとつてどれほどの御負担を強いることになるかを承知して申してゐるのでせうか。もしそれを承知してゐるのなら当に皇室解体者そのものであります。そしてまたこのやうに待望することが、敬宮殿下を苦しめ、その御生涯、人生を大変なものにしてしまふことを天皇陛下も十分御存じでおいでのことと拝察します。天皇のお勤めは簡単なものではなく大変なものである。これこそが陛下の御本心ではないでせうか。

「御本心」と申し上げるなら、敬宮殿下の御本心こそ拝察申し上げるべきでありませう。殿下は賢明でおいででありますから、当然のことでありますが「皇位」といふ重い身位について十分に御理解いただいてゐることと拝承いたします。それゆゑお若くいらつしゃる殿下への御配慮とともに静かな環境が求められるものでありませう。結果的に一部の人に御自分が担がれ、一つの道具にやうに扱はれてゐるとお分かりになられたなら、どれほどお悲しみになられることでありませう。

殿下は御母君を苦しめ、流産までさせた異常なマスコミの存在を意識されておいでであります。その後皇后陛下（上皇后陛下）にその批判の刃が向き、失語症にまでおなり遊ばしたその元兇についても御存じでありませう。そしていま、自分を持ち上げその一方で親族である秋篠宮家叩きが始まらうとしてゐることもおわかりでありませう。皇位につくまではよし持ち上げられたとしても、即位後にこのやうな執拗なマスコミからことある度に「女帝」といふ近代初めての天皇、その挙措一つ一つが注目され論はれることになるのです。これはいたたまれないことで、大丈夫のはずはありません。また思慮深くあらせられる殿下ゆゑ、仮に即位されたとしても悠仁親王の御手前、男系維持の叡慮を御示しになられ今までの女帝がさうなされたやうに生涯を独身で貫かれるかもしれません。お近くに秋篠宮家があることをどうお考へになられるか、そこまで拝察申し上げる必要がありませう。それを考へもせずただ称賛するのは、やはりその裏に何かしらの策動が準備されてゐることを考へてしまひます。かやうなことからも宮家の増加、端的に申し上げれば旧皇族子孫の皇室への養子縁組などが必至な状況なのであります。

女性宮家（女系宮家）の危険性

悠仁親王殿下が皇位をお践みになることはもはや自明の理でありますが、それに関して次の問題が浮上してきます。それは御姉君の眞子内親王殿下の御婚約の御相手の小室氏の問題であります。週刊誌などに随分騒がれてしまひ、そのことは広く国民の知るところとなりました。元皇族の配偶者をあれこれと論じるのは憚りもありますが、端的に申し上げると、小室氏の配偶者は元皇族であるといふことだけではなく、彼が将来の天皇の（義理の）兄になるといふことなのです。畏れ多いことですが眞子内親王殿下は、天皇の姉と言ふお立場なのです。

立皇嗣の礼が済んで皇位継承問題の重い腰があがりました。皇位は男系男子で継承すると決まつたものの、具体的な方向性も議論されず、まだ女性宮家の創設と言ふ事が、折々話題になつてゐます。そこでお考へいただきたいのは、女性宮家を創設すると言ふことをこの例で申し上げるなら、眞子内親王殿下にはそのまま皇族でおいでいただき、小室氏がそこへ入婿となるといふことです。即ち小室氏が皇族となり、宮中の諸儀に参列すると言ふことになります。例へば宮中一般参賀の折りに将来の天皇の（義理の）兄として国民の前に立つと言ふことになるのです。これは大変難しい問題で、国民の納得できないものでありませう。これは感情ではなく道理の問題です。まして女系皇族の制度を認めるとその子に皇位継承権を持たせることになります。皇室に入ると言ふことは、女性宮家の創設如何に関らず男性女性にとつても簡単なことではないことがわかります。

このことに端を発して、秋篠宮家は様々な問題があるので皇位継承権を一族から剥奪し、直系の敬宮殿下に皇位継承権をと言ふ無謀な声も燻つてゐます。これは本末転倒も甚だしく現行の法規を無視して感情論で軽率に物を言ふ短絡な考へにほかなりません。畏れ多いことですがこのことは敬宮殿下にあつても女性である以上、いつかこれと同じ（第二の小室氏が現れる）ことが繰り返されかねないといふ火種を抱へてゐるのです。かやうに考へれば女性宮家が実に危険なものであることがよくわかります。あつてはならないことですが、仮に女性宮家が創設された場合、多くの問題を抱へることになります。その第一が御配偶者の問題です。但し男系皇統の御血筋の方との御婚姻となれば話はまた別の問題となります。

何れ皇位を践まれる男性の御配偶に関しては、国民の関心も高いものがありましたが、女性皇族は臣籍に降下する為あまり気にはとめられませんでした。これがいけなかつたのでせう。さうであるとしても何かしら問題を抱へた人物に降嫁することは賛同できかねるものでもあります。何度も申し上げますが皇族はそのやうな点においては御不自由であることは致し方ないことなのです。それは個人よりも「皇位の尊厳」を重視するからなのです。その点のことは御理解なさつておいであると承ります。

SNSによる誹謗中傷

皇位継承に関して有識者会議による聞き取りが始まり、それに関してネット上で随分と様々な声が挙がつてゐました。その中にはどうも感情ばかりが優先して、沈着冷静な判断ができてゐない文言があり、無責任でいい加減な声が飛び交つてゐるやうでした。

私は携帯電話を所持してをりません。所謂ＳＮＳの環境からは程遠い所に生活してをります。私の家にはテレヴィもありませんので居間での食事の時間にテレヴィが放映され放しと言ふ環境もありません。全く雑音の情報から遮断された静かな空間に生活してをります。

仕事上私が毎日接する高校生のＳＮＳの普及率はここ十年で随分と高くなりました。殆どの生徒がスマアトホンを所持してをります。学校においてそれは殆ど用のないものですが、なかなか持ち込み禁止もできず、その一方でそれを持ち込むことで様々な弊害が生徒間で生じ、その対応に追はれてきました。教師が学業以前の問題、生徒のスマホの利用といふことに時間を取られ、このやうに頭を痛めるとは考へてゐませんでした。私は始めからこの機器に懐疑的であり、所持せずとも生活ができる証しを身を以て示してゐます。生徒はよく、緊急時にどうするのですか、と質問してきますが、今まで緊急時に携帯電話にかけて通じたことの方が少なく、相手が携帯電話なのだからいつでも通じるはずだとの思ひを、かける側が持ちますが、電源が切つてある、電波の届かないところにゐるといふ空しい回答が何度もありました。災害などの折には混線や電波の錯乱などで通じなかつたとのことも聞きますが、「ＳＮＳ神話」と言はれるやうに誰もがこれを重宝がつて、今やこれがないと生活ができないやうな依存症になつてゐます。車内でも手に欠かさず、画面を見詰め、よい大人が漫画やゲームなどをしてゐる姿はさまになりません。

学校におけるＳＮＳ問題は、その利用法にあります。相手が見えないところへ、見えない本人が誹誹謗や中傷をする。面と向かつて相手に言ふことはできない人が、確かでない情報を文字として発信する、そしてそれが消えないで残り、拡散する。また本人はそのつもりではないものの表現の拙さから誤解を招き、それが更に拡大解釈されて広まり、収拾がつかなくなるといふことが度々あります。そのたびに膨大な時間を浪費して対処せねばならず、生徒間のこじれた人間関係の再構築の中に入る教員の疲弊は大変なものです。

この問題は今や子供だけではなく、大人を含めた社会全体を包んでゐます。嫌な思ひをした、させられた生徒は、今後何かしらこの扱ひに注意を払ふはずですが、実際はさうではありません。誰もが「待つて」と言ふことができなくなり、大人のSNS問題は相手を自殺にまで追ひ込む勢ひとなつて、社会問題化してをります。それがわかつてゐながらもこの利用に節度も慎みの念もなくなれば、実に危険な機器となつてしまふのです。秋篠宮皇嗣殿下が御自分ではなさらないものの皇族もSNSの発信をすべきであると仰せになられたことは、已むにやまれぬ思召しでありませうが、皇室を危険に曝すことになることを深く懸念します。皇室問題もここに取り沙汰されてゐます。そのため、私はこの機器から距離を置いております。

庶民感覚で皇位を論じてはならない

教職といふ自分の仕事に関して、SNS社会において誰か（生徒）からよく言はれ持ち上げられたり、また誹謗中傷を受けたりしても私は何とも思ひません。相手が名乗らない場合は聞き流して対応しないことにしてゐます。これは皇位継承に関する議論の問題にも言へることです。憲法の定める言論の自由は、その裏側に言論の責任の重さを背負つてゐます。何でも好き放題に言ふことは言論の自由ではありません。発言には責任が伴ひます。また節度と冷静さが必要なのです。

先年の皇位継承に関しての有識者会議の発足の折に、この「ネット社会」と言ふ見えにくい場で、男系・女系をめぐりかなり激越な言葉が行き交はされてゐたと聞きました。私はSNSから距離をおいてゐますので自分の小著がかやうな場で批判されても全く意に介さないし気にもしてをりません。それは知らなければ済むことなのです。しかし、前記のやうな私の環境を知つて、それを気にして教へてくださる方がゐます。それは有難いのですがそれについても真剣に答へません。相手が誰であるかわからないものに応へ様がないからです。

それでも様々なことを聞いたため、若干気になることがあり、その感想をここに述べておきます。まづ第一に男系の信奉者であれ女系であれ、何にせよ天皇、皇室に対して畏敬の念をもつべきであり、これは譲れない一点であります。この問題に関して畏敬畏怖の慎みの念を抱く人物と抱かない人物とでは発言の重さも違つてきます。聞くところによれば、議論をするためには畏敬の念など必要なく、そのため敬語などは必要ないと主張する者がゐるさうです。それは皇室問題を論じる最初の第一歩の段階で私どもとは同じ土俵にはないといふことを知るべきです。また畏敬の念はあるが敬語は不要であると言ふ者もありますが、これなどは理解に苦しみます。皇室問題は庶民感覚で論じるものではないと言ふことを第一に抑へておくべきです。茶の間や井戸端の自由討議とは全く質が違ふものであることを弁へなくてはなりません。それゆゑ専門家の整つた考へ方で十分であり、広く民意なぞを聞く必要はないのです。声が大きい、数が多いと言ふことが必ずしも正しいわけではないのです。多くの声を聞けば聞く程そこには従来護られて来た重要な歴史を知らず、皇室に無関心な者や、目の前のことしか知らない実に安易な感覚の者などの発言が多く含まれることになります。再度言ひますが、「皇室問題は庶民感覚で論じるものではない」のです。そして天皇、皇室に対して畏敬の念をもつて語るべきであるのです。

皇位の尊厳を知れ

次に冷静で沈着な議論が必要であると言ふことです。これも男系・女系の論者の双方に言へることかも知れませんが、発言にも節度があるべきで相手を攻撃するやうな口吻は好ましくありません。同じ民族が牆に鬩ぐことは悲しいことで、ネット上の見えない相手への攻撃的な発言は控へるべきです。これは双方とも反面教師として考へておくべきことであります。

私は女系論者の振る舞ひを懸念してをりますが、それは見えないその相手が女系論者を装ふ皇室解体者と映るからなのです。自分のことしか見えず、それを通すためにはその障碍は除かねばならないといふ暴論化が見えてきます。ある者が女系をよしとするために「万世一系」は明治以降に作られた概念であり、その価値は無いと放言してゐると聞きますが、この発言がいかに皇位を貶めてゐるかと言ふことに気付いてゐないのです。まさに嘗ての左翼の言辞を聞くやうな思ひです。女系論者が「万世一系」の比類なき皇統に対し何を言はうが、その国史の事実は微動だにしません。そこに畏敬の念を抱くべきであります。それに気付かずに皇室問題を口にするのは憚りがあります。皇室問題は庶民感覚で論じるものではないと言ふのは、このやうな卑俗な感覚からの発言が多いと聞くからなのです。

私どもはこの問題を論ずる時、何であれ心の底から皇室の今後の御安泰をお祈り申し上げてゐるといふ誠意が第一に必要なのです。これがない議論は空論にすぎません。その上で「今」ではなく「将来」に禍根を残さないためにどうするべきかといふ一番重要且つ根本的なものに立ち返るべきなのです。さうなると古来男系で維持されてきた事実、これしか途はありません。さうすれば次にどうすべきかの方向性が見えてきます。そしてその方向性に向けて智慧をしぼることに全力をあげるのみなのです。

「皇女」の制度創設

女性宮家の件についてこの頃様々な考へ方を聞くやうになりました。女性宮家の創設は先にも述べたやうに多くの問題を孕んでをり、短絡的に考へるのではなく、これを一旦白紙にすべきであるところなのに、その可否を論じるどころか、それを棚上げにしたまま今度は「皇女」といふ不思議な制度の創設を検討中であるとの報道がありました。降嫁された女性皇族を「皇女」といふ名称の国家公務員として、皇族でいらした時と同様に諸事をお勤めいただく制度であるやうです。名称からしてをかしいと識者が問題点を指摘してをりますので、ここでは詳しくは述べません。具体的なことはまだ何も決まつてゐないやうですが、一つだけ指摘しておけば、これは間違へれば女性宮家の創設に繋がる危険性もあつて穏やかな制度ではありません。これはかなりの懸念の材料となります。降嫁した後の皇族も例へば黒田清子様は神宮の祭主といふやうに殊更に制度化せずともおつとめいただいてをります。「皇女」といふ制度を設けるなど、この発想のもとに皇族や元皇族を扱ふことが何とも非礼なことであると考へないのでせうか。それよりも皇族に様々な御役職・名誉職などをお願ひしてゐる現状を少し整理するのが先ではないかと思ひます。

自家撞着甚だしい女系論者

秋篠宮殿下が立皇嗣の礼をお済ませになられたにも関はらず、まだ次期天皇としての地位は確定してゐないなどと主張する女系論者がゐると聞きます。不思議なことですがその根拠は天皇陛下（直系）に今後「もし」皇男子がお生まれになつた場合、皇室典範に遵ひその方が皇太子となり、皇嗣殿下の地位は格下げになるのであつて、それゆゑに確定してゐない、不安定な地位であると言ふのです。確かにその場合はさうなりますが、（申し上げるのも憚られますが）直系の皇男子がお生まれになる可能性が低い（といふ前提がある）ために、秋篠宮殿下が皇嗣とならざるを得なかつたのではないでせうか。直系の皇男子が確実にお生まれになる可能性が高いのであるなら、何もこのやうな事態にはなつてをりません。昭和八年に皇子（現上皇陛下）が御降誕なさいますまで、昭和の御代には皇太子が御不在でありました。それは失礼ながら香淳皇后がまだお若くいらしたことに望みがあつたからです。

不思議なことですが女系論者の中には側室がゐない以上、男子の誕生は難しいのだ、そして現代では側室など認められないであらうと喧伝する者もゐますし、また皇位継承者は直宮で、且つ長子優先であるべきと主張する者もゐます。それらの言を借りれば側室がない限り男子の誕生は無理なのでありませうし、またこのあと男子が誕生しても長子優先である以上、敬宮殿下が皇位を践むべきだと主張してゐたのですから、ここにも矛盾が生じます。自家撞着甚だしいとはかやうなことを言ふのです。

このやうな「もしも」を大袈裟に語ることにより、輿論を紛らはし皇嗣殿下を蔑ろにして何か混乱を期待してゐるやうですが、皇嗣殿下の地位は現状では何等変化することはあり得ないのです。輿論を惑はすとはこのやうなことを言ふのでありませう。

複雑な女系論者集団

女系論者の中には、先ほども申し上げたやうに女系を装うた皇室解体者が平然と潜在してをります。また、もはや男系の理論は排除すべきとの思ひにただただ駆られて、皇位の尊厳や皇室全体の有難さが見えない、または見てゐない者がゐるやうです。その一々は申し上げませんが、拙著に「現行の皇室典範を改める理由がない現状を、無理に改めて敬宮殿下を皇位継承権一位と申し上げることが皇位の簒奪になる（概要）」と書いたことに対し、皇室典範を改正しての正式な手続きを踏むものなのでそれは簒奪にあたらないと批判してゐると聞きました。よくよく考へればわかることと思ひますが、男系男子が存在してゐる今、改める必要がないものを改めた時点で、それが簒奪なのです。簒奪とは武力などによる横取りを意味しますが、この行為はそれに匹敵するほどの大それたものなのです。仮に「今」はさう思はないかもしれませんが、後世の史家は必ずやこれを簒奪と表現することでせう。それ程の大変なことなのです。その簒奪に与してゐることを知るべきなのです。

かやうな色々な考への者が雑居して、声を張り上げてゐるのが女系論者集団と映じてなりません。無論その中の僅かな者は真剣に、真つ向から皇室がどうあるべきかを考へて、その結論として女系といふ選択を選んだと言ふことも承知してゐます。安易な選択ではなかつたこともわからなくはありません。しかしそれが大きな間違ひを誘発する恐ろしさを孕んでゐたのです。そしてその中のある者がこのやうな様々な得体の知れない女系論者から持ち上げられ、カリスマのやうな存在に祭り上げられ、もう引くことができない状況になつてをります。「□□氏がかう言つてゐる」と聞きかじりばかりがヒステリックな感情を伴つて跋扈し、それを盾にただただ相手を攻撃してゐるのです。これは困りもの以外のなのものでもありません。

『文藝春秋』十二月号の怪

皇位継承は今上陛下の次には秋篠宮皇嗣殿下、ついで悠仁親王へと男系で繋がつて行くことは自明の理であり、令和三年十二月に提出された有識者会議の報告書にも明記されてゐますが、政府はそれを受けて旧宮家から養子を取る方策などにつき迅速に本格的な国会議論をするものだと思つてゐたもののの、夏以降は何ら検討がされずに今に至つてゐます。そこで女系論者はまだ何とかなると思つてゐるやうですが、今更何を騒いでもこれが覆ることはないのです。それなのになぜ、まだ敬宮殿下を皇位継承者に擬して、無責任な放言を書くのか不思議でならないことがありました。

『文藝春秋』十二月号（令和四年）の新聞広告を見て驚きました。連載の「安倍晋三秘録③」に安倍氏が「愛子天皇を認めていた」といふ見出しを掲げてあつたからです。そのやうなことはないはずと思ひ、早速この記事に目を通しましたが、さて、この見出しにあたる部分が本文にありません。肝心な安倍氏が敬宮殿下が皇位継承者になることを認めてゐたことを証明する、強力な文面、証拠が書かれてゐないのです。羊頭狗肉とはこのやうなものなのでせう。それにしてもこの広告は本文を読まない人にも、安倍氏が「愛子天皇を認めていた」といふことを刷り込むには効果的でありませう。そのためにもこのやうな悪意ある見出しをつけたのでありませうか。

記事は十二頁に亘つて書かれてゐますが、その最初は平成二十八年に天皇陛下（現上皇陛下）が譲位を滲ませる御意向をお示しになつたといふＮＨＫの速報から書き始め、それに対する安倍氏の対応について書かれてゐます。恒久法か特例法か、いづれかの選択といふ安倍氏の苦渋、また元号のひと月前の公表などの保守派議員との応酬、令和の元号は追加案の中にあつたことなどが今更ながら書かれてゐます。また令和の出典である萬葉集の大伴旅人の序文を安倍氏が内奏した記事がありますが（二八六頁上段）、「これは万葉集を編纂した大伴家持の息子、大伴旅人が……」と執筆者は旅人を家持の息子として書いてゐますが、事実は父親であつて、このやうに安倍氏が内奏したとは信じられない点からして、執筆者の思ひ込みによつて書かれた文章であるのかと思ひました。（ネット上では訂正されてゐる由）かやうな基本的な事項を間違へ編輯者も気づかない程度の記事であるからこの点に関してはあまり信用はおけないものです。さて、このあと元号発表のこと、米国大統領に皇室観を語ったことなどが挙げられ、また令和への皇位継承儀礼は安倍総理にしかできないことであつたと述べ、なかなか見出しの「愛子天皇」がでてきません。

読み進めてやつと「愛子天皇誕生への道筋」といふところへたどり着きましたが、そこでも「安倍は男系男子の皇位継承に強いこだわり」を持つとし、女性宮家を認めると皇位継承の伝統を根底から覆すことになると主張してゐたことが述べられてゐるのです。このことはその通りでありませう。ただ「将来、愛子天皇誕生への道筋に向けても責任ある議論を進めなければならない」といふことをこ数年の間に安倍氏の口から数度聞いたとし、「男系男子」以外を完全に否定するものでなかつたと「感じている」、と書いてゐるのです。執筆者本人がどのやうに感じようが勝手ですが、それが安倍氏の本心であるかのやうな書き方は自分に都合よいもので、もはや死人に口はない以上は慎むべきことでありませう。執筆者はまた、安倍氏は皇位継承について「秋篠宮や悠仁さまへの皇位継承を前提としたうえで、さらに皇統の存続を確かな物にすることが、重要であるとの立場だった。つまり非常に「現実的な」見方をしていたのだ。」と述べるが、私にはこれが非現実的なといふか、悪意に満ちた文章と感じてならないのです。要はこの文意には悠仁親王の皇位継承は認めるが、それは長続きせずに終ることになるから、非常時のことを考へて敬宮殿下の即位へ向けた議論をするべきだとの意が含まれてゐるからなのです。

女性宮家の創設をあれほど忌避した安倍氏が、仮に敬宮殿下が皇位継承資格を持たれるやうにした場合、それは女性宮家に繋がる可能性を一切排除したものであつて、御一代のみの中継ぎの女帝であり、御結婚もされてはならず、かなり厳しい環境下での御即位を認めるといふものであつたはずです。記事はこのあとも男系男子について肯定的に書いてゐて、この部分だけが無理やりとつてつけたやうな悪意の印象を抱くのは私だけでありませうか。自分の考へを安倍氏の思ひにすり替へて書くから、このやうな矛盾が生じるわけで、執筆者は敬宮殿下の御即位が女系論者同様に簡単なものであると考へてゐるのでせうが、実は敬宮殿下の御即位は大きな負荷と精神的な御窮屈を殿下に強ひるものであり、かなり厳しいものであることは安倍氏は十分に承知、理解してゐた以上、無責任にそのやうに安易にこのことを周囲に漏らすことはないと思ふのです。

男系男子継承を当然としてゐた安倍氏が妙なことを言つたと印象付け、また「愛子天皇待望論者」に加担するやうなこの記事は実に無責任以外の何物でもないのです。それよりも執筆者御本人はどのやうな立場にゐるのか、それを明確にすべきです。「感じた」などとの曖昧な表現は慎むべきで、故人を利用したある目的のために書く文章ではなく、きちんとした記事を書いていただきたいものだと思ふのです。

過激な女系論者への警戒

女系論者は敬宮殿下に皇位継承権をと主張してゐます。そこには本来あるべき「皇位」といふ重いものへの考へはなく、「敬宮殿下を天皇に」などと感情論から叫んでゐます。慎みの気持などどこにもありませんし、敬宮殿下はスタアでもアイドルでもありません。それなのにどこかで誤つた方向に動き出してゐる気がします。聞けば「愛子さま百人一首」まであるとか、もはや呆れます。そこには皇族に対しての慎みの情がみえません。そのやうな軽薄な行動が何を貶め、どのやうなことに繋がるのかよく考へるべきでせう。そしてこれは男系論者も反面教師として考へる題材ともなります。

男系女系の決着点は勝ち負けではありませんが、今ご紹介した女系論者は恰も勝ち負けのやうな発想で相手を攻撃してやみません。単純なことですが、既に決定した悠仁親王がおいでであるにも関らず、それを無視して敬宮殿下に皇位を継承していただくことがどのやうなことか、またそれを敬宮殿下がどのやうに御思ひになられるか、そのやうなことになぜ、考へが及ばないのでせうか。仮に敬宮殿下が即位され、その御子孫が世襲していくとしても、一方で秋篠宮家が続き、悠仁親王の後も男系で維持された場合、「今」も筋が通りませんし、後世の国民感情はどちらにどう向くかといふことに思ひつかないのでせうか。ここには大きな無理があります。

我々は慎みをもつて深く考へねばなりません。皇位継承は男系に落ち着きましたが、それは終着点ではなく、「中今」であることを見据ゑるべきです。今後御子孫に託してゆく皇統の守護といふことについて、この時代にかう判断したといふことをきちんと整理しておく必要があるのです。そして注意すべきは、女系論者の声高に他者を貶める論法は皇位の簒奪どころか、排除と言ふ恐ろしい暴挙につながる温床になるのではないかと案じられます。かう考へると背筋が凍る思ひがしますが、男系の方針になるべくしてなつたものの、過激な女系論者の一部はまだ燻り続け、暴挙に出る可能性が十分にあります。今後は秋篠宮家の警備に重きを置く必要があります。皇室問題を語る場合は沈着と冷静さが必要なのです。日々神明に祈り、出来る限りのことをして、ただただ神意をお伺ひするのみです。私には雑音は聞こえないのです。

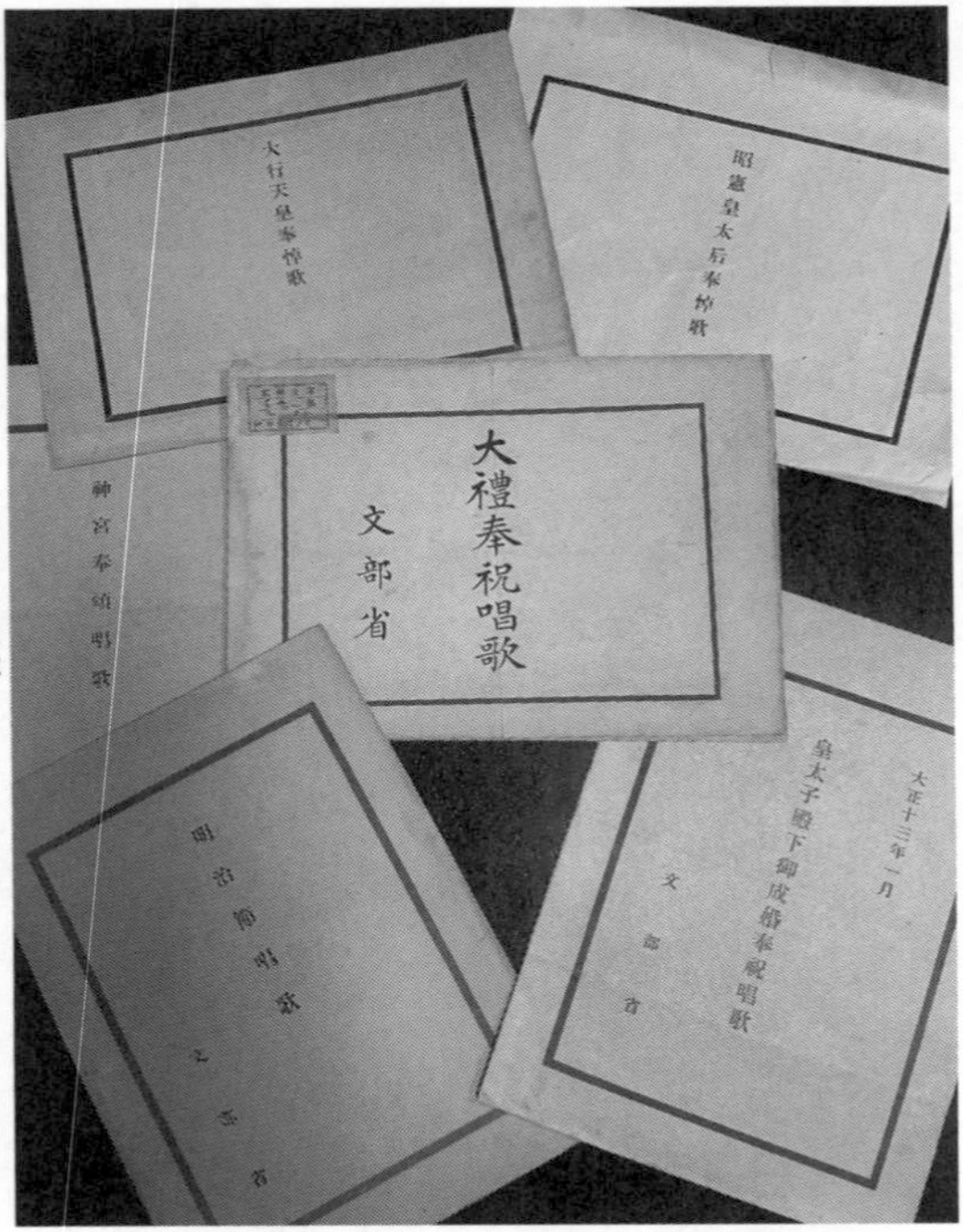

各種　奉祝歌　追悼歌　（著者所蔵）

第九章　国葬の行方

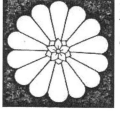

東伏見宮

安倍元総理が不運にも兇弾に斃れ、急逝されました。さぞや無念のことであつたと思ひます。

このことに対し多くの諸外国から弔意が示され、それを受けて急に国葬の話題が起こりました。

そもそも我が国の国葬はどうあるべきなのかの検討もなされず、放置されたままであつたところへ、この決定の拙速さが批判されました。また二月以上期間が空いた上に、途中に英国女王陛下の国葬があり、その対比の上で無宗教による異様な国葬が映し出されました。死者の慰霊追悼である儀礼が、凡そかけ離れた感覚の中で行はれたことを独自の視点から再度検証いたします。

安倍元総理の死を悼む

安倍元総理の死はあまりにも突然の出来事でしたから、信じられませんでした。実に無念なことであつたと思ひます。偉大な政治家でありましたからあまりにも俄かで、しかも思ひもよらぬ死（と申してよいのかわかりませんが）は当分の間受け入れられませんでした。時は次第に流れていく中でそれを信じられない自分が取り残されて行くやうでもありました。

様々な問題を抱へる我国の、いや今後益々混迷する世界においても大きな指針となる人物を失ひました。台湾をはじめ多くの国々が深甚なる弔意を示してゐることを見ても、世界的な功績は十分に理解できると思ひます。その後の参院選は弔ひ合戦の様相を呈し、保守改憲派は大きく伸びました。国民の多くがやはり故人への深い理解と追慕の情を露はにしたからに違ひありません。追悼の花束の列はかなりの長さになつたと聞きます。大きな指導者を失ひ、今後の日本がこの混迷する世界情勢の中でどのやうに舵をとつてゆくのかが試される厳しい時代になりました。

安倍氏の死は、また我々に新たな物を見出す機会を与へました。日本人の悪い点は自らの国を誇ることが気恥づかしいのか、出来ない点にあります。自国を貶めてゐることが進歩的であると錯覚してゐるのです。ですからこの感覚で安倍氏を評価するから何も見えずに、死者に鞭打つことを平然として怪しまない人がゐます。しかし海外での安倍氏の評価は吾らが国内で思ふ以上のものであつたのです。日本文化の素晴らしさを外人が指摘してはじめて気づいたといふ恥づべきことがありますが、安倍氏の偉大さも外国から指摘されて初めてわかつたやうなものです。それでもなほ批判の声は収まりません。人の死、しかも無念の死を悼むこと、そしてそれがたとひどのやうなものであつても、慎むべき時期があり、政治の問題は政治の空間で議論すべきものでありました。

安倍氏の功績は令和への譲位から即位へ続く儀礼に滞りなく采配を振つたといふこと、男系皇位継承についての正しい判断をしたことなどが挙げられます。これも細かな面を見れば問題点はありますが、大筋では納得できるものでありました。ただ安倍氏でもままならないできごとに、北朝鮮による拉致問題、靖國神社参拝の問題がありました。この解決ができなかつたことは戦後の克服を目指した安倍氏の最大の無念とするところでありませう。

小泉首相は靖國神社へ毎年参拝しました。その時の官房長官が安倍氏でしたからその内実は十分承知であつたはずですが、小泉氏以降十六年が経過してゐます。この間に靖國神社を巡る環境が大いに後退したといふことなのでせう。無念なことですが安倍総理は八月十五日当日には参拝はできませんでした。

小泉氏にできて安倍氏にできなかつたことが幾つかあります。日本を取り戻すと力強く宣言した安倍氏でしたが、出来なかつたのはなぜか。諸外国からこれほど称賛されてゐる安倍氏になぜできなかつたのか。このことを思ふとそれほどまでの大きな圧力があるといふことがわかります。この圧力は国の内外何れにも蝟集してゐるもののやうで、明らかには姿は見えませんがここに我が国の病痾が潜んでゐることが明らかになりました。今後我々はこの得体の知れぬ宿痾に向き合つて闘ふことになりませう。それが明らかになつただけでも安倍氏の死は無駄ではないのです。

増上寺での葬儀

安倍氏の葬儀が芝の増上寺で営まれました。父晋太郎氏も、また祖父岸信介氏も同様に増上寺でした。そもそも安倍氏の郷国である長州は浄土宗の盛んな所で、安倍家も又浄土宗が宗旨であります。都内屈指の浄土宗の寺院といふことで、増上寺が選ばれ、父や祖父も同様であつたことから、そのやうになつたのでせうが、抑々岸信介氏の時点で考へねばならない精神的な問題があつたはずです。今回もそれに気づかなかつたやうです。

長州出身の政治家は現在何人もゐますが、彼らは明治維新といふものをどのやうに理解してゐるのでせうか。長州の気概といふものがどこへ行つてしまつたのか。これが私の疑問であります。自分の郷国の先人が命を賭して戦つて幕府を倒した明治維新といふものを、百五十年経過したいま、どのやうに考へ、見てゐるのか、これが大きな精神的な根幹にあります。御承知の通り増上寺は上野の寛永寺と並んで徳川家の菩提寺であります。三河出身である松平家は浄土宗であり、江戸において増上寺に帰依する一方、家康を神として祀る東照宮を輪王寺（寛永寺）に兼帯させ、天台の鎮護国家の思想に基づき江戸の町づくりをしたのです。要は安倍氏の葬儀が営まれた増上寺にはいまも徳川将軍家の霊廟があつて、徳川家と深い関係があります。幕府は増上寺において慶応二年十一月二十五日に長州征討の幕府方の戦歿者の慰霊法要をこの寺で営んでをり、今も子院の安蓮社には勝海舟が建てたこの時の慰霊碑があります。

長州と明治維新、そしてその流れを汲む政治家としての自分といふものを考へたとき、ここに矛盾が生じるのです。もはや百五十年前の昔のことであつたとしても、日本を取り戻さうと主唱してゐた根幹にはやはり維新の精神がなければなりません。国葬の場で菅氏の弔辞に、安倍氏が読みさしのまま逝いた書物が山県有朋の評伝であつたことに触れてゐました。同郷の先人への深いまなざしがあつたことがわかります。現代では同じ日本人として、最早維新の時の地域性による人間関係、例へば薩長と会津などのわだかまりを云々することはなくなつてゐるやうですが、松下村塾における国家や国体の思想など、かの郷国に芽生えた救国の精神を継承する政治家としての矜持は確と示すべきでありました。明治維新時の長州の思想を継承した政治家としての思ひがあれば増上寺では葬儀はできません。徳川将軍家の霊魂はこの三人の政治家、またその周囲の人たちの国家観や思想について不思議なものを感じてゐるはずです。勿論また警備や施設の問題もあつたことでせうが、私は根幹の思想面についての欠落が大へん気になつてしやうがありませんでした。

国葬について

安倍氏の死に対して海外の諸国が深い敬弔の意を表しました。二百五十余の国や国際機関になると言ひます。それだけ海外諸国にとつて外交と言ふ面で安倍氏は多大の尽力をした偉大な存在であつたことがわかり、改めてその功績に感謝の意が表されました。

このやうな状況を受けて、急遽国葬の案が浮上し、岸田首相は九月二十七日に実施する旨の閣議決定をしました。恥づかしいことですが、国内での安倍氏への敬弔を何も考へつかなかつたうちに外国からこのやうに多くの弔意を受け、それゆゑに放置しておけない状況になつたと考へるのが妥当かと思ひます。要するに天皇以外の国家功労者に対して国葬の規定がない国、曖昧な国であることが明らかになりました。抑々国葬といふ発想がなかつたのです。先の参議院選挙は弔ひ合戦の様相を呈し、そのため自民党は議席を増やした勢ひもあり、また国葬時の弔問外交なるものにも期待したやうです。安倍内閣は憲政史上でも一番長期の安定した政権であつた分、逆に快く思はない人もゐて批判も多くあるやうです。政治家には毀誉褒貶がつきものであるゆゑ、細かに安倍政権の施策を批判すれば諸手を挙げてすべてをよしと評価はできない点もあるやうですが、それは些細なことではないでせうか。その功績と無念の死を思へば国葬に値する人物であると言へます。

ただ注意しなくてはならないのは、令和の今日における「国葬」とふ語の取扱ひであります。明治十六年の岩倉具視の葬儀以来、臣下の国葬は度々あり、殊に大正十五年の「国葬令」により、臣下の国葬は天皇から勅諚を以て賜ふものと定められました。要するに国家の功臣に対して陛下が国を挙げて神式に則して葬儀を行はさせるものであつたのです。当然のことながら当日は廃朝となり、国民は服喪したのであります。それが「国葬」の本義なのです。

戦後は吉田茂の死に際し国葬があつたといひますが、それは国費で賄はれた無宗教の葬儀（の形をとる）追悼式であり、およそ「国葬」などと言ふには儀礼的にもまた精神的にも次元が違ふものなのです。そのことを明確にしておく必要があります。

今回も吉田茂の国葬儀同様に行ふにあたり、国費の使用が問題になつてゐますが、慰霊と言ふ根本義を忘れ、費用の出所が問題視されるやうな国葬などはやらない方がましであり、単なる（外国からの弔意に押された）形式的なものならよろしくない前例となるだけです。当日は国民生活に配慮して休みにもせず、それで国葬などと称してゐては、外国の弔問使がその茶番劇をどう感じることになりませう。それこそ国の恥さらしではないでせうか。昭和天皇の大喪儀は国葬の形をとり、政府と皇室の二本立ての変則的な儀礼でありましたが、各国の弔問使はその日本独自の宗教性のある葬礼に日本を見たのであり、そこに昭和天皇をお送り申し上げる日本国民の深い深い悲しみを感じたのでありました。国民もそれは同じことでありました。

安倍氏の国葬を行ふならその本義に照らし慰霊といふ面を考へて徹底した形で行ふべきで、またその規定を国として定めるべきであります。勅使や上皇使が発つことになる重さをどう受け止めるのか、その検討が日本を取り戻すことに途半ばに斃れた安倍氏への真の追慕になるものと思ひます。無宗教の全く意味のない、こんな形での国葬しかできないのかとのお叱りの声が聞こえて来るやうでは何の意味もありません。

戦後二代の皇后の葬礼

なほ一言申し上げれば、戦後国葬の対象になるべきお方で、真の国葬の営まれなかつた方が二人おいでになります。この事実を忘れてはなりません。貞明皇后（占領下であつて、実質上「準国葬の扱ひ」といふ）と香淳皇后であります。私は天皇に関しては国葬である大喪儀の規定があるものの、皇后（上皇后）に大喪の規定がない現状の、この歪な法制度を何とか嘗ての皇后大喪儀に遵つて営めるやうに法整備をすべきであると思ふのですが、その制定の声はきこえません。当然そこには御健在の皇后（上皇后）陛下への遠慮の気持ちが多分にあるのでせうが、それだからと放置しておいてよいのでせうか。諸外国では王妃の葬礼がどのやうな法的な位置でなされてゐるのか、その検討も必要であります。二代の皇后の葬儀が国葬で行はれなかつた事実を重く捉へると安倍氏の国葬が果たしてどうなのか、悩ましい点でもあります。皇后上皇后の国葬をはじめ、臣下の国葬のあり方について検討を加へ、纏めておく必要を感じるのです。

明治の時代は国の根幹にあたる法律等が次第に整備された時でありました。皇室の葬儀に関しては明治四十二年に「皇室服喪令」が、続いて大正十五年十月に「皇室喪儀令」が制定され、天皇及び三后の逝去を「崩御」とし、葬儀を「大喪」と称する事が定められました。三后とは皇后、皇太后、太皇太后の御三方です。

これは、既に明治天皇や昭憲皇太后の大喪儀において行なはれた諸儀を整備して法制化したもので、第一章大喪儀（第一条より第十一条まで）、第二章皇族喪儀（第十二条より第二十一条まで）、および附式から成ります。第一章には第一条の、天皇が崩御した時は宮内大臣と内閣総理大臣の連署を以て直ちにこれを公告する（皇后、皇太后、太皇太后が崩御した時は宮内大臣が公告する）とあります。明確に三后のことを記してゐます。以下は、追号の勅定、追号の公告、廃朝、大喪使の設置、霊柩の殯宮への奉遷、喪主、大喪儀の期日・場所および陵所の公告、霊代は権殿に奉安し一周年祭ののち皇霊殿に奉遷することなどを規定してゐます。また第二章には第十二条の、皇太子・皇太子妃・皇太孫・皇太孫妃・親王・親王妃・内親王・王・王妃が薨じた時は宮内大臣がこれを公告すること以下、廃朝、喪儀司の設置、喪主、喪儀の期日・場所および墓所の公告、霊代はその殿邸に安置し一周年祭ののち皇霊殿に奉遷することなどを定めてゐます。ご覧の通り全て神式による儀礼であります。更に、附式には大喪儀および皇族喪儀の個々の儀式について詳細に定められてゐます。これによる最初の大喪儀は、公布後間もない十二月二十五日に崩御した大正天皇でありますが、天皇の不予を憂慮して制定されたなどといはれますが、実際には随分前から検討されてきたものなのです。

これは新憲法の施行により、他の皇室令とともに昭和二十二年五月二日廃止され、皇室における喪礼の依拠する基準法規がなくなりました。昭和二十六年五月十七日に皇太后（貞明皇后）が狭心症で急に崩御されましたが、この時はまだ占領中であつて様々な障碍があつたものの、政府は前例を重視し、法制上の問題につき協議して国葬に準じて「国の儀式」として行ふことに決めました。そして「皇太后大喪儀挙行要綱」を定め、皇太后大喪儀委員長以下を設けて「大喪儀」として執り行なひました。その後の皇族方の薨去の際の喪礼は凡そこの廃止になつた規定に準じて今日まで行なはれてゐます。

殊に昭和天皇の場合には、憲法に「大喪の礼を行ふ」とあることから、政教分離の原則によつて国家の儀式として「大喪の礼」、皇室の儀式として「大喪儀（葬場殿の儀）」と、名目上は分離されて行はれましたが、「大喪儀」の品格は変則的ですが保たれました。ただこの後の皇太后（香淳皇后）の喪礼は貞明皇后の前例に倣はず、皇室の行事として行はれ、「大喪儀」（国葬）の扱ひになりませんでした。

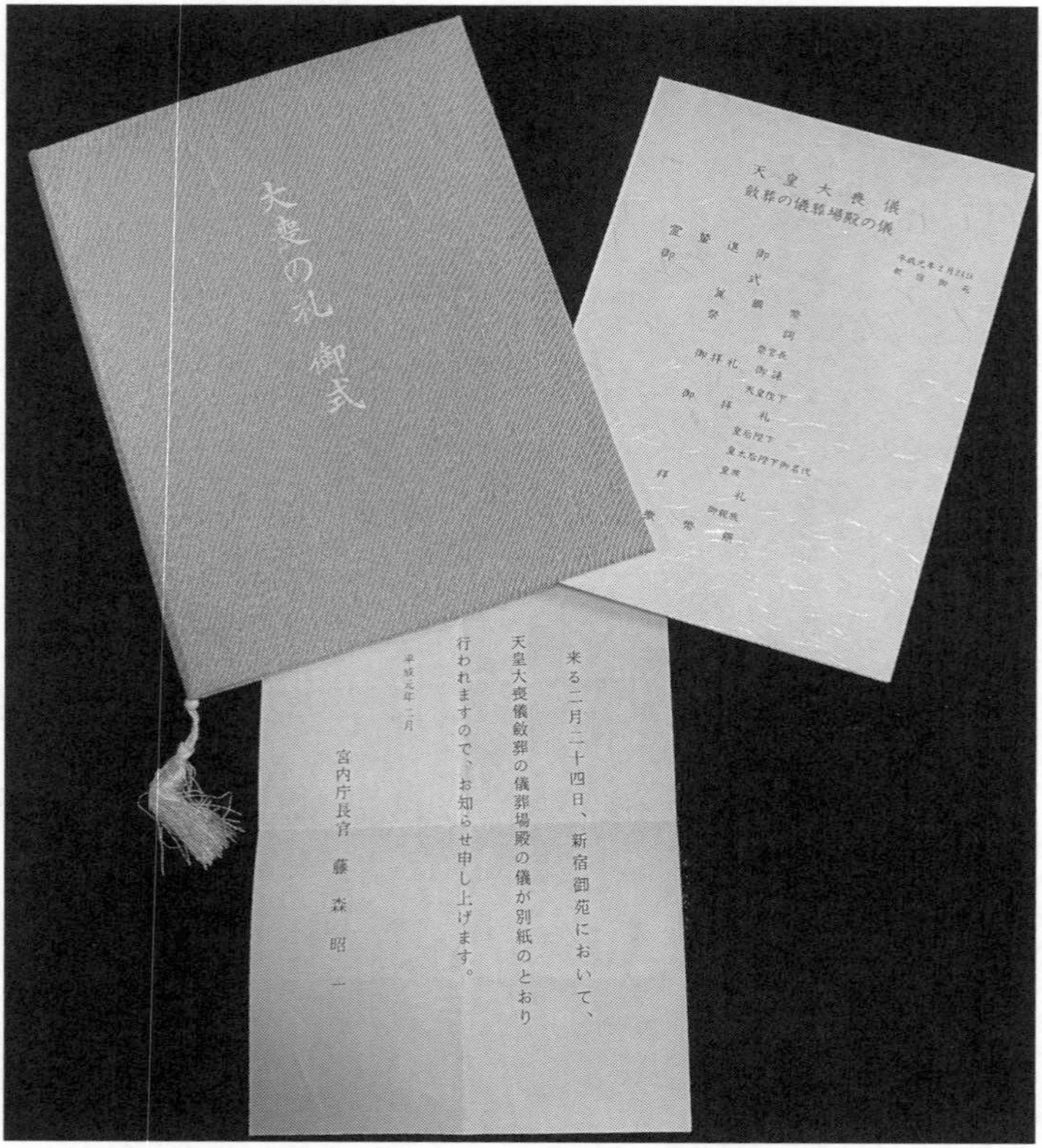

昭和天皇　大喪の礼　御式　天皇大喪儀次第と案内状（著者所蔵）

何に遠慮したのでせうか、今もつて疑問でなりません。私は皇族墓地のある豊島岡で営まれた喪礼が「殮葬の儀」と称してゐることに違和感を抱きつつ拝礼に赴きました。「殮葬の儀」とは御陵に埋葬するにあたり行はれる儀礼のことであり、昭和天皇の場合は武蔵野陵の前で行はれてゐます。それに対し国葬ではない香淳皇后の喪儀は、場所は陵所ではないとしても、全てが「殮葬の儀」として営まれたのでした。これは高松宮殿下の前例に倣つたものであつて、皇后の喪儀を皇族の喪儀と同等に営んだことになるのです。さすがに落合火葬場で御遺体を焼納申し上げることはしませんでしたが（高松宮殿下ほかの皇族方は落合火葬場をお使ひになられました）、畏れ多いことでありました。天皇の喪儀は形式が変則であるものの「大喪儀」（国葬）であるが、皇后でいらした方の喪儀は国葬ではないといふことは今後検討を要する問題であると再度申し上げておきます。

志士とテロリスト

谷中霊園に来島恒喜の墓があります。頭山満翁が書いた大きな墓石の前には不思議なことにいつも花が絶えません。来島恒喜は明治二十二年に当時の大隈外相の屈辱的な条約改正案に反対して、爆弾を投げつけ、且つ自刃して果てた人物です。これにより大隈は片足を失ひましたがその後も存へ、またこの条約改正は見送られて国家の威信は揺らぐことがありませんでした。

安倍氏の事件の後に、誰もが民主主義に対するテロ、暴力的な破壊は許さないといふことを口にしてゐました。国家を暴力革命によつて改造することを目標とするある政党までもがテロは許さないと述べてゐました。ただ今回の事件が政治や思想ともかけ離れたところにゐる人物によつてなされたことがわかると、この「民主主義に対するテロ」といふ語が空虚でなりませんでした。謂はば一個人の思ひ込みによる誤つた私怨ともとれるものでしたから、なほさら考へ難いものでありました。裏に政治的な繋がりがあるとか、暗殺だとかの噂もありましたが、さうではありませんでした。だがこれはまた別の意味において何が起こるかわからない、かなり厳しい時代になつたと言ふことを感じさせました。我々はこのやうな厳しい時代を生きてゆく覚悟をせねばならないことを突き付けられたのです。

暴力的な破壊であるテロは許されない、と言ふことは十分わかります。テロリストと言ふ語があつて、テロの実行者をさう呼ぶことも理解します。そして先の来島恒喜などもこれに該当するやうで、そのやうに分類されてゐます。では今回の下手人をテロリストと呼べるのかと言ふとこれも腑に落ちない点があります。どう見ても来島恒喜と同等には扱へません。

その一方で志士といふ語が我が国にはあります。身を殺して仁を成すと言ふ『論語』の「志士仁人」から作られた語のやうですが、国家の行方を憂ひ、その為におのれの命を賭して政治的に行動する人物を指して言つた語のやうで、井伊直弼の桜田門外事件をはじめ明治半ばまでには幾つかのこのやうな志士の行動がありました。これらの人物をテロリストと言へるのか、私には疑問が残ります。吉田松陰先生の「やむにやまれぬ大和魂」なのです。テロリストと志士、また伊藤博文などの政治家の線引きが実に難しいのであつて、明治維新は「維新」であつて、これをテロリストによる政体の変革などと捉へることは全く違ふことであると思ふのです。

私はテロを肯定しません。だが政治とは実に現世的なものであり、その時の社会状況により国益に反する政治的な判断、妥協をする場合もあります。正しいものとさうではないものが駆け引きといふ妥協によつて決まる不条理が現実としてあるのです。徹底して話合ふといふ民主主義を十分理解してゐても、今回の露西亜の侵攻の前に、国連の安保理の存在など何の威力も示さないものでした。

来島恒喜の墓を建てた時、それに協賛した人たちには志士への欽慕、いやもつと純粋な思ひがあつたと思ひます。また常に花が供へられてゐることは今日でもなほその人物を敬仰してゐる人がゐることを示してゐます。これはテロリストを称へることではありません。そこを見誤つてはならないと思ひます。

安倍氏の死を考へる

この頃身近な友人の病死が幾つかありました。そのたびに何故彼は死んだのかを自問自答してゐます。殊に幽界（霊界）のことを真面目に考へるやうになりました。我々は不思議な縁によつてこの顕界（うつし世）に生まれ、生きてゐるのですが、これもまた奇びな神縁によるもので、自分にこの顕界において何かしらの働きをさせようとの大きな神慮《かみはかり》によるのです。ですからそこで定められた活動が済んだら幽界へ帰るのです。生も死もみな神慮であればそこに悲しみはありません。安倍氏は六十七歳、父晋太郎氏も同じ年であり、ここにも不思議な神慮を感じました。二人とも顕界ではまだ不十分な活躍でありましたが神慮はさうではありませんでした。

戦後七十年を経てもなほ目ざめない、泰平の安逸に溺れてゐる国民に対し、ここ十年余の間に、信じられないほどの幾つかの災害や事件がありました。それは日本人の強い自立、自覚を持たせるために、目覚めさせるための神慮であつたのです。そしてこの安倍氏の事件があつて、ここからもかなり厳しいものを受け止めます。やつと国民はそのことに改めて目覚めたやうです。それでもなほ安倍批判があとを絶ちません。このままではまた大きな神慮による変化が起こると感じてゐます。今を生きる我々はもう少し幽界のことに気をかけないとならないやうです。死者の声、父祖の声に耳を傾けることが国造りに重要なのです。

国葬にして国葬にあらず

令和四年九月二十七日に安倍元総理の国葬が日本武道館において行はれました。安倍氏の功績を偲び、また海外からの弔意を受けて、国葬の実施を決めた点まではよかつたのですが、その後何に配慮してか、国葬にして国葬にあらぬ形になつてしまひました。国葬とは費用の出所が国であれば国葬なのだと言ふ全く主体性のないこのやり方は、後に国葬の悪しき前例を作つたことになりました。泉下の安倍氏もさぞや憤りのことと思ひます。吉田茂の国葬に倣つたといひますが、その折には海上自衛隊中央音楽隊が「国の鎮め」を奏したことが記録にあります。この曲は国の為に殉じた陸海軍人への弔意を示すものとして作られたもので、現在も靖國神社の春秋の例大祭の最初に音楽隊によつて奏されます。楽だけで歌は歌はれませんが、歌は次のやうなものです。

国の鎮めのみやしろと　斎き奉《まつ》らう神御霊《かみみたま》　けふの祭りの賑はひを　天翔《あまが》けりても見そなはせ

治まる御代を守りませ

戦後も自衛隊ではこの曲が鎮魂の儀令歌とされてゐますが、これを今回も奏しましたが、何か不釣り合ひの気がしました。「治まる御代を守りませ」国葬の意義はこの一言に尽きます。

前にも書きましたが、抑々この国葬の発想が諸外国から寄せられた弔意が予想以上に（予想してゐたかもわかりませんが）多かつたことによるもので、この点は拭へない事実であります。それで何とか体裁を整へる必要が生じたのでせう。始まりに真の弔意追慕の情があるなら、何があらうと断固、国葬として徹底して行ふべきであつたのです。功績のあつた人物の不慮の死を本当に悼む心があるのならこれはできるはずですし、野党にものを言はれる前にきちんと説明すればよいのです。ただ根幹は「国葬」といふ規定を戦後の国葬令廃止後も顧みないで放置してゐたといふことにあります。新憲法の押し付けにより我が国が明治以降国風に依拠し独自に検討、作り上げた法令が、何も顧慮されずに廃止や失効になり、そのまま七十年を経過してゐます。国の根幹にあたる儀礼や祭祀をその基本法令がないままに曖昧な形で先送りにしてきたのです。ここに問題の根があるのです。

今回は諸外国へ向けての顔と国内へ向けての顔と、いはゆる八方美人になつてしまひ、これはどちらにとつてもよくない結果となりました。残念ながら今の日本の政治家はこのやうに、その場しのぎの体たらくなのです。今後国葬のあり方が議論されるとも考へられません。

国民に弔意を求めることができない「国葬」とはなにか。この原点に立ち返つて、その在り方を考へねば形式的な国葬で終はります。弔旗の掲揚すら求めないとは何に遠慮をしてゐるのでせうか。実に不可解なことであることを政府自身が考へるべきでありませう。国葬が外国との弔問外交を重視してのことに終始して、一番重要な国民の弔意を置き去りにしてゐるやうに感じます。安倍氏をお偲びする国民はお偲びくださいい。献花台も用意いたしました。関心のない方はどうぞそのままで。ご迷惑はおかけしてゐません。これでよいはずはありません。「誰にも迷惑をかけてないだろ」これは喫煙した不良生徒の言ひ訳のやうなもので、これが全てを駄目にしてゐることに気づかねばなりません。偶然にもこの国葬の少し前に英国女王陛下の国葬がありました。英国王は英国国教会の長であると の認識を改めて感じさせるもので、ウエストミンスター寺院での基督教礼拝に則した儀礼には深い感動を覚えました。そこに宗教性があれば粛然とした雰囲気が自然と醸されるもので、それに対して宗教性を欠いた今回のこの国葬は見栄えはしたとしても感動はのこりませんでした。さう思ふとあの昭和天皇の大喪儀が先にも述べたやうに二本立ての変則的なものであつたとしてもその宗教性に深い感銘と悲しみを感じたのでありました。

昭和天皇の大喪儀にあたり、その日は休日になり、諸官庁は弔旗を掲揚しました。国民に服喪は求めませんでしたが、多くの国民は氷雨降る中を弔旗を掲げ、深い悲しみの中に昭和といふ大きな時代の終焉を改めて感じ、謹んでこの日を送つたのでした。この日の記憶はなほ鮮明であります。マスコミは例によつて悲しみとは別の集会や平常の暮らしを殊更に取り上げて報道しましたが、それは不謹慎の思ひを多くの国民に抱かせるだけでした。

国家への功績がきちんと語れない、説明できない。また国民側も理解できない、納得できないのでは、今後我が国は功労者の「真の国葬」はできないと言ふことなのでせうか。国葬に反対する方がゐてもよいのですが、せめて当日は穏やかに死者を送るべきでした。なぜかやうな歪な精神状態になつてしまつたのでせうか。国葬以前に国の在り方を考へねばならないやうです。

第十章　神国の行方

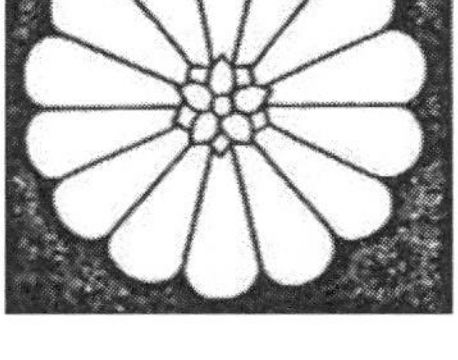

伏見宮

天皇皇室を論じるときに、憲法や皇室典範が重視されますが、天皇の本質、皇室の御存在に思ひを致すなら、必ず神話に辿りつく必要があります。天皇の本質や皇位の尊厳は我が国の神話に求められるのです。そこを深く理解しないと天皇の本質はわかりません。記紀を初めとする神話の伝承は今も生きてゐます。我が国を神国と考へることに難色を示す方もゐますが、心を虚しく考へると国の姿が浮かび上がつて来るのです。避けられない現実にどう向き合ひ、どこへ行くのか心配の種は尽きません。一国の文化と言ふものは長い歴史を経て築き上げられたものです。それは我が国の風土に根差したもので、形のある文化財は保護されますが、国民の行動様式や思考といつた形のないものがあります。当たり前であつたことが、教へられず、また忘れ去られてわからない状況になつてゐます。日本といふ国の文化とは何か、また文化を伝へるとはどのやうなことなのか、考へてみます。

ことよさし

神話はその民族が大切に伝承してきたものですから、そこにその民族の伝統意識が反映されてゐます。神道には経典にあたるものがないと言はれますが、実は日本神話にこそ日本人の伝統意識が反映されてゐることに気づかねばなりません。

我が国の神話は最初に高天原を描き、国生み、神生みと続き、天照大御神がおはしまして、自らの子孫にこの国の統治を委任されることになります。これを「ことよさし」と言ひます。

これらの神話に対して、これは作られた伝承であり、後の統治者が自分の正統性を主張するための作為であるなどとよからぬことを言ふ人がゐますが、そのやうな単純なものではありません。何にまして統治委任を「ことよさし」と表現したことが絶妙なものとなつてゐます。委任された以上その報告（奉告）が必要でそれが「かへりごと」であります。そしてそれは祭祀といふ形を以てなされることを抑へておく必要があります。わが民族は天皇の天照大御神祭祀の淵源をこのやうに定めたのです。単に統治権を委任されただけではなく、委任に対して奉告の祭りの義務を負ふのであります。天皇のことを古語で「すめらみこと」を申します。この語がこのことをよく語つてゐます。

天皇はこの天照大御神のことよさしを受けて、天下をしろしめし、またその状況をかへりごとするのであります。それゆゑに男系で繋がる者が、この神聖な祭祀権を有するのです。天皇の大権にはこの統治権と祭祀権が表裏一体になつてゐるのです。神話は今あるものごとの実証なのであります。

時代が下るとこの神話同様に、後世の人も同じことを考へました。伝承を基に一つの信仰を確立し、己を律して保ち、またそのために努めたのです。三河から出た徳川家康は自分の先祖を新田氏に求めました。源氏の長者として征夷大将軍となるにはおのれの出自を源氏に求めなければなりませんでした。また加賀の前田利家は自分の先祖を菅原道真に求めました。家紋を梅鉢とし、菅家であることを意識しました。そのため加賀の領内に天神信仰が起こり、前田家は学問の奨励に努めたのです。かやうに氏族の伝承は後世の子孫に一つの規範を与へることになり、子孫はその伝承に疵をつけないやうに己の身を慎んだのでありました。ご先祖様に申し訳ないとの思ひは、敷衍すれば実は皇室に、または我が国への思ひに収斂されてゆくものなのです。

神国やいづこ

我が国の国民の教育にあたり、その精神の根本となる神話が追放されて八十年近くになります。科学的な視点からみれば神話は歴史的な「事実」ではありませんが、その国の国民の精神の根幹、あるべき姿となるもので、それを真として信じてきた事実があります。これが重要です。古い神社の縁起には、神話としてあり得もしない荒唐無稽なことが書かれてゐても、その神社の信仰が薄れるわけではなく、それを信仰の面から支へて信じてきたのです。ここに信仰の歴史の事実があります。古い国には当然ながらその国民が自ら培つてきた風土があり、そこから生まれた神話があるのです。

我が国の場合、皇室がおはしますことや、その陵墓が存在し、また各地に古社がなほ祭祀を続けてゐると言ふ、神話との繋がりが今も脈々と生きてゐるのです。不思議なことですがその不思議が日常となり、国民性となつてゐて気付かないのです。今一度神々の世界を躍動的に描く神話へ立ち返り、わが民族の原点を見詰めるべきなのです。科学の進歩は人類に大きな幸を齎しました。私はこれを否定しませんが、その反面実は大きなものを削ぎ落としました。それは日本人の持ち伝へた心、精神を喪失させたことです。戦後しばらくまで我が国は貧しい国でした。貧しくとも心が豊かな民族でした。幕末に日本へ来た外人は多くの子供が笑つてゐる姿に感動します。子供がこんなにも豊かな顔をしてゐる国はないと賛嘆するのです。幼児の死亡率が高い時代でしたから授かりものとして子供を大事にしてきた国民性の反映であり、「七歳までは神のうち」と子供を尊重してゐたのです。しかるにどうしたことかこの頃は児童虐待の報道が新聞の紙面を賑はしてゐて極めて残念に思ひます。

我が国は神国でした。これも信仰的な事実であつて否定はできない一面でせう。今一度我々は神の子である認識を持つべきです。民族的な優越感をもつことを危険とする風潮がありますが、そのやうなことではグロウバル世界では生き残れません。

皇族の御信仰

皇室と宗教との関係を考へてきますと、今後は宮中祭祀の皇室における位置づけをきちんと整備しておかねばならない時期にあるとと思ひます。嘗ての「皇室祭祀令」が廃止となつて八十年近くになろうとしてゐますが、その間宮中祭祀は従来の慣例として行なはれてきました。祭祀にお寄せになる昭和天皇以来の大御心によるものであります。皇室の根本が「祈り」にあると言ふことを体現なされておいでであるのです。ただし現在宮中祭祀は天皇の個人的な祭儀儀礼とされてゐます。ただこの畏き大御心にいつまでも甘えてゐてはなりません。宮中祭祀を法的にきちんと整備しなくてはならないのです。その為には乗り越えなくてはならない壁が幾つもあるので、このまま慣例として済ますのがよいとの考へもあります。しかし慣例は状況次第で改められてしまふ危険があり、そのやうなことも過去にありました。天皇のおつとめの中に儀式を行ふことの規定がありますが、祭儀を行ふと明確な決まりはありません。宮中祭祀はこの儀式に入るのか否か、まして憲法には各個人の宗教信仰の自由が謳はれてゐますから、ある時御自分の信仰から宮中祭祀をなさらない、放棄なさる天皇がお現れになる可能性もあります。

宮中祭祀は「宗教」と言へるのか否か、これは難しい問題であります。宮中祭祀と関連する神宮の祭祀や神社神道なども単なる儀礼ではなくそこには宗教性があります。大嘗祭はかなり宗教的な側面を持つてゐますが、これは即位儀礼の一環であるとのことでその宗教性は別のこととして行はれました。祭祀は個人的なものとされてゐますが、その内面には公的な性格があります。天皇と言ふ御身上を考へたときそこには公私の判断が非常に難しい場合があると思ひます。天皇とはさういつた公私を包含し乗り越えたところにおはします御存在なのです。

宮中祭祀は天皇の慣例化されたおつとめとされてゐても、憲法を盾にすれば天皇個人の信仰と言ふ面まで踏み込むことはできないのです。亜細亜の仏教王国一つである、タイの憲法には「王位を継承する者は仏教徒でなければならない、タイの国籍以外の女性と結婚してゐてはならない」と言ふ規定があるとのことです。特にタイの国籍の問題は、その国籍は即ち仏教徒であると言ふ証明と同じことを意味するのだと思ひます。

「宮中祭祀の厳修」と言ふ大事なことを思ふと、「天皇は宮中祭祀につとめねばならない」といふ一文が必要になつてきます。またこれに関して配偶者の国籍の問題も浮上してきます。これは外人との御結婚を否定する以前に、(国内でもさうですが) 外国籍であればその人の確たる信仰が宮中祭祀以外にある可能性が高いことが言へます。日本人にも神道以外に熱心な信仰を御持ちの方がゐますが、宮中祭祀を皇室の大事ととれば、天皇をはじめとして、皇族方皆様が、個人の他の宗旨への熱心な信仰とは別に宮中祭祀におつとめになられる、またはご理解頂いてお心をお寄せになられねばなりません。そのやうなことを考へると宮中祭祀の位置づけをきちんと整備しておくことが必要となるのです。

天皇陛下の拝察

宮内庁の西村長官が五輪の開催にあたり武漢肺炎禍の影響について天皇陛下が懸念されてゐるやうだとの、(長官自身の) 拝察を述べたことにより賛否さまざまな意見が噴出しました。天皇の政治利用に繋がるとの厳しい批判もあります。陛下の御発言が政治利用されることは最も危惧されることであり、これに関しては慎重を期さねばなりません。それは十分に承知されてゐるものの、報道関係者の御引見の折りに故意に御考へを聞き出さうとの動きがあるのも事実で、これまでにも昭和天皇以来、上皇陛下今上陛下とも大変お上手に相手を嗜められるやうにかはされてきました。そのやうなことを考へるといかに相手が宮内庁長官であらうとも陛下が御内意を御漏らし遊ばされることはないと思ひます。天皇陛下は名誉総裁職をおつとめになられ開会宣言をなされるお立場でもおいでであります。長官が陛下の御内意を拝察することはよしとしても、問題はこれを公表することはいかがかと思ひます。あくまでも個人での推測のことをこのやうに言ふことがどのやうになるのか深く考へねばそれは宮内庁の長官たる資格を欠くことになりませう。本当に現在の宮内庁や政府は皇室を御護りする意思があるのか、どんな批判が宮中に寄せられても体を張つてまで皇室を御護りできるのか、私はこのことが心配でなりません。何にまれ今回の五輪と武漢肺炎禍が重なつた不幸はわが国の様々な問題、政治の本音と裏や、国民性をも浮き彫りにしました。一方で経済優先を掲げれば掲げるほど中共へ近づき、為に諸外国と連携すべき中共への圧力は緩み、結果として「正義」を傍観してゐる情けなさです。憲法の足かせがある中で経済優先の掛け声はするものの庶民には度々自粛を要請しました。そのやうな中で五輪を目指す選手は翻弄され、武漢肺炎禍蔓延防止に地道に努める国民を裏切るやうな行為もありました。五輪会場は一万人まで入れ、酒類を提供すると公表したのはスポンサーの意向に添つたためで、その後すぐに撤回したものの結局は無観客になりました。今の政治家にはきちんとした信念を持つ人材はゐないやうです。信念は政治上邪魔なものなのでせうが、これが国を動かすのです。

また、今回の拝察問題で某新聞が二面に亘る大きな特集記事を編み、政治利用であると批判しました。その中に次のやうなことが書かれてをり気にかかりました。「今までは陛下の御内意が首相に伝はり、それが小泉内閣の女系、野田内閣の女性宮家創設といつたことへ繫がつたが、今回は陛下の御内意を首相が拒んだため、このやうな形で外へ出たのだ（大凡の大意）。」ここに挙げてある二つのことは双方ともに根拠のない記者の憶測に過ぎないものでありませう。なぜこのやうなことを平然と書くのでせうか。これを政治問題化しようとする悪意以外何も感じられないのです。殊に前者の女系女性宮家問題を陛下の御内意と書くことに大きな疑問を感じてやみません。

要人警備の問題点

安倍元首相が襲撃されてお亡くなりになりました。その後、警備体制の隙があつたことが大きな問題になりました。要人の警備についてどうあるべきかが再検討されるほど落度があつたことは歴然としてゐるのです。

それで思ひ浮かぶのは天皇皇后両陛下をはじめ皇族方の周辺警備のありかたといふものがどのやうになつてゐるのかといふことです。これは思ふだに空恐ろしいことですが、同様な人物が両陛下や皇族方に向かつて安易に発砲しかねない状況にあるのです。かやうに白昼、大衆の前でいとも容易な殺人ができてしまつた事実を考へると、警備は万全であると言つても半ば信じられないのも事実です。

極論でありますが、玉体の安泰を思ひまゐらせると、皇居外への行幸啓は当面お控へいただく、また国民側もお招き申し上げないやうな慎みの気持ちをもつ覚悟が必要かと思ひます。まして悠仁親王殿下の毎日の御学習の場の御身辺警衛は本当に大丈夫なのかと気を揉んでしまひます。これも極論かもしれませんが、昭和天皇と同じく御殿の中に御学問所を設けて教育することも検討されて宜しからうと思ふのです。ことはそれ程重要であり、元総理の死を真摯に受け止めて皇室にこのやうな害が及ばないやうに即座に対策を練る必要がありませう。開かれた皇室が実は危険な問題を十分に孕んでゐることは何度も繰り返して述べてきたところです。皇宮警察の在り方の問題とも関係してきますし、これに関しての委細は神社界の業界紙「神社新報」の令和四年七月二十五日付号に書いておきましたのでご覧ください。

皇族の行啓をお迎へすること

要人警護の問題が取沙汰される中、皇嗣同妃両殿下并に悠仁親王殿下におかせられては、七月三十一日に都内で開かれた高等学校総合文化祭（以下総文祭）の開会式に行啓になられ、親しくお言葉をお述べあそばされました。総文祭は高校の体育系の部活動の高校総体（インタアハイ）と対をなす行事で、こちらは文化系の部活動の大会で、これも各県持ち回りで開催され、令和四年は東京都が主管でありました。

勤務先校からも教員生徒の動員や企画の準備などがありましたが、感染症が猛威を奮ふ中とあつてやや縮小されての実施と聞きました。皇嗣殿下には長らく総文祭とお関はりがあつた模様で、昨年、一昨年には地方であつたため行啓はなさらず、オンラインで臨御なさる形をお取りになりました。それでも十分であつたのです。ところが今回はお膝元の東京といふこともあり、行啓となりました。しかも悠仁親王殿下も御同伴なされてのことでありました。父宮殿下の強い御希望がおありで、高校生におなり遊ばされた殿下への御教育を思召してのことと深く拝察申し上げるものの、感染症の猛威や要人警護の問題が厳としてあつた現状に鑑みた時、宮内当局や都教委はこれを御辞退申し上げる覚悟が必要であつたと思ひます。皇位継承順位の一位、二位の方を同時にお出ましを仰ぐことが僭越なのです。殿下の行啓が慣例であつたと言ふのならオンラインの臨御も前例にあります。宣言が発出されてなくとも昨年よりも状況はかなり厳しいことは瞭然であります。しかも開会式のみならまだしも、その後丸の内にてパレードを御覧になり、八月二日には墨田体育館でのかるた大会、その後は上野で書道関係の展示、また四日には中野サンプラザでの軽音楽、そして東京芸術劇場で合唱部門へと三日に亘り、いづれも皇嗣同妃両殿下幷に悠仁親王殿下の御三方の行啓でありました。

しかもこの数日前の二十七日から一泊で両殿下ともに徳島県下で開かれた高校総体へ行啓になつておいでです。この間二十一日には明治天皇の百十年祭に明治神宮へお成りになり、また三十日には皇霊殿での例祭にお出ましになられておいでです。

高校生の御活動に御関心を寄せたまふ思召しは有難いものの、高校総体・総文祭への行啓は御負担ではないのかと拝察申し上げるのです。本来なら実施主管の都県の教育委員会はじめ担当学校は皇族の行啓の意義を生徒に指導すべきであるのに、それをしてゐない現実を知れば知るほど、殿下の御気持に対し、高校側はそれを受け止めることがないのであつて、実に残念な思ひしか残らないのであります。ここに行啓と言ふ形だけがあれば、あとはどうでもよいと言ふ主催者側の思ひがわかります。参加した教員・生徒は行啓を何とも思つてゐません。本来は行啓に対する殿下の思召しを体し、それをお迎へする者の心の養成が大切なのです。皇族の行啓は飾り物ではないのです。

行幸啓を仰ぐ

平成の御代以降に両陛下の行幸啓を仰ぐことがあらゆる機会において増え、それが当たり前のやうになつてきました。行幸啓は国民と皇室との紐帯、繋がりを考へた時それは有難いことでもあります。特に阪神の震災、また東北の大震災などの被害を御視察なさる為の行幸啓には御無理の日程もおしておでましになられ、被災者を直接お励ましになられました。両陛下の思召しは洵に有難いことですが、国民側にそれを拝受すると言ふ姿勢がなくてはなりません。それが次第に薄らいでいつてゐないか気になります。令和三年三月十一日に両陛下の行幸啓を仰ぎ、東日本大震災の追悼式典が政府主催で行はれました。同様のことは八月十五日の戦歿者の慰霊追悼式典があり、これは概ね広く国民に周知され、黙祷の時間も正午とあつて一体感が醸し出されてゐます。高校野球も中断して黙祷が捧げられます。ところが十周年を迎へた東日本大震災の追悼行事は、あれほど「風化させてはならない」と言ふものの武漢肺炎禍に紛れてか何かもの寂しいものでした。

その前日の三月十日は昭和二十年の東京の下町の大空襲、米軍による計画的な大虐殺の日でした。石原都政下ではこの十日と十一日は都の施設全てに半旗の掲揚が義務付けられ、仮にこの日が卒業式であつても半旗を掲げ、そのことを卒業式参列者に式の前に説明することが慣はしとなつてゐました。それが今年はなかつたやうです。都立高校も都の出先機関ですから都の指示があればそのまま従ひますが、なければ何もしません。校長が独自に判断して半旗を掲揚することなどなく、この両日とも半旗は揚がりませんでしたし、生徒にその旨を担任が説明することもありませんでした。異動して各校に勤務してゐる嘗ての同僚に聞きましたが同じやうなので、本校だけが忘れたのではないやうです。勤務先の高校は学年末考査期間ですから午後は生徒はゐません。私は個人的に自分の組の朝のホウムルウムで、十年前に六歳だつた「君たち」の「あの日」を思ひ出して、二時四十六分にそれなりの行動をするべきだと諭しました。どれだけの生徒が私の言葉を聞いて黙祷したかは分かりませんが、これがせめてものことでした。

時刻が近づいた職員室も考査の日の午後とあつて、採点に追はれて閑散としてをりましたが、日常と変はりがありません。私はそれがいやで自分のクラスに行き一人で黙祷を捧げました。窓を開けましたが地域でサイレンが鳴るわけでもなく、区民に向けての放送が入ることもなく、窓の外には暖かな午後の普通の日常がありました。両陛下の行幸を仰ぎ、本来は国民が一体となつて二万余の犠牲者の追悼に心を寄せるべき時刻であつたはずです。

式典のそれぞれの式辞には両陛下のご臨席を仰ぎといふ決まり文句が掲げられてゐましたが、両陛下のご臨席を仰ぐことの畏れ多いことが全く感じられないものでありました。改めて両陛下の行幸啓を仰ぐ儀式の重要性を説き、国を挙げての儀式となるべき喧伝が必要なのです。形として安易に行幸啓を仰いでゐまいか、疑問が残ります。政府はこの式典に十年で区切りをつけ、来年以降は被災地の持ち回りにすると言ひます。風化を防ぐといふのですがその真意はわかりません。当然のことながら行幸啓はどうなるのか、気にかかります。被災地で行ふとなれば大御心から行幸啓を仰せ出されることになりませう。

この儀式を十年で区切れるなら、八月十五日が八十年近くも変はりなく継続されてゐることに別の疑問を抱きます。戦歿者の慰霊は大切なことですが、それとは別にそろそろこの儀式のありかたも考へる時期がきてゐると思ひます。年月の経過が風化どころか誤つた観念から不必要な自虐的な雰囲気へ変化してゐることを恐れます。そして毎年の行幸啓が必要なのでありませうか。百年以降は五年十年の節目の年でも充分だと思ふのですが、自分としてまだ整理が出来てゐません。

皇室報道の慎重さと皇室敬語問題

前にも申し上げましたが、「開かれた皇室」は誤りでした。これからは必要以外は「閉ぢられた皇室」で十分なのです。我が子が愛はしいことは親の情として当然のことですが、皇族の親子関係は庶民感覚でいふ親子の感覚ではないのです。帝の皇子は自分の生んだ子ではない、この感覚は古典にも描かれてゐる一貫した思想でした。それゆゑ里子にだすことがあつたのです。天皇陛下を御出産なさつた上皇后陛下（当時皇太子妃）の御歌にもこのことを御詠みになられたものがありました。しかし次第にこれがわからなくなつてきました。

この慎みの国民感情を破壊したのはマスコミといふ暴力でした。そしてそれはいまも健在であり、情報の操作を巧みにやつてをります。新聞の報道など、同じことをどう扱ふかによつて、その記事に大きな差が出ることを生徒によく話します。例へば「早慶戦」で慶応が勝ったことを、「慶応勝利」と書くか、「早稲田惜敗」と書くか、同じことでもこのやうに違ふ印象を与へます。皇位継承に関する有識者会議に関する報道を見ても、その新聞社の考へ方がよく見えてきます。同じことでも男系女系のどちらを見出しにするか、大きく扱ふか否かで見る側に印象操作を与へてゐるのです。

今後もマスコミの皇室に対する言論の暴力は変はらないと思ひます。次に検証しますが、五月末の植樹祭の記事を取つてもそこに敬語はありません。旧宮家の復活、女帝の即位など何があつてもマスコミの不遜は募るばかりだと思ひます。彼らが過去に皇室に対してどうであつたのか、これを整理しておく必要があります。そしてまた「言論の自由」といふものが如何に言論の封殺に繋がる恐ろしい思想であるのか、これを考へ直さねばなりません。皇統の永続、皇室の御繁栄はこのマスコミの暴力からどう御守するかといふことにかかつてくるのです。

ここで皇室敬語の問題を取り上げます。本来尊敬の意味をもつ敬語は「オ――（ニ）ナル」と言ふのが正しい言ひ方です。現在でも古文の尊敬表現の口語訳はこれです。「（かぐや姫ハ）人目をつつみ給はず泣き給ふ」（竹取物語）は「他人の前でも（表情ヲ）お隠しにならず、お泣きになる」となります。この尊敬表現を小学生からきちんと教へておく必要があります。ところが、現在の多くの尊敬表現が「―れる、―られる」となつてしまひました。「隠されず、泣かれる」でも確かに尊敬の意はありますが、全く違ふ感覚があります。高校生に尊敬の口語訳をさせるとかうなります。「オ――（ニ）ナル」と言ふ語を知らないからです。そして現在の新聞社はこの「―れる、―られる」を尊敬の用語として用ゐてゐますが、それ以前に新聞の報道には敬語は不要であるとの立場がありますから、皇室の動向に敬語など使はない方針が各社にあります。

実はこの「─れる、─られる」は本来は尊敬の意味より可能や受身表現の言葉でありました。ですから「オ───（ニ）ナル」とはまた別の語であり敬意は格段と低いのです。

新聞等の報道機関の皇室に対しての敬語は、各新聞社で決めてゐるやうですが、「一回程度使ひ何度も繰り返さない」「なるべく使はない」といふ方針があり、殊にお亡くなりになられた皇族に対しての敬語は不要としてゐるやうです。

ここで令和三年五月に島根で行はれた植樹祭の各新聞記事からその使用例を見てみたく思ひます。この行事は平成になつてから定着した所謂「四大行幸啓」の一つですが、今回の武漢肺炎禍の影響をうけてどのやうに実施できるか模索した結果、赤坂御用地と会場をオンラインで結んで実施されました。また植樹に関しても昭和天皇の前例に倣つて東京でお鉢植ゑなされたものを送り、現地で植ゑると言ふ形が踏襲されました。これをもとに次の記事をお読みください。（なほ仮名表記は記載のまま）

○朝日新聞

赤坂御用地からオンラインで参加した。／苗を植える様子を／昭和天皇が植え、上皇さまが枝打ちしたクロマツ／天皇陛下は「─」と述べた。／昭和天皇は─地震のため現地に行かず。

○毎日新聞

リモートで出席された。／苗木を植えたり、種をまいたりした。／天皇陛下は「─」と述べ、─

おことばを述べるのは国内の式典では初／昭和天皇が植えたクロマツ／皇居で昭和天皇らによって鉢植えされた

◯読売新聞

リモートで出席された。／昭和天皇が―植えたクロマツ／陛下は―と述べられた。／陛下が式典のお言葉をリモートで述べられるのは初めて。

◯産経新聞

昭和天皇と香淳皇后の訪問が中止。―二人が鉢に植え替え、／昭和天皇が植え、／陛下がのこぎりを入れる／陛下が画面越しに―と声をかけられる／陛下はお言葉で、こう感想を述べられた。

以上四紙を比較してみれば、朝日新聞は敬語は皆無で、見出しに「四大行幸啓」と書きながら本文にはそれへの言及もなく、見出しに使つた「行幸啓」と言ふ語も見えません。毎日新聞は最初に「出席された」と敬語を使つたものの、その後は皆無ですし「天皇らによって鉢植えされた」はどうもいけません。この場合の「鉢植えされ」は受身表現にも聞こえます。読売新聞は「四大行幸啓」を「四大地方行事」と書き換へて使用、「行幸啓」と言ふ語に忌避感を示したやうです。敬語は「述べられ」が二回あります。産経新聞は皇室報道の記事が多いことを特徴とし、この紙面もかなりの行数を用ゐて国民との繋がりを書いてゐることは特筆されますが、敬語の使用は二度に留まりました。しかもどの新聞も「―れる　―られる」の敬意の低い語を使ひ、一般的な「お―(に)なる」、更に敬意が高い「お―遊ばされる」の使用はありません。

目や耳から入つてくる語や文章は、繰り返されればそのまま認識されていきます。そのためこのやうな報道記事は大きな意味や問題を孕んだものとなつてきます。大きな影響力を持つマスメディアはそれを武器に皇室への敬語、謂はばわが国の敬語体系をなし崩しにしようとしてゐます。今や皇室敬語はこのやうな悪意によつて壊滅的な状況であります。皇室敬語については拙著『一般敬語と皇室敬語がわかる本』に書きましたが、令和になり皇室の構成も変はりましたので、改訂が必要な箇所もありますが、この敬語使用は単なる上下関係や、身分の差によるのではなく、麗しい人間関係の構築、果ては君民一如の国体をも表すものなのです。それに気がつかねばなりません。

石原慎太郎氏への不信

令和四年二月一日に石原慎太郎（以下石原氏）が亡くなりました。新聞はじめどの報道も大きく取り上げ、彼の作家、また政治家としての人生についての評価が書かれてありました。故人となつた間際にその人のよからぬ事を論じることは非道であるからか、あまり批判じみた記事はありませんでした。確かに若き作家として注目され、またそのあと政治家として名を馳せたことは事実であります。時の政治家が自己に執着し、将来の我が国の行方になぜ取り組まないのかとの杞憂を開陳し、自主憲法の制定を訴へるなど、その方途を示した行動力は高く評価できます。しかしながら石原氏には愛国心はあつても尊皇心は微塵もありませんでした。私は尊皇心のない愛国心は形だけのものであり、そのやうな思想の人物が何をどう発言しようとそれは無意味なものと思つてきました。私は都の教員として、彼の名の刷られた給与明細を貰ひ、勤続二十五年の感謝状も都知事である彼の名前でいただきましたが、残念ながらどうも石原氏を尊敬する気になりませんでした。

石原氏の著作に自伝『歴史の十字路に立って』があり、そこに東京の市電に乗つてゐたある日の石原少年を描いた一文があります。市電が二重橋前にさしかかると乗客はおのづと立ち上がり、脱帽し二重橋に向かつて最敬礼をするのですが、石原少年はそれに違和感を覚えたと書いてゐます。二重橋に天皇は立つてゐないのになぜ最敬礼をするのか、これは少年期を後年に美化しての「現在」の感慨なのでせうが、この違和感が彼の天皇皇室観なのです。海運で一儲けした裕福な石原家に育つた為か、尊いものへの畏怖の情が欠けてゐたと思ひます。彼の初期の作品の放埓さにはこの感覚が見いだされません。私の父も同じく昭和七年、東京の下町に生まれましたが、下町の貧しい家庭は畏れ多いものに対する畏怖の情や神仏に対する感謝が育まれる環境でありました。当然そこから帝都の民としての尊皇心が生まれてゆきます。

石原氏が少年の日に二重橋に陛下がお立ちであらうか否かを考へたとは思へません。周囲の大人が礼をすれば子供はそれに倣ふだけで、違和感など持つはずはないのです。即ち過去を美化し、これをここに書くことによつて執筆時（平成二十七年）の彼の天皇観皇室観を伺ふことができるのです。自主憲法制定についても彼の天皇観は浅薄でした。

再度石原慎太郎の不遜を論ず

沖縄の本土復帰五十年を迎へましたが、中共は尖閣諸島をはじめ周辺の海域で穏やかならぬ動きを繰返してをります。基地の島沖縄の実際についての関心が高くなるのも世界情勢に鑑みたとき必然的なものでありませう。中共は台湾有事の折に沖縄まで侵攻する勢ひであります。

尖閣問題が出ると話題になるのは石原都政がかの島を買ひ取らうとしたことです。これは当時の政府が邪魔をして先に国有化してしまひ、逆に国政の無策を天下に曝すことになりました。中共が図に乗るのも当然です。この時には随分と醵金が貯まりましたが、都は本当にこの島を買ふことができたのか、石原都知事は本当に購入できると思つてゐたのか、気になります。なかなか進まないことへの気付け薬や起爆剤の役目はできたとしても最後までの尻ぬぐひは一自治体である東京都ではできなかつたのではないか、またはするつもりもなかつたのかもしれません。

石原慎太郎は作家でした。最後も作家として死んだやうです。作家が政治家の仮面を被つてゐたのでせう。「事実は小説より奇なり」、と言ひますが、彼の場合はどうだつたのでせうか。彼と同じやうに歯に衣着せぬもの言ひが出来る人がゐないために彼の行動は目立ちました。目立つから聞こえのよいことは評判になります。これは彼の政治家としての戦略であつたと思ひます。ただ不思議なことは、あれだけ過激な物言ひをしても、誰も石原叩きをしませんでした。石原叩きはできなかつたのかもしれません。そのやうな環境が作られてゐたのでせう。これもマスコミのよからぬところで、石原叩きをしたら後が怖いといつたことも噂されてゐました。

二月の歿後に、彼を高く評価する論評が随分と出ました。半年近くたつた六月九日にはお別れの会も行はれ、その影響力がわかります。しかし彼の保守政治家としての真の評価はあと三十年くらゐたたないとわからないと思ひます。政治家とは利権との関係が十分にある仕事と思ひます。彼にも大きな利権があつたと思ひます。それで潤つた関係者によつて石原叩きが阻止されてゐたのだと推測します。さうでないなら自分の子を世襲議員などにすることはありえません。政治や政治家を批判するのであるなら自分の子が政治家になることを最も批判すべきでありました。一度議員になつたら辞められないと言ひます。私の周りにも議員と名の付く人物が何人かゐるのであまり批判はしたくないのですが。石原慎太郎は政治家であつたことは事実ですが、世に所謂、保守の政治家であつたのかは疑問でなりません。ただ行動力と判断力は高かつたのでせう。現在の日本のリーダーに必要な資格を備へてゐたのも事実で、それに国民は信頼を置いたやうです。

彼の政治家としての、また作家としての語録がまとめられたらわかることと思ひます。大声で立派に見える放談の蔭に彼の真の考へが見え隠れしてゐます。

三島が死んで日本は退屈になつた

石原慎太郎は祖国「日本」の在り方を憂へてゐました。それは事実でせう。しかしその祖国「日本」が何であるのかと言ふことはわかつてゐなかつたやうです。ややもすれば祖国である「日本」は自分であると思つてゐたのではないでせうか。日本の政治家が我が国の在り方を考へた時、国益を第一に考へるのは当然です。そして国の勢ひはその時代や世界情勢によつて変化を余儀なくされるものでもあります。そのやうな中で真の保守政治家として確固として守るべきもの、守るために努力すべきもの、絶対の信をおけるものは何かと考へたとき、それは自分であつたのではないでせうか。残念なことにそこには天皇も皇室もなかつたのです。

嘗て若き日に三島由紀夫と対談したことがあり、これは文庫本になつてゐます。話題が守るべきものは何かとなつた時に、三島が皇位のしるしである「三種の神器」と言つたことに対し、石原氏は無関心でありました。これは冷笑とでも言へる態度であり、この対談は三島の考へを封じこめた形になつてゐます。三島烈士の歿後五十年を経過し、石原氏は三島論を書きましたが、この一点を挙げても彼が三島を真に論じることなどできないのです。天皇・皇室・三種の神器への絶対的な信がない者が三島を論じても空虚でしかありません。石原氏は「三島が死んで日本は退屈になつた」と書いてゐますが、三島が殉じたものを真剣に考へずに五十年も永らへた自分への慚愧の思ひが欠片も見えません。彼は確かに反共ではありましたが、保守ではありません。彼の作家としての初期の作品が既成の観念を打破することを描いてゐる点からもそれは理解できるものです。

皇室への無知や不敬はいくつも挙げられませう。かの東京五輪誘致の折に、諸外国では王族が誘致に積極的に動いてゐることをあげ、「皇太子に行つてもらふ」と言ひ放ちました。皇族の政治利用にもなりかねない発言を、まして何の敬語も用ゐずに都知事が平然と言つたのです。また観光資源として皇居のライトアップについても騒いでゐました。皇居は観光地化すべき場ではないことをこの人は考へられなかつたやうです。首都移転の問題が生じたとき、その反対の声を上げましたが、本来皇居の問題をその御膝元を預かる都知事として主張すべきであるのにこれには無関心でありました。これが彼の本心であり限界でありました。国旗国歌に関しても、日章旗はよしとしても「君が代」にはかなり批判的で「唱はない」と宣言しました。この時の発言はかなり強烈な彼の思想を披歴したもので、紙面が汚れるのでここには書きませんが断じて許せないものでした。

終戦記念日の靖國神社参拝は都知事を退いたあともしてゐました。これは時の首相や閣僚が参拝しないからであり、この状況は彼にとつて自己顕示の場になつてゐました。もし首相や閣僚が参拝してゐたら彼の影は薄くなつたことでせう。記者団に対して「一足伸ばして二人とも靖國参拝してもらへないのか。何に遠慮してゐるのか。」と言つたことが放映されましたが、この「二人」とは天皇陛下と首相のことです。武道館の追悼式に臨御されたついでに「一足伸ばして」の参拝をいふのでせう。聴衆はこれに溜飲を下げたのでせうが、この不遜な物言ひは何なのでせうか。

首相の参拝はここでは述べませんが、天皇陛下の御親拝についてはもう少し慎重を期した発言がなされるべきでせう。陛下の思召しとはまた別の、政治的な影響が懸念される状況を政治家なら深く洞察すべきなのです。余りにも安易であり、「何に遠慮してゐるのか。」とは陛下を悪者に仕立てたあまりにも不遜な言葉そのものでありませう。

『石原慎太郎伝』に見る皇室観

大下英治著『石原慎太郎伝』（令和四年四月刊）に彼の天皇観が露骨に表れてゐるからと、親しい方から連絡をいただき、その著書をお送りいただきました。概要は次のやうなものでこれは著者大下氏が自ら石原から聞いたことだと言ひます。「石原は、戦後の日本が誰もが責任を取らない、だらしない民族に成り下がつた原因は、終戦にあたり昭和天皇が責任を取つて割腹しなかつたからだと言つた。また石原はこのことは死後に公表しても構はないと言つたので、今この本に書いた」と言ふのです。これは実に奇抜で不遜な石原らしい暴言であります。

部分のみ読んだだけで、まだ詳しく目を通してゐないので細かな論評は避けますが、この一点だけを挙げても、彼が天皇といふ御存在を、また昭和天皇の責任感と深いお悩みを理解してゐなかつたことがわかります。

明治憲法は天皇に責任を負はせない為に輔弼の任を明確に規定してゐます。終戦を決めた御前会議での昭和天皇の御発言はこの憲法の規定に反することになりますが、それまでもしての御責任を負つての御発言であつたこと、終戦の詔書に国民の上を思ひ「五内為ニ裂ク」とまで、かなり激しく仰せになられたことに、いかほどの悲痛な責任をも負はんとされた御覚悟が伝はるのです。決して陛下は責任から逃れてはゐません。初めてのマ元帥への行幸も朕の身はいかにならうとも国民を救つてほしいと嘆願されるためのものでした。「身はいかになるとも戦止めけりただ斃れゆく民をおもひて」の御製を拝すると、そこには一身に全ての責めを負はれる悲痛な御姿が浮かび上がるのです。

なぜ国民は戦後の御巡幸であれほどに熱烈な思ひで陛下をお迎へしたのか、石原氏はそれに気づきません。それは責任を負はれてなほも日本の復興の先頭にお立ちになる陛下の御姿を拝し、言葉にならぬ感情を抱いたからなのであります。この君と民との繋がりは鈴木正男氏の昭和天皇に関する一連の著書からも分かる通り、天皇と国民を結ぶ深い絆の表れに他ならないのです。石原氏は斯様な点を見てゐながら理解ができなかつたのでせう。いや敢へて無視し、そこに自分の立場を鮮明にしたのでせう。それが石原といふ男の姿なのです。

皇祖皇宗への御奉告

もし昭和天皇があの時自刃されてゐたら、戦後の復興はありえないものでしたし、更なる混乱が今も続いてゐたことでせう。退位の噂もあつた時代に、それを毅然と打ち消す形での御巡幸でありました。自刃は責任といふ一点を見える形で表現することにはなります。しかしそれでは残された問題は解決できません。皇位は次に継承されねばなりませんが皇太子は未成年のため摂政が必要となります。日本と言ふ国も永続させねばなりません。国民の暮らしも立て直さねばなりません。様々なことに思ひを致せば、死んで責任をとるより生きて責任を取り続ける方が苦痛でならないはずです。昭和天皇がお選びになられたのは後者でした。昭和天皇の自責の念は常に皇祖皇宗にありました。私は終戦御奉告の神宮の御親謁、また独立回復の御奉告の同御儀に、皇祖の神霊の大前にどのやうな思ひでお立ちになられ、御奉告をなされたのかを拝察すると実に心が痛みます。皇祖皇宗に対する責めは石原が論じるやうな次元とはまた別なのであります。

漱石の「こころ」に、乃木大将が殉死の刃を腹に突き立てた時と、明治天皇から死を賜ることが出来ずに、生きよと命じられ、陛下の崩御までお近くにご奉仕申し上げた期間とのどちらが苦痛であつたかと言ふやうな件りがあります。死んで責任を取ることもありますが、生きて責任を取ることもあります。我々は死ぬことよりも生きることの難しさについて深く思ふべきでせう。

昭和天皇は御長寿に亘らせました。それだけに長いお苦しみをお抱へになつたことでせう。見事に戦後復興した日本の姿を御見届けになられました。御在位六十年の政府式典で最後の万歳の折に龍顔に一条の涙のあとを国民は拝しました。この一条の涙こそ戦後四十年の昭和天皇の重い重い足取りの表れであつたのです。陛下はその御涙をお拭ひなさいませんでした。それを映像で、また翌日の新聞で拝し、天皇の本姿に深く感動しました。

ただその後も深い深いお悩みは消えることもなく、遂にはその大御心を安んじ給ふこともなく、また安じ奉る策もできないうちに崩じられました。それだけではありません。なほ新たな歪つな環境へ変化してゆく気配について大いに御軫念あそばされておいででありました。これを拝察すれば、安易に責任を取つた、取らなかつたなどと簡単に言へることではありません。靖國神社の御親拝すら容易にできない時代への急激な変容に対しての御憤りは、最晩年に「くやしくもあるか」と吐き捨てるやうな御製をお詠みになられたことへ収斂されて行きます。それこそ国会議員の禄を食んだ石原はどう受け止めたのか、聞きたいものでした。

元号表記の問題点

かねがね元号と天皇は一体のものであると申し上げてきました。昭和五十四年の元号法制化に取り組んだ先達にはその思ひがあつたのです。然しながら残念なことに平成、令和の改元にあたりこの「元号と天皇は一体」といふ極めて当たり前のことが曖昧なものにされ、恰も元号と天皇は別のものであるかのやうな改元の手続きがなされました。さうであるとしても御一代の御代に元号を定め、崩御後に元号を謚号とされる事実がある以上「元号と天皇は一体」であることは保守を自認する人は承知しておくべきであります。昭和の御代に天皇陛下と申し上げれば昭和天皇であり、皇太子殿下と申し上げれば現在の上皇陛下のことであります。

皇居外苑の和田倉噴水公園に今上陛下の御製碑が、去る令和二年六月九日に序幕されました。令和二年の歌会始において「望」の御題にお詠みあそばされた御製をいただいての建碑で、御即位後の御製碑はこれが初めてではないかと思ひます。これは御即位奉祝委員会、同国会議員連盟、東京都奉祝委員会による記念事業で平成三年に天皇陛下御即位を奉祝して建てられた御製碑と同じ形で隣接して建てられました。

ただ、この除幕式の次第（解説）に次のやうにあります。「和田倉噴水公園は昭和三十六年、上皇陛下のご成婚を記念して……」「平成二年には（略）平成の御即位を記念した上皇陛下の御製碑を……」「平成七年には――今上天皇陛下のご成婚を機に」「この度、今上陛下の御即位を記念して……」。これは中々の難文でこの文章は果たして推敲されたのか気になります。ここに「元号と天皇は一体」といふ重要な視点が欠けてゐることに誰も気付かなかつたのでせうか。今上天皇陛下、今上陛下と言ふ不統一の表記も気になりますが、この元号を皇紀（西暦）に換算してみて、それで意味が通じる場合、それは元号を軽視した文章なのであります。元号を挙げてあれば「昭和三十六年、皇太子殿下のご成婚を記念して……」「平成二年には（略）天皇陛下の御製碑を……」「平成七年には――　皇太子殿下のご成婚を機に」「この度、天皇陛下の御即位を記念して」と、崩御などで諡号が定まるまでは、その御代の御身位による表記でなければなりません（または括弧付けで現在の御身位を書き添へる）。今は現在の御身位で書くものであり、過去は元号とともにその当時の御身位を書くものと思ひます。それが元号と天皇が一体であることなのです。

西暦併記は必要か

毎年五月二十五日の影山正治大東塾長の例祭が来るたびに、元号法の制定と言ふことに御身一つを瑞玉串と捧げられた聖死の重さを何度も思ふのであります。元号法がこの時制定されてゐなかつたなら、その後の皇位継承において実に重大な問題が起きたことでありませう。令和の元号の制定、また御裁可をめぐつては手続き上幾つかの問題点を残しましたが、この元号法の制定に向けて大きな国民運動があり、大東塾不二歌道会はじめ神社界、所謂保守系各団体の大きな団結と先人のまさに命懸けの活動があつたことに深い感謝の念を抱くのであります。それゆゑにその悲願を忘れてはならないと思ひます。ただ元号法は制定されたものの、元号を形骸化しようとする動きはいつも蠢動してゐます。

何度も繰返しますが、西暦は基督教暦であり宗教暦であります。これを奉じることは耶蘇教徒に服従したことを意味するのです。それを忘れてはならないのです。我が国は諸外国との交流の便宜上、西暦を用ゐてゐますが、国内のことは元号で十分通じるのです。

保守系の機関誌にはこれを意識して、表紙にも裏表紙にもその号数表示や刊記に西暦を使はないものがあります。更に西暦に代はり堂々と皇紀が書かれてゐるのもあります。これは至当なことです。ただ残念なことに紙面には執筆者の意向によるのか、元号に西暦が併記されてゐるものを見受けます。遠い昔のことなら西暦が併記してあればその年代がそれとなく理解できるからと言ひますが、それが実はもはや西暦に毒された考へであることに気付かねばなりません。もしそれを言ふなら近代、明治以降の元号には西暦の併記は不要であります。明治維新以来百五十年余、この年次については、明治初中後期、大正、戦前戦後など大方は西暦の併記がなくとも時代は把握できるはずです。また平成以降には西暦の併記など全く不要なのであります。せめて保守系の機関誌へ原稿を書く方は、その点に深く思ひを馳せていただくべきであると思ふのです。

と申しますのも、元号法制定から四十年以上経過し、世代も代はり当時の緊迫感が分からなくなつてゐる気が致します。あれほど制定運動に尽力した神社界もどうしたことか嘆かはしい状況にあります。先年御鎮座百年を迎へた明治神宮はその記念行事に「２０２０」といふ数字を案内に象つてゐました。平将門にゆかり深い東京の神田神社では、MASAKADO2021なる、平将門の記念行事が行なはれました。これらの数字は西暦であることは論を俟ちません。因みにこの神田神社の文化交流館の名称がEDOCCO（江戸ッ子）です。外国からの来客を意識してか矢鱈と外来の文字を使ふ、この感覚の麻痺、衰退が或は現在の神社界の一部の現れなのでせう。何の主義も主張も教養も無いではないですか。その企画を外部に丸投げしたとしても、基本は守るべきでありませう。まさか当時の朝廷に叛乱した東国の王である将門ゆゑ、元号を否定したわけでもないでせう。実に残念なことでなりません。神社も若い人を寄せるための工夫をしてゐるのかもしれませんが、それなら神道独自の雅びな感性を引き出す表記ができると思ひます。それが神道教化なのです。このやうなことを顧ないやうでは、先人の苦労を水にし、終ひにはこのやうな勢ひに呑み込まれて、神道の独自性をも失ひかねません。その点を憂慮するのです。

令和のおぢさんはいづこへ

菅首相は次の総裁選には出馬しませんでした。様々な批判や同情があるやうですが、このやうな武漢肺炎禍の状況下で、一年を努めたことは大変なことだつたと思ひます。批判は易いでせうが、では代はりにあなたがと言はれたら野党の党首に何が出来たわけでもありません。菅内閣の特筆すべきことは皇位継承問題を明確に一歩進めたといふことにあります。具体的な報告書は纏められ、悠仁親王の御即位までの皇位継承順位の不動の確認と男系継承、またそれに伴ふ旧皇族の復帰、養子などの柔軟な対応の可能性を確認しました。今後の政局はやや不安定ですが、岸田首相はこの点だけは引き継がねばなりません。

これとは逆に残念なこともありました。八月六日の広島での原爆慰霊式典において、菅首相が式辞を読み飛ばしたことが話題になりましたが、もつと大きな問題がありました。その日の記帳に、内閣総理大臣として名前を書いた脇に2021・8・6と書いたのです。日本の総理大臣が日本国内のしかも広島においての記帳に西暦を使用したのです。記録は記録としてこのまま残ります。この人は令和改元の折りに内閣の官房長官として、新元号「令和」を公表した令和のおぢさんだつたはずです。節操も、信念もないことが些細なことですがその日付表示一つで分かるのです。残念なことですが人の信用はかやうなところで落ちるのです。令和のおぢさんはいづこへ行つてしまつたのでせうか。

これに関して気になることは、この頃種々の書類の年号記入欄に、折々西暦記入を強要するものがあります。意図的にやつてゐるのか、何も考へてゐないのかわかりませんが、わざわざ20□□年などとあつて、西暦を書かせるのです。武漢肺炎感染予防の接種の予診票も西暦を強要したものでした。自分の生年月日の記入欄が四枡になつてゐて（西暦）となつてゐましたが、私は故意に昭和の文字も入れて四文字で書いて行きました。受付の人は「時々かういふ間違ひをする人がゐますが、西暦に直しておきますね」と言つて換算表を見て記入してくれたのですが、私は「間違ひではない、故意に書いたのだ」と言はうとしましたが、混雑してゐたのでやめました。随分前にも書きましたが、私の行きつけの大学図書館の文献複写申請の用紙が、この様式で20（　）年とあります。私はこれには二重線を引いて上に令和○年と傍書して使つてゐます。

申請用紙で思ひだしましたが、何の用紙か忘れましたが、一度だけ性別欄に男・女・その他と言ふのを見たことがあります。これには驚きました。世の中性別の問題に敏感になつてきましたがどうなるのでせうか。夏になると鈴虫や甲虫を売り出しますが、それは雄雌で売つてゐます。そのうち雄・雌・その他などと分類される時代が来るのでせうか。

印鑑廃止の問題

武漢肺炎禍の蔓延により、感染症の対策のため「新しい生活様式」といふことが言はれてゐます。そしてこれはことの善し悪しや物事の歴史を考へずに、従来の生活様式を急速に改変する勢ひになりつつあります。思ひつきのやうに出てきた学校の九月入学もその一つでありましたが、反対の声があまりにも大きいために立ち消えになつた経緯があります。戦後の改革などもこのやうに国民の目が届かない有耶無耶のうちになされたのでありませう。何でも感染症対策と言へば罷り通るやうで、この機に乗じて改革を進める動きがあることを注意せねばなりません。思ひついた本人はそこまでは考へてゐなかつたものが、他の悪意に利用されかねないことがあります。確かに無用なものの省略はよいことですが、世の中には無用に見えてもさうでないものも多く、それに歴史や文化が伴ふものがあり、さう簡単に改めることが難しいものがあります。なべてのものがデジタル化され、「―レス」の生活が果たしてよいのか、私は疑問でなりません。

菅内閣が発足して、新たに幾つかの改革が打ち出された中に、省庁の印鑑の使用について、何ら議論がないままに廃止の方向で物事が進んでゐるやうにみえます。この動きは以前からあつて、徐々に印鑑の使用が減つてきてはゐました。勤務先も嘗ては出勤簿に押印してゐましたが、今は機械への打刻となり、校内の起案文書も電子化されつつあります。都から回覧で来る文書にも公印省略の文書が多くなりました。その一方で卒業証書には赤々と大きな学校印が押されてゐます。

なぜここで急に印鑑廃止が打ち出されたかと言ふと、それは在宅勤務が前提となつてゐます。省庁の起案に一つの印を押すために出勤をさせることが出来ないために、この際印鑑を廃止にするとのことです。押印することによつて感染症が拡大するのなら、廃止の理由は理解出来ますが、自分達の不都合をいかにも合理的なものにすり替へてゐる点が納得できません。役所内だけでの廃止ならともかく、これを全ての機関において廃止すべきであるとの声はやや短絡的な発想と思ひます。根底に役所における印鑑の廃止、押印の煩雑さといつた思ひが、今迄もあつて、それをこの機に乗じてやめにしようとするのだと考へられます。入試のウエブ出願にも印鑑はなくなりました。

そして「印鑑は明治以降の慣例」などと無知も露はに放言した大臣がゐた事には呆れました。江戸時代にも庶民は印鑑を使用してゐましたし、そのやうな資料は私の手許にも幾つでもあります。廃止論者には印鑑（印章）は我が国の文化の一つであると言ふ認識が欠けてゐるやうです。卒業記念に印鑑を贈つてゐる学校も多く、廃止と言ふ論理が罷り通れば印鑑は今後、無用なものとなつてしまひます。印鑑業者にとつては死活問題でもありませう。

省庁の印鑑の頂点に天皇御璽があり、大日本国璽があります。皇位継承に伴ふ剣璽の渡御にはこの二つの印も付随して継承されるのであり、ここにその重さがあるのです。我が国の古印の考証をした国学者穂井田忠友は、その著『埋麝發香』に御璽は至高のため模写するのも憚れるものだと書いてゐます。郡司楳所の『皇朝印史』は我が国の印章についてその歴史を書いたもので、御璽について項を設け、遠く律令に規定されて以来、長い歴史があることを述べてゐます。師の中居敬所には『皇朝印典』と言ふ書物もあります。「天皇御璽」と言ふ印文が千年以上も変はらず存在してゐて、明治になつて篆刻家安井部櫟堂に彫らせ、秦造六が鋳造したものを今もお使ひになられてゐます。

印鑑（印章）文化は漢字文化圏において行はれた、東洋の文字文化現れでありました。発掘されたあの金印なども、印綬を授けることに大きな意味があつたことを証してゐるのです。そしてこれは現在では我が国に残る一つの文化として捕へることが出来ると思ひます。社寺の御朱印などもその一つであると言へませう。

国書に捺される御璽はその律令以来の歴史と文化が集約されたものであつて、天皇の印として東洋に唯一存在するものなのであります。これはデジタル化によつて安易に廃止できるものではありません。印鑑の廃止が、実は御璽など不要であると言ふ論、思ひがけない方に利用、展開され、謂はば天皇の権威を失墜させることに繋がらねばよいがと恐れてゐます。

因縁のようすが

先の大戦後、占領軍により極東軍事裁判（東京裁判）といふ名の復讐裁判が行はれ、平和への罪を問はれて当時の戦争指導者たち、即ち昭和殉難者の死刑が執行されたのが、昭和二十二年の十二月二十三日でありました。折しも皇太子殿下（上皇陛下）の御誕辰の日であります。占領軍がこの日を選んだのは、言ふまでもなく後の天皇誕生日といふ、日本国民にとつて最も祝意を表すべき日に、過去の暗い汚点をつける為であつたのでせう。天皇誕生日が来るたび、昭和殉難者の刑死の日と重ね、戦争といふものを考へさせ、精神的に屈服させようと企んだのです。幸ひに昭和天皇が御長寿におはしましたため、平成の天皇誕生日には占領軍が考へたやうな暗い汚点は払拭され、却つて昭和殉難者を悼む行事などが行はれてきました。

私はこのことを平成の御代の間に度々考へてきましたが、占領軍の思惑は霧散し、逆に昭和殉難者は皇室を、また国体を守るに相応しい日に殉じたといふやうに考へるやうになりました。

実はこの東京裁判以外に、敗戦により祖国へ帰還することなく、戦地に取り残されたままその地で同様の軍事裁判により死刑に処された殉難者がゐるといふことを忘れてはなりません。どのくらゐの軍人がそのやうな厄に遭つたかわかりませんが、新嘉坡を陥落させ馬来の虎と称された山下奉文大将もその一人であります。山下大将の評伝はいくつかありますが、二・二六事件や東條英機との軋轢などをはじめ大将の誠実な人柄を伝へるものがあります。戦後、かの地においてマッカーサーによる軍事裁判にかけられ、二十一年の二月二十三日に「天皇陛下、皇室の万歳を祈る」旨の思ひを抱きつつ処刑台の露と消えました。もしかすると不当な軍事裁判による最初の殉難者かもしれません。そして山下大将が護国の英霊として靖國神社にお祀りされたのが、昭和三十四年、折しも皇太子殿下（上皇陛下）の御成婚の年でありました。そして浩宮殿下（天皇陛下）が御降誕されたのが翌年の二月二十三日でありました。

この日付は偶然なのかもしれません。しかし何かしらの因縁めいたものを感じます。これには仏教的な因縁ではなく、もつと大きな且つ尊貴なものを感じるのです。平成の御代は昭和の殉難者の御霊が御守り申し上げたと同様に、山下大将は令和の御代を御守りする御霊の一柱であると思へるのです。死してなほ護国の英霊となり、誓つて皇基を護らんとの思ひは、このやうに示されるものであるとの信がなくてはなりません。ここに大きな畏怖を感じてゐます。楠公は七たび生まれて君が代を護ると言つて殉じました。わが民族の死は滅亡ではなく復活なのであります。生まれかはり生き返り再び皇室を御護り申し上げる気概は民族の魂なのでありませう。

永田忠興氏を悼む

永く宮中の掌典補でいらした永田忠興氏がこの十一月十八日（令和四年）に帰幽されました。八十二歳でありました。謹んでご冥福をお祈り申し上げます。

永田さんは國學院大學卒業後に宮中の掌典職に入り、掌典補として祭儀を通して昭和天皇に御奉仕し、宮中祭祀を支へてこられました。昭和天皇の崩御の後は、戦後初の大嘗祭を古儀のままに斎行すべく内部で御尽力になられたものの、御本人がその祭員から除かれるといふやうな仕儀を受け、その後掌典職から昭和天皇の鎮まります多摩陵墓管区に異動して、武蔵野陵に御奉仕なさいました。

私は大学三年の折に、永田さんが昭和天皇の御高齢を理由に宮中祭祀が変容されてきてゐるとの真摯な、しかも危機感溢れる発表をされた学会に出席してゐて、その話を聞いて驚きました。既に宮中祭祀に関心がありましたので、以後様々な事を学ばせていただきました。高齢化は口実にすぎず、実際には所謂神道指令や愛媛の玉串料訴訟などの影響を受けての、公務員である宮内庁の対応のためであるとのことで、従来慣例といふことで処理してきたものを、外部から指摘される前に内部で改めたのであるとの御指摘でありました。

掌典職では掌典の下にある掌典補が実際の祭儀の実働部隊であり、細かな慣例を守つてきました。永田さんは已むにやまれぬ思ひからこのやうな挙に出たのであり、何事も穏便でありたい上司から見れば甚だ迷惑なことであつたと思はれます。しかしながら永田さんがこのやうに勇気をもつて発表されたのは、祭儀やその祭儀に臨まれる昭和天皇への思ひがあつたからでありませう。昭和天皇は「祭儀の事は永田の意見に従ふ」とまで仰せであつたと聞きました。侍従長であつて基督教徒、宮中祭祀に冷淡であつた入江相政とも意見の相違があり、『入江相政日記』では保守的な永田さんを「ウルトラシントイズム」などと揶揄してゐます。宮中祭祀はこのやうに永田さんの確とした信念から守られ、簡略化されたものが平成の御代始めには元に戻つたのであります。永田さんはその後個人的に宮中祭祀の研究会をされてゐましたが、なかなか時間の都合がつかずに私は残念ながら参加が適ひませんでした。

もう三十年もの昔ですが、私の婚礼にもおでましいただき、またその後お祝ひとして賢所に献じた御神酒の御下がりをわざわざ拙宅までお持ちいただき、お話を承りました。宮中のお酒は明治天皇がお好みであつた「惣花」を用ゐてゐるとのことで、それを拝受いたしましたが、このお酒は当時はなかなか手に入らないものでした。ただ甘口であるので畏れ多いことですが辛口好みの私には勿体ないやうなものでした。

平成の御代になつてから永田さんは昭和天皇のお鎮りになる、武蔵野陵（多摩陵墓管区）に異動されました。当時の週刊誌は昭和天皇の忠臣永田などといふ題でこのことを書きました。実際に永田さんの昭和天皇へお寄せになつた思ひは並々ならぬものであつたのです。宮内庁を退職されたあとは越後一宮である彌彦神社の宮司として神明奉仕をされ、近年は埼玉の三郷に老後の隠棲の生活をされてゐました。

私は多摩陵や彌彦にも幾度か参上し、また拙著『宮中祭祀』を書く時にも原稿を御目通しいただくなどして御意見を承り、不明の点をお尋ねしました。拙著には敢へて触れませんでしたが、賢所の臨時の御仮殿の事や、戦時下に造営された地下防空設備のある賢所が今も存在してゐること、地下に御遷座になつたときの祭儀の様子などをもお聞きしました。非常時にも賢所の祭儀を守ると言ふ心構へは平時から忽せにしてはならないといふことなのです。

何れにせよ我々は永田さんの行動に習はねばなりません。また勇気をもつて正しいことは主張せねばなりません。皇位の尊厳の源にあたる宮中祭祀をはじめ儀礼に関しては妥協は出来ないものであるとの主張を自信をもつてせねばならないことを学んだのです。本当に有難いことでありました。時代の経過により、私どもが教へを受けた先生方が亡くなり、寂しい思ひをすることが増えてをります。

もう少しお話を承つて志を継ぐ意思を鞏くせねばなりませんでした。またこの思ひを次代に伝へてゆくのも我らの務めなのです。

悠久な皇統への「信」

御歴代の天皇のお悩みを拝察申し上げれば、まさにその時代の国運を自らお背負ひ遊ばされておいでであつたことと拝察申しあげます。そして折々の国難にあたり、常に回顧遊ばされたのは岩戸開きであり伊勢の神垣であり、そこに連なる天皇と言ふ御自分のお立場でありました。天照大御神から御自分に続く一系の皇統の尊厳に思ひをお置き遊ばされた時、そこには大いなる「信」があつたことと思ひます。いつの時代も我が国を守つてきたのは御歴代の天皇のこの揺ぎ無き皇統への「信」であり、それゆゑ「天照らす日の明らけき世は」（花園天皇）、「神の鏡のくもる時なく」（後醍醐天皇）、「神の国なるわが国ぞかし」（後嵯峨天皇）、「わが世を守れ伊勢の大神」（明治天皇）と御詠みになられ、また御祈願を籠められたのであり、その御姿に国民も倣ふといふことがあつたのです。君民一如とはこのことなのであります。かやうな歴史事実がある中で殊に近代の天皇にはこの悠久な歴史が続くとの「信」があつたのです。「女帝」が即位されれば、それは危ふいかな、近代日本に例のない「女帝」ご自身のお悩みとなり、この「信」を絶つ皇統の入れ替はりの原因ともなるのです。ここで況して女系に入れ替はつたなら、後の天皇はあるときこのことに思ひ至られて、深く苛まれることになります。平時には何事も意識されないことが非常時には深く思はれることがあります。まして御自分の御子孫が、今までの神武天皇の皇統と違ふのだとの御認識をお持ちになられる時がいつか到来するのでありませう。私は今の日本に女帝が御即位できる環境があるのか、疑問に思つてをります。この点についてはまた整理していつか書きたく思ひます。

令和三年年十二月に提出された有識者会議の報告書に関して、国会での議論が深まることを期待しましたが、安倍氏の事件以降は別の問題が湧き起こり、最も重要な問題が一年もの間放置され、何ら進展が見られないまま令和四年は暮れました。皇位継承と言ふ最も重要で、且つ真剣に考へねばならないことが、国会議員の皇位や国体に対する理解不足（しかもかなり深刻な）により党利党略の政争の具とされたやうな議論を聞き、やはり国会などで議論するやうなものとは次元が違ふものであるとの認識を抱き、実に哀しいと言ふか愚かであるとの感慨をもちました。これはやはり拙速な議論ではなく慎重に慎重を重ねた議論、しかも国家の根幹に当たるものであるとの深い理解と皇位の尊厳を認識した上での議論でなくてはなりません。きちんとまともな討議が早くになされ神代以来の悠久の皇統に鑑みた一つの形あるものと定められますことを念願するものであります。

これから先我が国はどのやうな方面へ漂流してゆくのでせうか。根無し草がこのまま続いてよいことはありません。根を張るためには改めて神勅への回帰、神国の自覚をもつことでありませう。『神皇正統記』にある「大日本ハ神国ナリ。天祖《アマツミオヤ》ハジメテ基《モトヰ》ヲヒラキ日神ナガク統ヲ伝へ給フ。我国ノミ此事アリ。異朝ニハ其タグヒナシ。此故ニ神国ト云」との北畠親房公の思ひを再び肝に銘じこの神国の行方を定めなくてはならないのです。

コラム③
日向三代の皇統——神名の解釈

○ここではわかりやすくするため、神名表記を片仮名にしました

- 天照大御神
  - アメノヲシ**ホ**ミミノミコト
    - ヒコ**ホ**ノニニギノミコト（日向初代）
      - **ホ**テリノミコト（日向二代）
      - **ホ**スセリノミコト
      - ヒコ**ホホ**デミノミコト
        - ウカヤアヘズノミコト（日向三代）
          - イツセノミコト
          - **イナ**ヒノミコト
          - **ミケ**ヌノミコト
          - カムヤマトイハレヒコノミコト（初代神武天皇）
  - アメノ**ホ**ヒノミコト（出雲国造祖）

「ホ」は穂《ほ》（稲穂）＝秀《ほ》（稲の稔り）＝火《ほ》の霊力

「ヒコ」はヒ（霊的なもの）を受け継ぐ　コ＝男子の意味　女子はヒ＋メ（女）

「ミコト」は神の御言（みこと）を負ひ持つ意味

※神武天皇に至る神名にはこのやうな深い意味が内に込められてゐるのです。

付編

講演録

山階宮

高校の教師を長くやつてきましたので、生徒に興味を持たせわかりやすく話すことに心がけてきました。そのため私の講演は好評のやうで、随分と招かれて話をしてきました。その中から筆記があるもの三点を挙げます。一つは上皇陛下の思召しであると言ふ御火葬の問題について、二つは現今の宮中祭祀の問題点、三つは徳川時代後期の光格天皇を近代の天皇意識の原点としてみたもので、それぞれ深い意味をもつた講演でありました。ここに当日を思ひ浮かべていただきたく再録いたしました。

講演一　御火葬の御意向を思ひ留まらせ給へ

平成二十五年も年末が近づいてきました。今年は五月に出雲大社で、また十月には神宮で御遷宮の御儀があつて、ともに無事に齋行されましたことは御同慶の至りであります。さて先般伊勢の皇學館大學で國學者であつた鈴木重胤大人の百五十年祭が行なはれ、畏友の松本丘教授が斎主を御奉仕されますので、それに併せて参宮し、内外の大宮を拝してまゐりました。耀く日の宮と申すに相ふさはしい畏さでありました。古殿も友人の石垣権禰宜の案内で間近に拝しましたが、二十年の経年による御屋根の痛みには驚きました。帰途は松坂に寄り鈴屋大人を展墓し、本居宣長記念館では吉田館長から款待されました。

その有り難さの一方で畏くも天皇陛下は御自分の御葬儀に火葬を用ゐ給う由を仰せになられたと洩れ承りました。このことに関して私なりに思ふことがございますので、本年の年末講話にはこのことをお話し申し上げることに致しました。

我が国の中古の文学である『増鏡』の中に、後宇多天皇が御典医のお奨めにより御灸治をされるにあたり、朝議はこのことは御歴代に一例のみあつて、果たしてよいことか否かとを論じた由が書かれてあります。この一例とは高倉院の『厳島御幸記』にあるもので、この時は安徳天皇に御譲位なさつた後であり、上皇の御身位におはしました。よつて御在位中の天皇が御灸治をなさつたことはこの後宇多天皇が初めであつたことになります。天皇は鍼灸を用ゐてはならぬ慣例があつたのであります。同じく中古の作品である『古事談』には天皇の御髪が伸びた場合には、側近の女性である内侍などが歯で噛み切るのだといふ奇怪な説話が載せてあります。これらの逸話は天子には刃物をあててはならないと言ふ伝承があつて、このやうな奇怪な説話になつたもので、その真偽は言ふまでもありません。重要なことはこれらの話が天子には鍼灸や刃物（鋏）を用ゐないと言ふこと、更にいへば玉体を少しでも損傷してはならないといふ考へから生じたものであることを理解しておく必要がありませう。皇位は言ふまでもなく、その玉体とて永遠に尊貴であつて犯すべからざるものなのであります。

残念ながら人はいつか死にます。これは避けて通れない問題であつて、それゆゑ且つまた死は厳粛なことでもあります。更に葬儀は死者だけの問題ではなく残された者にとつての問題でもあるのです。死者はその死後についてを遺言することはできますが、その実行は生者に委ねるべきものでありませう。自ら「訃報」の原稿を作り、新聞に載せた者に正直正大夫こと齋藤緑雨がゐました。また死を偽り自ら棺に入り、葬儀の全てを見届け、いざ出棺埋葬と言ふ時に棺から飛び出て会葬者を驚かせた自堕落房と言ふ奇人（山崎北華）も江戸にあつたと言ひます。自らの葬儀はいつの時代でも気になるものであつたやうです。しかし近年はこの葬礼に関して就職活動の「就活」ならぬ「終活」などと言ふ言葉が使はれるやうになり、死後のことに関して生存中にその希望を明らかにするやうな風潮が盛んになつてきてゐます。当然さういふ点に注目した業者があつてのことではありませう。しかし、死後のことを何からなにまで自ら取り決めることなど、いかがであらうかと思ふことがございます。

洵に畏れ多いことではございますが、去る十一月十四日に宮内庁は天皇皇后両陛下の御意向とのことで、崩御後の御葬儀に関しての種々の思召しを公表しました。一つは従来の陵墓の規模を縮小するとのことで、両陛下の合葬陵を検討してゐること。また御土葬から御火葬に改めるとのことでした。このことは昨年から取り沙汰されてゐた大喪の行事のありかたを巡つての検討の結果の一つであつて、予てから危惧してゐたことでした。そのため私は昨年の「国民新聞」五月号に「皇位の尊厳と叡慮」と題して一文を書き、そのことが決してよからぬことと警鐘を鳴らし喚起を促しました。それにしても何故「今」なのでせう。傘寿をお迎へになる天皇陛下の萬歳を祈念するべき立場の宮内庁が、いまこれを発表する意図は何なのでせうか。「公表を必要としない」としながらも、公表したのは何故なのでせう。しかも思召しであつたはずの合葬は皇后陛下の御意思により畏れ多いとのことで御遠慮になられたとも漏れ承りました。一度思召しとして公表したものを軽々と訂正するのは何故でせう。思召しなど関係なく宮内庁が勝手に推し進めたことだらうとの不信が拭へません。

御葬儀に関して「国民の負担を軽くしたい」との御思召がおありの由と伺ひます。洵に畏れ多いことですが、これは歴代の天皇の叡慮と重なるもので、嵯峨上皇、淳和天皇の御遺詔にも示されてゐる薄葬の皇室の伝統でありませう。その叡慮の伝統を踏まへた上で今の時代に薄葬が必要であるのか否かをも考へねばなりません。わが日本と言ふ、世界でも先進国である我が国の元首の尊厳と品格をお備へになつたものでなくてはなりません。また御火葬に改まる理由の第一は「御意向」とのことでもございますが、その第一は「火葬が一般的であるから」とのことによります。このことはいくら火葬が一般的であつても、こと天皇の大葬儀はさうではないのだと言ふことにどうして思ひが至らないのでありませうか。天皇に関しての御行事はそれが特別で特殊であると言うた認識が欠けてゐるのであります。御火葬にすることと御土葬にすることとで如何程に国民生活に差が生じるのでありませう、これも実に曖昧なものであります。加へて畏れ多くも「終活」などと言ふ、現今流行し始めた俗語を用ゐて新聞紙上に解説してゐた学者先生がゐたことも残念でありました。この低俗な発想が皇位の尊厳を傷つけてゐることに思ひあたらないやうであります。「開かれた皇室」などと言ふ馬鹿げた考へがこのやうな状況を作り上げてしまつたのです。

御火葬への変更について、この発表後のいづれの新聞にも識者の歓迎の言葉が書かれてありました し、知友に訊いても反対を唱へる者は皆無に等しかつたのであります。安倍総理もどの国会議員も何ら疑問をもたないのです。それは「火葬、結構なことで」で思考が停止してしまひ、これから先へ話がすすまないのであつて、一番根本で大切なことについて思ひあたらないことが残念でならないのです。唯一有村治子議員が神社新報に批判の一文を書いてゐただけです。認識不足甚だしく悲しいことです。誰もがこのことを真剣に考へてゐない証しともなるのです。尤も、生まれて神前で初宮参りをし、教会で婚礼をあげ、仏式で葬儀をする、これを何とも考へない国民があつて、この考へのもとに「火葬は一般的と言ふ」と言つた結論があるのです。

宗教的寛容性はともかくとして、まづ葬儀とは何であるかをきちんと整理しておく必要がありませう。しかも天皇の大葬儀はどのやうにあるべきかとの問ひに熟慮に熟慮を重ねるべきであつたのです。

仏教は元来葬儀のものではなかつたのであり、それゆゑ仏式による必要もないのですが、このことは今日では理解しにくいことであります。

火葬は仏教と深い繋がりがあつたのも事実です。そのため平安京には火葬の場として鳥部山などがあつて、そこから昇る煙が幾つもの歌に悲哀を以て詠まれてゐます。徳川時代は寺院が国民の戸籍を把握するといふ寺請制度があつて、国民はこれにより寺院とつながり、また葬礼も仏教に依拠するやうになつたのでありました。それでもなほ火葬の施設のない場合は土葬によつたのです。

国学を大成した本居宣長翁をはじめ、本居家は浄土宗の家柄でありました。本居家の菩提寺は松坂の樹敬寺であつて、ここは宣長翁にとつて近しい場であり歌会なども開いてゐます。家の仕来りは尊重すべきであると書き残した宣長翁も、その最期は樹敬寺の祖先の墓塋を離れ、同寺の隠居寺の長楽寺のある山室山に土葬されたのであります。宣長翁は自らの学問の結果、御霊は仏教の言ふ数万億土に行くのではなく、この現世に留まると考へたのです。もともと日本人は魂、霊魂とそれが入る体とを別のものと見てをりました。霊魂は衰弱したり遊離するものと思つてゐたのです。ですから魂を鎮める鎮魂の儀礼が必要でしたし、今日でも年に一度、皇室では「鎮魂祭」が行なはれてゐます。また和泉式部の歌集などを見ますと夜になると魂があくがれ出る、遊離することが優美な歌として詠まれてゐます。遊離した魂はまた戻つてくるものと考へてゐたのです。地方の民俗誌などを見ますと、人が死ぬとまづ屋根や近くの高いところに登り、死者の名を大声で呼ぶことが行なはれてゐたことが判ります。これは「魂呼び」「魂呼ばひ」と言はれ、死者の魂、霊魂が再び戻り来る為になされたものです。近しい人物が死者の枕頭でその名を叫ぶのは人の情ではありますが、その根底は遊離する魂の復活にあつたのです。魂はいつか戻る、この発想が遺体をそのままにしておくと言ふことに繋がるのです。本来通夜はその復活を祈る祭祀です。今日、神葬祭で通夜に遷霊の儀を行なつてゐますが、復活を祈る本義は忘れられてしまつたやうです。

古事記を見ますと天若彦の葬儀の模様が描かれてゐます。七夜をかけて今日言ふところの通夜が営まれ、歌舞が演奏されてゐます。これも魂の復活を信じ、深い祈りを捧げた名残であります。皆さんが今年勉強されて来た萬葉集にも殯宮の歌がありました。その時にも申しましたが「もがり」は「喪仮」であくまでも仮に行なふ喪であり、その前提には死者の復活があつたのです。天武天皇の殯宮が長い期間であつたのもその為です。今日でも御遺体があつてこそ殯宮拝礼がなされるのです。遺体は穢れではありません。それを穢れと観念したのは仏教でありませう。

神葬祭にお祓ひをする「修祓」が必要か否か、未だに議論があります。その上に近代の生活が衛生上火葬を奨励した側面があります。本来の古儀が忘れ去られ、近代の合理主義で遺体を焼却することが衛生上良いのだと思はれてしまつたのです。その点を見落としてはなりません。遺体は魂の復活する、戻り来る聖なるものなのです。序でにもはや忘れ去られた胞衣のことを申し上げておきます。胞衣は「えな」と呼び、母親の体の中で嬰児を包んでゐた胎盤のことであります。これは出産とともに体外に出ますが、長い間嬰児を包んでゐたと言ふ神聖性から、胞衣塚を築きそこへ埋める、また民間ではなるべく人が踏む、出入りの多いところに埋めるなどとされてきました。これも地方の民俗誌を読めばこの間まで、多くあつた習俗であります。それが出産を家庭ではなく産院、また病院において行なふのが当然となると、胞衣は不要なものとして病院で処分されるやうになりました。今日では胞衣への信仰は皆無です。これも近代化のなせるわざで、胞衣を埋めるといふ不衛生を喧伝したことにより、一時期胞衣を金銭をとつて回収した業者があつたことも民俗誌には見えてゐます。人の死は不吉で凶事ですが御遺体はさうではないと考へてゐたのです。

皇室の歴史は古く、それはわが国体の歴史でもあります。神代このかた神ながらの道を、遠祖の御遺訓と尊信されたまひ、その大御手振りに神習はれ遊ばして今に至るのであつて、時代の趨勢空しく、畏れ多くも時には仏教に信を置かせたまうた天子もおはしました。ただそれは神ながらの道を捨てたまうた訳でもなく、御歴代の御崇神の御精神は深く且つ厚くおはしましたのであります。それゆゑ明治維新と言ふ大きな営みへとつながつていつたのであります。ですから維新が、その思想的に依拠したものは何であつたのかを改めて深く考へる必要があります。明治の維新は大きな変革であり、そこには光も蔭も存しますが、皇室の御事に関しては正しく整理され、神代このかた神ながらの道をまた新たに基本と定めたまうたのでございます。あの神仏分離や廃仏毀釈の行動の根源はそれが例へ過激で不逞の行なひであつたと後世に批判されるとしても、その当時の純粋な精神は何であつたかを学ばなくてはならないのであります。神武天皇の橿原御創業の精神に従ひ、なほも神代の天地開闢を思ひ描く遠大なる理想を常に持たなければならないのです。

そして維新に至るまでの間に、我が国の国体がいかなるものであるかとの研究が深められ、国民がそれを広く学び考へ、行動に移した事実をも思ふのであります。所謂近世国学や水戸学の国体論は様々ではありますが、外圧迫り来る危急の時をいかに乗り切るかの切迫した緊張感のもとにあつたのも事実でありませう。

今年は寛政の三奇人と俗称される蒲生君平大人が逝いて二百年にあたりました。谷中の君平大人の墓に額づき、ただただその純な精神に思ひをはせたのですが、彼は歴代の皇陵の荒廃を歎き、実踏視察してその整備を訴へ、皇室尊崇の深き念から『山陵志』を著したのであります。この本は二巻一冊の全三十七丁の薄いものですが、君平大人の皇室、また皇陵に対し奉りての赤誠の思ひが凝縮したものと言へるのであります。皇陵を探索考究したその筆鋒はまたその大喪の変遷についても記すのです。御歴代で唯一、御遺詔により御散骨をされた淳和天皇については、その非を建白した藤原吉野の諫言のことを挙げ、それが用ゐられなかつたことを「千載の遺憾」と、書く君平大人の激しい思ひはなほ今に伝はるのでございます。更に持統天皇の大喪に初めて火葬が用ゐられたことに対し「逮乎佛教之行、據是覽衆志、獲國權、挙喪祭之紀、莫不咸為之所乱、而自持統之喪、始行火葬、其為弊也世甚矣」と述べ、仏教が国民の心を捉へて勢ひを増し、火葬が盛んになるや「その弊たるや世に甚だし」と火葬の弊害を嘆くのであります。火葬は君平大人にとつて仏教以前の「蛮夷の喪制」であり、仏教がそれを用ゐ、さらにその制を我が国の、しかも皇室の大喪に用ゐるのを「亦悲しからずや」と鋭く批判するのでありました。それゆゑに長く御火葬に拠られてゐた皇室の大喪が、徳川時代の初めの後光明天皇の大喪にあたり古儀に即して御土葬に改まつた事を特筆し、その実現に尽力した宮中出入の魚屋である河内屋（奥）八兵衛の奔走や、彼が諸方に号泣して訴へたと言ふ逸事を挙げ、八兵衛のこの忠勤を「噫、匹夫すら志有れば、何事か成らざらん。」と誉め讃へ、天皇の大喪に火葬を用ゐる非を明らかにしたのであります。八兵衛は仏教の信仰に基づいて玉体を焼き奉ることが忍びなかつたのです。この八兵衛の逸事が人口に膾炙され夙に広く知れ亘つたことは、この『山陵志』の記事によるのでありませう。

また君平と親しくあつたと言ふ、垂加の学の流れを汲む若槻幾齋は『山陵志』のこの記事から刺戟を受けたことと思はれ、後光明天皇の御事蹟を纏めた、『正保遺事』に跋文を書き、本書の国体思想上の重要性を述べてゐるのであります。この書の何人の作かは不明のままでありますが、これを分かり易く書き改めたものが国学者矢野玄道の『正保野史』であります。この二著は後水尾天皇の皇子で江戸初期に幕府に毅然と対された後光明天皇がいかに御英邁におはしましたかを書いたものであり、特にその中でも大喪がこの天皇の時に御土葬に改まつたことが『山陵志』同様に書かれてゐて、宮中に出入りしてゐた八兵衛の忠義の挙に筆をさいてゐるのです。御土葬への変更は並々ならぬ努力の賜であり、そこには皇室に対し奉りての純粋無垢な赤誠が存したのであります。ここに深く思ひをはせねばならないのです。また先にも触れた垂加の学においても、その火葬は孝心に照らして避けねばならないものであつて、先考先妣の遺体を傷つけ損なふことはあるまじきこととされたのであります。徳川時代の初めに儒式をもつて行なふ儒葬が大名家で用ゐられたのは、実はこのやうな考へがあつたわけで、これは我が国の本来の葬儀の考へと同じことでありました。

この度今上陛下の思召しとのことで、従来の御土葬を、御火葬にお改めになる由と漏れ承りました。このことを思ふとこの思召しを拝して、畏れ多くもまた哀しい思ひに包まれたのであります。「両陛下の御意向である」と申します。この一言は殊の外に重く尊いもので、また厳しいものです。このことは重々承知してをるのですが、それでもなほ心の片隅に納得のいかぬ節があるのも事実でございます。詔を承れば必ず謹めとはこれまた重々承知してをりますが、これが御意向とは申せどこまでどのやうに慎重に検討がなされたのかは疑問が残つてゐます。それは玉体を焼き奉ると言ふ行為が果たしてよいのかと言ふ観点からで、それが全く考慮されてゐないからであります。科学の進歩も重要でその受容も当然でありませう。畏れ多くも天皇陛下も生物学的には同じ人間と申せませう。しかしその歴史を鑑みた時に、思想の問題として、或いは神と観念された時もあり、現代においてすら神と観念するほどの有り難さを自然とお備へ遊ばされておいでではないですか。やはり全く違ふのです。

また火葬が一般的であるからとの説明では納得がいきません。一般とは大衆であり、天皇また皇室は極めて特殊な御存在にましまして、一般からは隔絶された御存在であり、それゆゑその尊貴性や重要性があるのであつて、一般に倣ふ必要は全くないのであります。更にまた、両陛下の御意向と言ふことが喧伝されてゐますが、これはその正当性を装ふ隠れ蓑にすぎないのではとの気が致します。その証しに、では後代の天皇が土葬を御希望なされたなら、その御意向は反映されるのでありませうか。その御意向に沿ひ奉りて御土葬になるのでありませうか。是非ともお伺ひしたいものであります。仮にまた御風葬や御散骨を御望みにおなりになつたら、それに従ふのでありませうか。天子の大喪儀といふことが前提にあれば、これなどはありえないことです。御火葬とてこれと同じことではありませんか。今回の決定以前に御火葬推進者がゐたのではないでせうか。時代の変化と言ふものを楯に少しでも皇室の諸制度を改悪しようと企図してゐる不逞の輩にとつて、この陛下の御意向はまさに渡りに船であつたのであり、最初から御火葬に改めることにその目標があつたのです。要は皇室の、殊に天皇に関する特別、特殊な御地位、それに伴ふ御待遇を国民同様と言ふ美名のもとに低俗化し、その尊厳や高貴性を益々希薄化しようと企んできたのです。側室や御乳人の廃止、宮中の改革、祭祀の簡略などの発想は言はばこの類であるのです。皇室の独自性また皇室ゆゑの制度がかくして揺らいできてゐるのです。私はその蟻の穴が怖いのです。更に言へば、近年宮中にあつてその方面の研究をした者があつたのでせうか。戦後依拠する法を欠いたために無効となつた皇室法を前例遵守で守り来た宮廷職員の精神は、もはや底をついたのでありませうか。宮中祭祀に詳しかつた川出掌典が退職後に『後一条天皇葬送記』を注解され、皇室の葬礼について説かれたのは昭和の終はりの頃でありました。そのころから宮中では御大喪儀についての研究がなされてゐたと聞いてをります。

では実際の問題点を指摘しておきます。

崩御ののち、先帝の玉体はお舟入りの儀（一般の納棺）ののち宮殿に御安置され、殯宮拝礼が行なはれます。この殯宮拝礼の期間が終了したのち、先帝の玉体は武蔵野陵墓地に設けられた火葬場に行くことになります。火葬場を武蔵野陵墓地内に設けるとのことですからさうなります。ですから皇居を一度お出ましになることになります。そして御火葬ののち葬場殿の儀（大喪の礼）までの間、奉安宮に御安置申しあげることとなつてをります。この奉安宮はどこに設けられるのでせうか。昭和天皇の時は殯宮拝礼ののち概ね一ヶ月のちの二月二十四日が葬場殿の儀（大喪の礼）でした。さうなると奉安宮は皇居に造られ、皇居にまたお戻りになることと存じます。まさか武蔵野の寂しいところに御安置申しあげるわけにはなりませんでせう。葬場殿の儀（大喪の礼）は皇居をお出ましになる轜車発引の儀から始まります。轜車発引の儀とは長らくお住まひであつた皇居をあとに行きて帰らぬ最後の行幸と言ふ深い深い意味のあるもので、民間でいふ出棺です。乃木大将の殉死は明治天皇の轜車発引の儀の時刻であります。行きて帰らぬ最後の行幸にお供したのであります。これに先立ち火葬のために一度皇居を離れることを我々はどのやうに受け止めればいいのか理解に苦しみます。この火葬の御列には新帝もお出ましになられるので二重橋から出御になりませう。これを見送る国民、迎へる沿道の市民はその行き帰り、また別の日に営まれる葬場殿の儀（大喪の礼）のあとの御斂葬の儀にもまたお迎へしなくてはならなくなります。轜車発引の儀の前に一度皇居を離れる不自然さが残ります。国民の負担を軽くとの叡慮はここには反映されてゐません。しかも葬場殿の儀（大喪の礼）の日はともかく、この御火葬の日を国民はどのやうな日として迎へるのでせうか。言ふまでもなく特別な日でありませう。

また葬場殿の儀（大喪の礼）がどこで営まれるのか未定のやうでありますが、御火葬された玉体「御」は葬場殿の儀（大喪の礼）の場で葱華輦にお移しし葬場殿までを渡御なさるのでせうか。昭和天皇の折までは玉体を奉安した棺をお乗せ申し上げるのに葱華輦を用ゐましたが、御火葬後の「御」をお乗せするにはあまりにも葱華輦が大きいやうです。もしかするとこの葱華輦をお止りやめになるではないでせうか。古来天皇の葬礼にこの葱華輦を担ぐのは京都の北部の八瀬の人たちでした。これを八瀬の童子と言ひます。昭和天皇の折にも彼等はその役を申し出て、それだけでは人数が不足しましたので自衛隊の屈強の若者が助つ人に入り奉仕しました。八瀬の人たちは天皇の棺を担ぐ特権を有してゐたのです。彼等は鬼の子孫とされ、所謂特殊な民でありましたが、このやうに皇室とは特別の関係を持つてきたのであります。ややもすると天皇と対極にあると意識されがちである人たちです。実はさうではないのです。逆に考へると天皇と対極にあるべき人たちにこのやうな特権があることは、その方面を強調する学者先生にとつては迷惑なことなのかもしれません。そのためにも葱華輦は廃止しなくてはならないのではと勘ぐつてしまひます。

些末な心配事ばかりですが、何にせよ皇室の御儀である葬場殿の儀と国の儀礼である大喪の礼が同じ式場で別個に行なはれる滑稽をまた演じることになることに変化はないやうです。私はこの事が異常で悲しいことでなりません。昭和天皇の崩御以来二十五年、何らかの微力を尽くしつつも、これが何一つ改善できずに、また更に悪い環境になつたのではないかと思ふと畏れ多いものであります。

どうであれ詔は承れば必謹（承詔必謹）であります。御意向は尊ばなくてはなりません。しかし皇室の歴史と伝統とに反する御意向があつた場合については、我々はどのやうな心構へで、どう臨むかを慎重に且つ慎みをもつて考へねばならない時期にあるやうです。たとへ後世の天皇が散骨せよ、風葬せよと仰せになつたとしてもその御意向に沿ひ奉ることはよもやできないのであります。今回のことも含めて、そこは諫言申し上げる廷臣があらねばならず、さういふ意味では畏れ多いことですが、陛下の股肱の廷臣が今日陛下のお近くに不在であつたといふことの表れでもあります。宮内庁は天皇陛下はじめ皇室をお護りできるのか、いなお護りしようとする意思があるのか。これこそ今日に喫緊で重要な問題でありませう。私はそれこそ宮中に蠢動する不吉な空気を一掃せねば真の皇室像が形成されないと思ふのです。宮中祭祀にせよ何に遠慮するのか、疑問でなりません。真に皇室のことを憂慮する人材こそ宮内庁にあるべきであり、素養のある侍従こそ必要なのであります。このままでは国民の不信は募るばかりであります。

かやうな悲しみに際会するたびに、葦津珍彦先生の最晩年の文章である「悲史の帝」を私は読み返してきました。これは先生が「文藝春秋」の昭和天皇追悼号に書かれたものです。その中に次のやうなくだりがあります。

新帝は学習院に育ち、自由といふものについても、人生の楽しみがどのやうなものか知つていらつしやる。それなのに自分のたつた一度の生涯を犠牲にして、最も不自由な地位である皇位について下さつた。自分は公の為に生まれたのだといふことをお認めいただけたのだ。それだけでもう涙が出るほど有り難いことではないか。（中略）その御修養を祈りお援けするのが国民のつとめではないのか。

皇太子殿下が皇位を踏むのは当然のことであるとお思ひ申し上げてゐた私は、この先生の一文に身震ひしたのです。「最も不自由な地位である皇位」といふ表現に先生の天皇観を見るのであります。私はその文章を何度も何度も読んで、そこにある「国民のつとめ」を誓つたのであります。それゆゑにこのやうな我が微衷をここに書いてゐるのです。時代時代に変化する皇室像はあつてもよいのかもしれません。ただそれがあまりにも低俗にわたることは避けねばなりません。そして皇位の尊厳と高貴性とは断固として堅持せねばならないのです。それが「国民のつとめ」なのです。いま先生が生きてゐたらどのやうな御感慨をもたれたでありませうか気になります。

非常の時に忠臣現はると言ひます。淳和天皇の御散骨にあたり、諫言の士がゐました。また匹夫八兵衛の厚き志が御土葬への道を拓いたではありませんか。「噫、匹夫すら志有れば、何事か成らざらん」と書いた君平大人もまた、この志の持ち主であつたのです。今回の宮内庁の発表には、火葬が一般的であり、また国民の御負担を考慮された思召し、などとの解説がなされてゐました。叡慮は必謹、御思召しはただただに恐懼に絶えないのです。しかしながら皇室と国民とは大いなる違ひのあるもので、こと天皇の大喪についてであります。具体例が明確ではなく、まだまだ再考の要は十分あります。君平大人が今あれば同じ思ひでありませう。謹み畏みも御火葬への変更の思召しを留めたまへと伏して懇願し奉るのです。皆さんもこの事を深くお考へになつて、新しい年からまた真の皇室、真の我が国体の顕現に微力ながら努めてまゐりませう。

（平成二十五年十二月十四日、第五十七回國學研究会、「不二」平成二十六年一月号に加筆）

講演二　宮中祭祀の問題点

本日はお暑い中お集まり戴き、恐縮でございます。今日は「宮中祭祀の問題点」といふ題でお話を致しますが、私の本職は高校の国語の教諭でございまして、其の傍らで神道や国学のことを研究とは申せない程度に学んでをる者でございます。今日は教材として拙著『宮中祭祀』（展転社）をお求め戴きましたが、これはこの手の概説書が他にありません。名著でございます（笑）。よくお読みいただければと存じます。

さて、皆さんは「宮中祭祀」といふ言葉をお聞きになられたことがありませうか。天皇陛下は毎日毎日、宮中にあります三殿に深い祈りを捧げられてゐます。毎朝御自分でなさる時間がないため、侍従が御代拝を奉仕してをります。そこでは国民のみならず、全世界の平和が祈られてをります。天皇制を廃止せよと言つた政党をも含めた全世界の平和を祈られる、このやうな「祭祀王」、ご自身で自ら祭典をなさる祭祀王は世界のどの国の元首にもありません。天皇の御本質はここにあるのでありま す。しかし乍ら戦後は憲法の制約もあつて、天皇の私的な祭事とされ、国民はこの天皇の御本質についての報道に接することがありません。天皇は日本の象徴に過ぎないなどと考へてゐるのであります。そうではなく、連綿と伝へられた祭事、宮中の祭祀からこの国体を考へなくてはならないのです。そのためわれわれは宮中祭祀をきちんと理解しなくてはならないのです。

お手元に資料を用意致しました。それを御覧の上お話を進めます。

まづ「宮中祭祀とは何か」と言ふことです。委細は拙著を御覧いただきたいのですが、宮中にお祀りしてゐる、「お鏡」、これは伊勢の神宮と不離一体のものですし、また天皇とも一体のものであります。その初めが神話に遡る。そのためもう話が進まなくなる。宗教的なこととなつてしまふのです。でもこれが国体であります。天照大御神が高天原で岩戸にお籠もりになつた時に作られたお鏡であります。天孫降臨のときに神勅とともにこの瑞穂国に伝へられ、天照大御神そのものとして宮中にお祀りされてきたのを崇神天皇の時にその御神威を畏こみ、宮中を出て巡幸ののち今の伊勢の地にお鎮まりになりました。その時に同じものをお作りになつて宮中に留め、それの祭祀が今の宮中の賢所となります。このように「宮中祭祀」とは皇祖神天照大御神に対する祭祀であり、このお鏡こそは皇位の象徴であるのです。この宮中祭祀に対して「明治以降に整備され作られた祭儀であり、皇室の伝統ではない」と言ふ声があります。確かに明治以降に整備された祭儀ではありますが、どの祭儀にも根柢には我国の祭りの姿があるのであり、これは昔からのお手振りなのであります。それでも明治以降百五十年になります。百年たてば歴史や伝統は生じるものです。平安神宮の時代祭りなど明治二十八年御鎮座以降のものですから、そんなことを言つたら何でもないものとなりませう。

次に「歴代天皇の御敬神」について考へてみませう。詳しくは拙著に譲りますが、ここでは明治天皇の御逸話を紹介いたします。静岡に行在所がありました。そこへお出ましになられた明治天皇は、表御座所の御机の前で侍従に伊勢はどの方向か、東京の賢所はどちらかをお訊ねになられたのでした。

そこで神宮、賢所に御自分の背が向かないやうに御机の位置を直されたとのことでございます。些細なことですがこのやうに神宮、賢所に対して細かな御配慮をなさつておいでです。全てがさうでありました。京都の御所も天皇が南面してお座りになるとその左、南東の位置に内侍所（現在の賢所）がありその延長線上に神宮があるといふ構造であります。また明治以降の天皇陛下は地方へ行幸になられる時、御召列車が皇室ゆかりの地、陵墓や社寺の近くを通過するたびに車中で御起立されて頭をお下げになる、御拝礼になると漏れ承ります。

そこで今日の「宮中三殿の成立」といふことを考へてみたく思ひます。明治二年、東京奠都に伴ひ、京都の御所の内侍所が東京に御遷座になりました。これは明治六年に火災により赤坂仮皇居に暫く御遷座となります。明治二十二年になつた東京の宮殿、これは空襲でなくなりましたが、これは宮中三殿と同時に竣工してをります。仮皇居の神御は明治天皇の御移徙《いし》の前日の一月九日に御遷座になり御鎮座になりました。古来天皇は南面して座るのが常でありました。天子南面は当然の理であつたのです。御座所は当然南面して造られ、陛下がお座りになるとその南西に宮中三殿があり、その延長線上に神宮があると言ふ構造であります。しかも三殿の御床が陛下の御座所の床よりも高くなつてをりました。そこで今の宮殿の問題であります。そもそも江戸城が東向きに作られてゐるのです。大手門の方が表門です。将軍は東面して座るのです。ですから東京の下町に南北に流れる川を大横川、東西に流れる川を竪川などと呼んでをります。地図は北が上です。さうするとこの竪横が不思議でしたが、これは東面して座る将軍から見た竪横なのです。参賀に参りますとお応へ遊ばす長和殿、あそこは東向きであります。陛下がお立ちになると三殿に背をお向けになることになります。それだけではありません、その向かひの建物が正殿で、その中央に松の間と言ふ一番格式の高いお部屋があり、ここでも陛下は東面し三殿に背をお向けになることになります。御即位式もここで行ひましたが、京都の御所から高御座を運び、設置致しました。歴代の天皇で初めて東面即位されたのであります。しかも賢所に背を向けて。畏れ多いことであります。また陛下が高御座に御昇りになつた高さと、賢所の床の高さが問題になつたとも漏れ聞いてをります。とにかく今の宮殿はこのやうに宮中祭祀の場である三殿との関係など無視されて造られてゐるのです。あくまでも象徴天皇の宮殿であつて祭祀王の天皇の宮殿ではないのであります。今の宮殿はそのやうな点から構造上大いに欠陥のある建物とご承知おきください。今後歴代の天皇はみな東面即位、しかも賢所との関係など顧みられないのであります。実に残念なことであります。陛下もお困りのことと存じます。

さてこのやうなこととは裏腹に歴代の天皇は伊勢、賢所への御尊崇の念を常にお持ちでありました。殊に昭和天皇はこれら神器のことについては格別の思召しがあつたやうであります。御幼少の時分に乃木大将から山鹿素行の『中朝事実』を読むように言はれ、ご愛読なさつたとのことでありますが、この本は神器について書かれたものであります。

殊に戦時下においてこの神器のご守護についてどのやうな思召しがあつたかを『昭和天皇実録』からお伺ひしてみようと思ひます。『実録』の昭和二十年七月三十一日条です。

午後、御文庫に内大臣木戸幸一をお召しになり、神宮及び官幣大社熱田神宮の神器守護につきお考えを示され、奉遷の時期・場所については宮内大臣と十分に相談の上、政府とも協議して決定するよう御希望になる。後刻、同所において宮内大臣石渡荘太郎に謁を賜う。ついで八月二日、熱田神宮の神剣奉遷用の外箱を新調することを御聴許になる。なお、両神宮の神器奉遷の場所については、国幣小社水無神社（岐阜県大野郡宮村）が候補地とされ……。

このことは内大臣であった木戸幸一の『木戸幸一日記』にもあります。同日の条には、

御召ニヨリ午後一時二十分、御前ニ伺候ス。大要左ノ如キ御話アリタリ。
先日内大臣ノ話タ伊勢大神宮ノコトハ、誠ニ重大ナコトト思ヒ、種々考ヘテ居タガ、伊勢ト熱田ノ神器ハ結局自分ノ身近ニ御移シテ、御守リスルノガ一番ヨイト思フ。而シコレヲ何時御移シスルカハ、人心ニ与フル影響ヲモ考へ、余程慎重ヲ要スルト思フ。自分ノ考ヘデハ度々御移シスルノモ如何カト思フ故、信州ノ方へオ移スルコトノ心組デ考ヘテハドウカト思フ。

とあります。またこの数日前の七月二十五日の『木戸幸一日記』には次のやうな記事があります。ただこちらは『実録』には書かれてありません。

爰ニ真剣ニ考ヘザルベカラザルハ、三種ノ神器ノ護持ニシテ、之ヲ全フシ得ザランカ、皇統二千六百有余年ノ象徴ヲ失フコトトナリ、結局、皇室モ国体モ護持シ得ザルコトトナルベシ。

何れにせよ昭和天皇は本土決戦になればどのやうに神器を御守りするか、お悩みになられておいでであつたことが十分拝察されるのであります。二十五日の記事は悲愴な御覚悟であつたことを御偲び申し上げる他はございません。熱田の神器は御神体とされる天叢雲剣（草薙剣）であります。素戔嗚尊が出雲で八岐大蛇を退治なさつた時にその尾から出てきて、のちに日本武尊の東征に使はれ、尾張の宮簀媛のもとに置かれたもので、これが熱田神宮の創祀であります。これと同じものが皇位の象徴としての御剣であります。熱田の剣は終戦後一時飛騨の水無神社に御避難のなつたこと、ここにもある通りであります。

一方、宮中三殿の空襲からの御守護はどうしてゐたのでせうか、『昭和天皇実録』には「斎庫の御新築」といふ記事がございました。これも先帝の思召しがあつてのことと存じます。空襲が激しくなつて、宮中三殿を御守り申しあげる為、昭和十七年六月二十日に斎庫が竣工しました。これは賢所の南にある御仮殿、これは何か緊急な用のある場合の一時的な仮殿で明治三十八年の三殿のお屋根の葺き替への時に造られたもので今もあります。その西北の地下に、防空施設として堅牢に作られたものです。敵機による帝都空襲が具体的に取沙汰されだした昭和十九年十一月一日、賢所・皇霊殿・神殿の神御は地下のここへ御遷座になつてゐます。これがどのやうな構造であつたかはわかりません。この入り口が小山のやうになつてゐたと旧奉仕者から聞いたことがありますが詳細はわかりません。地下に御遷座になつたため、この後に三殿では祭儀はなく、御仮殿の木階下で御拝礼なさることが慣しとなりました。二十年の元始祭は「賢所仮殿木階下に出御」されて御拝礼をなさいましたし、二月十三日の後朱雀天皇九百年式年祭にも「賢所仮殿木階下に出御」になられ御拝礼とあります。かやうにしてまで神御を御守り申し上げたのであります。

終戦後、二十年の八月三十日の『昭和天皇実録』には、元の御殿への御遷座のことが次のやうに書かれてゐます。

昨年十一月一日より賢所・皇霊殿・神殿は賢所仮殿西北地下の斎庫に御動座中のところ本日各本殿に奉遷の儀を行われる　午前斎庫の儀につき八時三十分侍従徳川義寛御代拝を仰せ付けられる　三殿発御の刻の午前十時皇后と共に御文庫前庭に出御され斎庫を御遥拝になる　同四十分奉遷の儀は終了する　午後本殿の儀につき二時賢所・皇霊殿・神殿に出御されそれぞれ御拝礼になる　夕刻御神楽の儀を行われ侍従小出英経に御代拝を仰せ付けられる

御動座のあとの御神楽が夜を徹して行はれたのですが、先帝の御安堵はいかばかりでありましたでせうか。

今までは昭和天皇に関しまして御話申し上げましたが、次は「宮中祭祀令はじめ諸皇室法の制定」

のことを御話いたします。これは頁数の都合で拙著には書けなかつたことであります。

さて我国は明治二十二年に『大日本帝国憲法』と『皇室典範』とを発布致しました。これを受けてこのあと様々な皇室法が定められていきます。宮中祭祀は変はることなく斎行されて来ましたが、後から三殿の祭祀の詳細を定めた「皇室祭祀令」(明治四十一年九月十九日皇室令第一号)が定まり、確定いたしました。御即位に関する諸儀について定めた「登極令」(明治四十二年二月十一日皇室令第一号)、同時に「攝政令」(二月十一日皇室令第二号)、立太子について定めた「立儲令」(二月十一日皇室令第三号)、成年式に関する諸儀についての「皇室成年式令」(二月十一日皇室令第四号)が制定されます。皇室の御婚儀についての「皇室親族令」(明治四十三年三月三日皇室令第三号)がその最後でありますが、明治末年に至り、皇室法が整備され、これらの法の何れもが宮中三殿との関はりを明記してゐるのであります。これによつて祭祀に関するものは当然ですが、皇室の人生儀礼に関する行事も全て宮中三殿を中心に行なはれることとなりました。その幾つかを見ていきませう。まづ「攝政令」です。

第一条　摂政就任スル時ハ附式ノ定ムル所ニ依リ賢所ニ祭典ヲ行ヒ且就任ノ旨ヲ皇霊殿神殿ニ報告ス

とあります。摂政ご就任の時は賢所で奉告の祭儀があるとの規定です。以下「立儲令」には

第三条　立太子ノ礼ヲ行フ当日之ヲ賢所皇霊殿神殿ニ奉告シ勅使ヲシテ神宮神武天皇山陵並先帝ノ山陵ニ奉幣セシム

第四条　立太子ノ礼ハ附式ノ定ムル所ニ依リ賢所大前ニ於テ之ヲ行フ

第六条　立太子ノ礼訖リタルトキハ皇太子皇太子妃ト共ニ賢所皇霊殿神殿ニ謁ス

と同様のことが書かれてゐます。また「皇室成年式令」には天皇、皇太子の場合として次のやうにあります。天皇の場合は

第三条　天皇成年式ヲ行フ当日之ヲ賢所皇霊殿神殿ニ奉告シ勅使ヲシテ神宮神武天皇山陵並先帝先后ノ山陵ニ奉幣セシム

第四条　天皇ノ成年式ハ附式ノ定ムル所ニ依リ賢所大前ニ於テ之ヲ行フ」、第五条「天皇成年式ヲ訖リタルトキハ皇霊殿神殿ニ謁ス

皇太子の場合は

第九条　皇太子皇太孫親王王成年ニ達シタルトキハ其ノ当日附式ノ定ムル所ニ依リ賢所大前ニ於テ成年式ヲ行フ

第十条　皇太子皇太孫親王王成年式ヲ行フ当日之ヲ賢所皇霊殿神殿ニ奉告ス

また御結婚についての「皇室親族令」には、この大婚とは天皇の婚儀をいふのですが、

第八条　大婚ノ約を成ス当日之ヲ賢所皇霊殿神殿ニ奉告シ勅使ヲシテ神宮神武天皇山陵並先帝先后ノ山陵ニ奉幣セシム

第十一条　大婚ノ礼ヲ行フ当日之ヲ賢所皇霊殿神殿ニ奉告ス

第十二条　大婚ノ礼ハ附式ノ定ムル所ニ依リ賢所大前ニ於テ之ヲ行フ

第十四条　大婚ノ礼訖リタルトキハ天皇皇后ト共ニ皇霊殿神殿ニ謁ス

第十八条　大婚ノ礼訖リタルトキハ天皇皇后ト共ニ神宮神武天皇山陵並先帝先后ノ山陵ニ謁ス

皇太子ほか皇族の御婚儀については

第二十三条　皇太子皇太孫親王王結婚ノ礼ハ附式ノ定ムル所ニ依リ賢所大前ニ於テ之ヲ行フ

第二十七条　内親王女王臣籍ニ嫁スルトキハ結婚ノ礼ヲ行フ前賢所皇霊殿神殿ニ謁シ且天皇皇后太皇太后皇太后ニ朝見ス

また皇族の御誕生に関しては

第三十九条　皇子ノ誕生命名ハ之ヲ賢所皇霊殿神殿ニ奉告ス

第四十条　皇子誕生シテ五十日ニ至ルトキハ賢所皇霊殿神殿ニ謁ス

かやうに皇室における人生儀礼は全て宮中三殿と、先帝先后と初代神武天皇との山陵において行なはれることとなつたのであります。これらの皇室法は現行憲法の発布をもつて廃止されましたが、その後新皇室法が定められるまでは、これに準じて祭儀を行なふこととされました。そして未だに新しい皇室法は定まつてゐませんので、この前例に則り、現在も行はれてをります。お手元に小さい記事をお配りしました。これは神社界の新聞である「神社新報」の記事で皇太子同妃両殿下がトンガ国へ行啓された時のものであります。この記事にあるやうに、行啓の前後には必ず宮中三殿、先帝の御陵、また神武天皇陵、伊勢の神宮へ御奉告がなされてゐるのです。一般の新聞には何ら報道はされないのですが、かやうに行はれてゐるのです。かういふ意味で「神社新報」は大変役にたつのです。本日は伊東さんが取材においでですが、一年七千二百円（講演当時）の購読料を高いと見るか否かです。神社界の新聞と言へ、多くの国民が読むべき、このやうに学び知る記事が多いのも特徴です。これからの日本を考へる方は是非購読なさるのがよいと思ひます。私など高校三年の時からのお付き合ひですから彼是三十五年を越えました。来年創刊七十年とのことですから半分の年となるのです。

さて、話がそれましたが、この宮中三殿で行なはれる皇室の諸儀ですが、ここに国家が関与すると一筋縄ではいかなくなる。所謂政教分離の問題が出てくるのであります。そこで次に「戦後の成年式と御婚儀」と言ふことから所謂政教分離の問題に触れてみませう。

今日では、宮中三殿の儀式は、皇室の私事であつて、国の儀礼ではないとの考へが瀰漫してをります。宮中祭祀は天皇の私的なものであるのだとの考へです。実は私的と言ひ切ることが出来ない重要なものを含んでゐます。この頃は靖國神社への参拝にも公私を論ずる人がゐますが、あれ自体無意味なものでありませう。さて、皇室の私事として行なふ限りでは、三殿が儀式の場でもよいのですが、国の儀礼として行なふ時はまた別なのだとの見解です。政教分離の問題であります。昭和天皇の御葬儀を思ひ出してください。あの時には二つの儀式が行なはれました。皇室の祭儀としての葬場殿の儀と、これが終了した後に鳥居、真榊などを撤去して無宗教の国の儀礼である大喪の礼が行なはれたのです。明らかに政教の分離がなされたのです。即位の礼もなるべく神話との関わりを削除しました。儀場の両側に立てる「萬歳」の旗、これには古来八咫烏、鮎と甕が描かれてゐました。これは神武天皇の神話によるものです。これが今回の即位式ではこの図が削除され「萬歳」の文字だけになりました。政府がかやうな些細なところまで神経を尖らせてゐるのです。なんとも滑稽な、また悲しいできごとです。

話を本題に戻します。昭和二十六年十二月、皇太子明仁親王、今上陛下ですが、御歳十八歳におなりになりました。そこで廃止された「皇室成年式令」に準拠し、成年式・立太子礼を御挙げになることになりました。占領下のことであります。ところが生憎皇太后陛下（貞明皇后）が崩御され、その服喪により一年の延期となり、翌二十七年の十一月に御儀を行なはれました。「皇室成年式令」ではその儀式の場は賢所とされてゐましたが、此の度は国の儀礼として行なふためか場所は宮内庁の仮宮殿となりました。此の時は独立後でしたが、企画は占領下でのものであり、神前を避け、所謂無宗教の立場に徹したのであります。これが前例となり、後に大きな瑕瑾を残すこととなりました。また一方で昭和三十四年四月の今上陛下のご婚儀はこれも廃止となつた「皇室親族令」に遵ひ、これは賢所大前でこれも国の儀礼として行なはれました。神社における神前結婚式が一般化したことにより（そもそも神前結婚式は大正天皇の（皇太子時代）賢所における婚儀を淵源）賢所での斎行は誰しもが当然と考へたかよくわかりませんが、そしてこの戦後の二つの儀式が先例化していくのであります。

同じ国の儀式としても皇太子殿下や秋篠宮殿下など皇族の成年式は賢所大前ではなく、宮殿（尤も儀礼ののち三殿への拝礼はある）で行なひ、同様に御婚儀は賢所大前で行なはれることとなつたのです。そしてこれは今後も続いていくことでせう。

さて、ここで宮内庁における「戦後における宮中祭祀の扱ひ」についてみてみます。憲法発布の直前の昭和二十二年五月一日に宮内府長官は「依命通牒」を出し、新憲法の発布により効力がなくなる皇室法によつて行なつてきた物事は先述の通り新皇室法が制定されるまで、全て「前例に倣」つて実施せよと命じたのです。ついで昭和三十年十二月二十三日に昭和天皇への伺定があつたとのことです。宮中祭祀についてのお伺ひがあつた由で、これは鎌田純一掌典からお聞きしましたが、内容まではお聞きできませんでした。ついで昭和四十五年、昭和天皇が七十歳におなりになるのを受けて御高齢による宮内庁の配慮がこの年から始まるのです。陛下の御意志とはまた別の配慮なのです。更に昭和五十年八月三十一日に大きな変化が起こります。九月一日付けで「宮内庁法令集」にあつた、先の宮内府長官の依命通牒が削除されたのです。ここで前例に従ふ必要はなくなつたのであります。目茶目茶であります。これは折りしも世論で騒がれる政教分離の声に宮内庁が敏感に反応した結果であります。侍従の朝の御代拝が九月一日からモーニングに車を使ふやうになりました。それまでは浄衣と言ひ、白い狩衣仕立ての祭服に烏帽子を被り、馬車で三殿へ行つてゐたのです。侍従は公務員であります。それがわざわざ神職の格好をするのは怪しからんと内部で考へたのです。大宮の氷川神社の八月一日の勅祭に公務員である宮内庁の楽部の楽人が奉仕するのはできないことだとして、此の日楽部の楽人は休暇をとつて御奉仕するなどの変則的なことが起きてゐるのです。正月の四方拝の御代拝が昭和五十年には侍従である卜部亮吾が奉仕しましたが、翌年は掌典次長である正親町公秀が奉仕してゐます。公務員である侍従は陛下の私的なお祭りに関与してはならないと決めたのです。宮内庁による自らの政教分離政策であります。これが昭和五十年のことであります。靖國神社への昭和天皇の御親拝はこの昭和五十年をもつて最後となりました。他社へはその後も御参拝は続きますが、靖國神社だけないのは宮内庁が陛下のお気持ちを忖度できない、役人が自分の在職時に態々事件を起こしたくない心からではありますまいか。そんなことを思ふのです。

次に「国民の祝日」と「宮中祭祀」の兼ね合ひについて申しあげます。戦前の祝祭日は、戦後は「国民の祝日」となつて、祭りではなくなりました。即ち戦前の祝祭日は宮中祭祀と密接な関係がありました。そこで占領軍は祝祭日を改めて「国民の祝日に関する法律」を制定したのです。これにより宮中祭祀もこれに縛られるやうになります。昭和二十三年十月十一日の『実録』には次のやうにあります。

去る七月二十日国民の祝日に関する法律が皇室の祭祀と切り離して制定されたことに伴い、この日左の通り皇室祭祀令を改訂実施することを御治定になる（中略）なお春季皇霊祭同神殿祭及び新嘗祭等には祝日の新趣旨を加え神武天皇祭には紀元節祭の趣旨明治天皇例祭には明治節祭の趣旨を加える

次の皇室祭祀新制定祝日は祭祀は行わないが御拝は行うこととする

二月十一日　十一月三日

ここからは、新たに制定された国民の祝日は宮中祭祀とは別のものであるとの考へがわかります。今までの二月十一日の紀元節の廃止に伴なひ、紀元節祭を、また十一月三日の明治節が文化の日となつたため、明治節祭を、それぞれ御取り止めになつたのです。そして建国の大業を偲ぶ紀元節祭の趣

意は四月三日の神武天皇祭に、また明治節祭の明治天皇をお称へ申し上げる趣意は七月三十日の明治天皇例祭に移し、其の日に併せて祭儀を行なふこととなつたのです。翌二十四年四月三日の神武天皇祭には、いままで紀元節祭の夕べに行なはれてゐた御神楽をこちらに移して実施しました。爾来今日に至つてゐます。しかしながらこのやうな中でも十一月二十三日の新嘗祭が勤労感謝の日と改名されても、宮中祭祀では何ら変化がなかつたのであります。このことの意味は重要であります。いかに宮中祭祀の中で新嘗祭が重視されてゐたかがわかります。そのやうな中でこの紀元、明治の御祭日への昭和天皇の叡慮を忘れてはなりません。この実録の最後の二行の意味するところが実に深いのです。これは紀元節祭、明治節祭には祭祀は行なはないが、「御拝」はあるとのことです。翌年、昭和二十四年二月十一日の『実録』にはかうあります。

賢所・皇霊殿・神殿臨時御拝の儀を行われる　同儀は昨二十三年十月十日の伺定に基づき紀元節祭のお取止めに代わるものとして行われ御告文は奏されず次第は旬祭に準じて行われる

従来行なつてきた祭祀を中断することは洵に忍びないと御判断された昭和天皇は、祭儀の名はなくとも「臨時御拝」として三殿に出御され「御拝」を御続けになられたのです。その思し召しは一貫して変はらないものでした。これを「臨時御拝」と呼んでをりますが、この両日のお出ましはこのあと昭和六十二年まで続いたのでありました。しかしながら翌六十三年には御不例によつて両儀とも掌典次長前田利信に御代拝を仰せ付けになられたのであり、これが最後になりました。この臨時御拝は今上天皇の御即位後に二月十一日は復活しましたが、十一月三日はなぜか中止になつたままでございます。洵に畏れ多いことでございます。

次に「昭和天皇の御敬神」について『実録』から聊か触れておきます。昭和二年十二月二十五日は大正天皇の一年祭で、宮中での大正天皇の権殿一年祭に臨御されました。ついで多摩御陵に御親拝になり、玉串を奉られて御拝礼遊ばされました。宮中では御霊代が権殿から皇霊殿に遷座されて、御鎮座となりました。これで大正天皇の葬礼に関する諸祭が全て終了しました。翌二十六日は「諒闇明け」となり、毎朝の侍従の宮中三殿の拝礼が始まるとともに、この日剣璽奉安の案（台のこと）と剣璽の上にお掛けになる布を「諒闇」用の物から新しい御代用の新たなものに改め、御祓を修してゐます。

特に重要なのは、この日「毎月一日（一月を除く）には賢所・皇霊殿・神殿旬祭御拝（御親拝なきときは侍従代拝）を行う」と宮中三殿での新たな祭祀の御定めがあつたことが書かれてゐます。毎月一日には陛下は三殿にお出ましになられ「旬祭御拝」をなさるといふのです。旬祭はこの後、一日のみならず十一日、二十一日にも行なふこととなり、出御され御拝礼（場合によっては御代拝）なさることを晩年まで御続けになられたのです。御高齢になられてからは五月、九月などと月を限られての出御と漏れ承るも、祭祀にお寄せになられた大御心はつゆ御変はりなさることがなかつたのであります。これまで宮中三殿の御祭儀は「皇室祭祀令」に定められた規定に即して行なはれてきたのですが、昭和天皇は、新たに毎月一日に「旬祭」をお定めになり、御直衣を召されて出御され御拝礼なさる新例を御代始めにお始めになられたのであります。この後宮中に水田を開かれ、御自ら稲作をはじめられたのも深い大御心によるものでありませう。そして此の二つのことは今上陛下もお継ぎあそばされておいでであります。

さて最後に「四方拝の変遷」から見えるものを考へてまとめと致します。

四方拝は年初にあたり国家の安寧、国民の幸福などを祈られる祭儀で、かなり古くから行なはれてゐます。嘗ては午前四時、現在ではもう少しあとの時刻ですが、三殿に隣接した神嘉殿南庭に屏風二雙をめぐらした斎場を設け、そこに出御され天地四方などを庭上下御両段再拝の御作法で拝礼されるものです。寒夜、しかも外でなされる祭儀であります。元日の早朝など皆さんはまだ寝てゐる時刻でありませうが、陛下はこのやうなお慎みの祭儀に臨まれておいでです。天皇として初めて迎へた昭和三年の元日、『実録』にはかうあります。この日、初めて四方拝の御儀を行なひなさいました。その場は皇太子時代の御殿である赤坂仮皇居（現、迎賓館）であります。場所は階上の御日拝所で、午前五時三十分、畳の上に真薦を敷き六曲屏風一双でそれを囲み、四方に灯火台を据ゑ、外気が入るやうに開放された儀場に陸軍通常礼服を召されて出御されたのです。

> 西南を向かれ皇大神宮に両段再拝、次に豊受大神宮に座拝二度、次に四方拝として東西南北の順に座拝二度、引き続き諸々への御拝としてまず西南を向かれ神武天皇陵に両段再拝、西を向かれ大正天皇陵に同じく両段再拝、北を向かれ氷川神社に座拝、上賀茂社下賀茂社男山八幡宮熱田神

宮にそれぞれ座拝、東を向かれ鹿島神宮香取神宮にそれぞれ座拝を行われる、この間約七分にて終わる。元来四方拝は神嘉殿南廂で行うを例とするところ、今年は赤坂離宮御住居につき公式に四方拝は行われないこととし……。

まだ皇居にお入りになる前の異例ではありますが、きちんと祭儀を修められておいでであります。翌、昭和四年正月には皇居の神嘉殿南庭に黄櫨染御袍を召されて出御、のち三殿での歳旦祭に引き続き出御され、御拝礼なさつてゐます。戦時下の昭和二十年正月には、御儀開始前に空襲警報が発令されたため一度延引、解除後午前四時五十分再び警報が発令されたため、一時御文庫地下室へ御動座になり、五時過ぎの解除後に御文庫前庭の「真薦を敷き屏風四双を以て囲んだ仮設の御座において、同四十分から四方拝を行われ」たのでした。緊迫した中でも祭儀の中断はなさらなかつたのです。終戦後の昭和二十一年元日は神嘉殿南廂に戻され、以来昭和四十四年までその南庭の儀場で行なはれてきました。戦争と言ふ異例の中でも戦前戦後を一貫して四方拝の儀は中断なく行なはれてきたのであります。それが昭和四十五年の正月、宮内庁側は先帝の御継続の御意思を逆に忖度して、御齢七十歳と言ふことで、その御高齢を顧慮して御儀を神嘉殿南庭から御住まひの吹上御所のバルコニーへ変へたのであります。御装束も従来の束帯からモーニングに御改めになつたのであります。表向きは御齢数へ七十歳におなりの昭和天皇の玉体を御思ひ申し上げての措置とは申しますが、事実は世間で喧しくなつてきてゐる政教分離の取り沙汰について宮内庁側が敏感に反応したと考へるのは穿ち過ぎでありませうか。折しも陛下は年末に御風邪を召され、御高齢とのことからこの年は侍従松平潔に代拝せしめられたのであります。四十八年正月は吹上御所の書庫、しかも時間が二時間繰り下げて午前七時半から実施されてゐます。天気が悪かつたのでせうか、よくはわかりませんが異例です。そしてこの異例が前例化されてゆくのであります。この後は早朝の儀式であるといふことと、陛下の御高齢とが相俟つて出御はなく、すべて侍従の御代拝と言ふ御措置になるのであります。場所も五十二年から吹上御所の南廊下となるのです。かやうに考へると昭和四十五年の意味する事は深く、大きいのでありま す。そして、これは宮中祭祀の重儀とされる新嘗祭への出御とも重なるのであります。十一月二十三日の夜を徹して夕《よひ》の儀、暁の儀と二度、皇祖天照大神を御祀りなさる新嘗祭の儀は、先にも申し上げた通り宮中祭祀の根幹をなす重要なお祭りであります。それも昭和四十五年の新嘗祭から、陛下の出御は夕の儀のみの出御となられ、暁の儀は掌典職だけでの御奉仕となつたのであります。これをわれわれは宮中祭祀の簡略化と申してをります。それでも昭和六十二年の御入院御手術による出御お取り止めまでは、昭和天皇は毎年夕の儀には必ず出御されたのであります。皇祖神に対する思召しは格別のものがおありであつたわけで、簡略化を望まれてはゐなかつたことは明らかでありませう。これらの簡略化は宮中祭祀の意義をよく理解してゐない宮内庁の官僚らが恣意で行つてゐることなのでせう。今や君側の奸たるや甚だしく、我々はさういふ意味においてよく学び、理解して陛下を、皇室を御守り申し上げなくてはならないのです。

私どもはまづ「宮中祭祀」の意義を深く理解することが重要であります。またそれが国体の根本に関係する重要な物事であるとの深い認識を持たねばなりません。更に言へば宮中祭祀に倣ひ、各家庭においても神棚を祭り、祭事を行なふなどの家庭祭祀を重視しなくてはならないでせう。一億総神主、これが日本の本来の姿なのでありませう。

私どもは日本人として日本に生まれ、日本に死んでゆき、日本の土に還つてゆくのです。これだけでも何と有難いことか。この感覚を呼び起こさねばなりません。

そろそろ時間が来ましたが、纏まらない話で申し訳ございませんでした。

（平成二十七年七月二十五日、国体学講座、「国体文化」平成二十七年十月号に加筆修正）

講演三　光格天皇を御偲び申し上げて――天皇意識・祭祀意識の近世に於る復興――

徳川時代は政権が幕府にありましたが、この期の天皇におかせられては常に君主の御意識を強くお持ちになられておいでであリました。今回は　明治天皇の曽御祖父《ひいおじい》さまに当られる光格天皇（第百十九代）を中心に朝廷と幕府との関係の中で朝廷の御権威の再確認とそれに伴なふ諸儀の御再興がなされ、それに伴つて国学や水戸学、また垂加神道などの国民思想が昂揚してきますが、それらについてお話したいと思ひます。さういつた積み重ねがあつて明治維新に辿り着くわけなのです。

まづ、資料の冒頭に記載した、「徳川時代は一度廃絶、杜絶した国体に関する諸儀が、再興、復活された時代」、これを押へた上でお話を聞いてください。

戦国時代の応仁の乱で都は焼野が原になり、朝廷を支へてゐた公家も難を避けて地方に散在してしまつたため、天皇を中心とする祭祀、儀式、儀礼が中断します。その後、徳川家康が江戸に幕府を開いて、皇室の御存在や御権威を幕府の下に押へ付ける策を行なひます。「禁中 並 公家諸法度《きんちゅうならびにくげしょはっと》」がそれでありまして、例へば天皇が高僧に最高の僧衣である紫衣《しえ》を賜るにも、幕府の許可がなくてはならないといふふうに、朝廷より上に立たうとしました。これが徳川時代初期の後水尾天皇の紫衣事件です。さうした朝幕関係も時の流れと共に変つていきました。その原因には時代が安定し、その中で、国学や水戸学と言つた、尊皇の気風をもたらす学問が進展します。それから技術の発展です。一儀式の再興には、どのやうな物を用ゐたのかが研究され、そのために絶えた技術が復活します。またそれらを支へるのが国民の思想であつて、天皇を中心とする国体が日本の当り前の姿であることへの国民の関心が、水戸学や国学の教へを通してより深まり朝廷の権威が再確認されていつたのです。

そのやうな時代に光格天皇は強い君主意識を御涵養遊ばされておいでであつたのです。そこに至る経緯を掻い摘んでお話いたします。

第百十六代の桃園天皇の御代に宝暦事件が起ります。これは垂加神道の尊皇論者、竹内式部の教へを受けた公家たちが幕府によつて弾圧された事件です。垂加神道とは簡単に申し上げれば神道を儒教の形で表現し、天皇絶対を唱へた学問です。この桃園天皇はこの件により悲憤のうちに若くして崩じられますが、この時、皇子英仁親王（のちの後桃園天皇）がまだ三歳という御幼少でしたので、皇姉の後桜町天皇が中継ぎとして即位されます。こののちに御即位された後桃園天皇は御父桃園天皇の悲憤をお聞きになり幕府に対してよからぬ印象をお抱きになりましたが、畏れ多いことながら宝算二十二で崩じられました。この時皇子女欣子《よしこ》内親王お一方しかおはさず、ここに皇統断絶の危機といふ大問題が生じました。直系の皇男子の継承者がおはさない状況になつてしまつたわけです。

これ以前に中御門天皇の皇弟の、直仁《なほひと》親王が閑院宮家を御創設になられてゐました。二代目が典仁《すけひと》親王で、三代目が美仁《はるひと》親王。その美仁親王の弟宮様の当時まだ八歳の祐宮《さちのみや》様が皇位をお践みになられました。第百十九代光格天皇です。

皇統断絶が回避できたのは閑院宮家の創設で、これは新井白石の建言によると言はれてをり、彼の随筆『折たく柴の木』にも、自分が宮家を設けておいたから皇統は断絶しないで済んだのだと手柄のやうに書いてゐます。

実はそれと同じ頃、徳川家でも同じやうなことがありました。御三家の紀州藩から徳川の宗家を継いだ八代将軍徳川吉宗は、家康の曾孫で、徳川宗家の継承を考へました。長男の家重は九代将軍、次男の宗武が田安家を、四男の宗尹《むねただ》が一橋家を、そして家重の次男重好が清水家を創設します。吉宗の子孫が御三卿という三つの分家をつくり、将軍家は必ずここから出すといふ定めにしたのです。十五代将軍慶喜は御三家の水戸出身ですが、水戸家からは将軍になれず、一旦一橋家に養子に入り将軍職に就いたのです。十一代将軍家斉《いえなり》も一橋の出身です。このやうに徳川家も家康直系の血筋を絶やさないために考へたのです。

それならば同じやうに皇室におかせられても宮家を設立すべきであるとの考へで閑院宮家が創設されたのです。当時は有栖川宮、桂宮、それから血は遠くなりますが伏見宮の三つの宮家がありました。幕府の遣り方はこのやうなものでした。時代は遡りますが正保六年、江戸時代の始めですが、徳川家康を祀つた日光東照宮の四月十七日の例祭に天皇から幣帛が供へられ、以後慣例になります。この時、皇祖をお祀り申し上げる、伊勢の神宮にも例幣使が再興されるのですが、それは日光と同じ扱ひです。例幣使を伊勢にも出すから日光にも出せといふのです。

さて、光格天皇の御治世の、天明三年に浅間山の大噴火がありました。その影響で東北地方は冷害に見舞はれ、農作物は壊滅的な被害を受けます。天明の大飢饉です。その天明七年六月七日に、妙なことが起りました。京都やその近辺の人々が御所の周りを廻つて祈りを捧げるのです。これが数箇月から、よくわからないのですが一年くらゐ続き、大坂や近江などからも膨大な数の人々が御所の周りを廻りました。御所千度詣りと言はれてゐます。この時、御年十七の光格天皇は飢饉に苦しむ人々に食物を与へるやうにを幕府に働きかけました。これは天皇の政治介入を禁じた「禁中並公家諸法度」に反しますが、光格天皇は御自分の御発意として民に恵みをかけられたのです。庶民は年若き天皇を仰ぎ、国の中心におはしますと思ひ崇める君民一如の表れです。江戸時代の人は朝廷のことなど知らなかつたとよく言はれますが、それは間違つてゐます。この時代から京都は観光都市でした。『都名所車《みやこめいしょぐるま》』といふ当時の本を見ると、その一番始めに「内裏《だいり》」とあつて、京都に来たら一番最初に見る所は内裏ですよと書かれてゐます。そして「正月十九日舞御覧、三月三日闘鶏《とりあはせ》、七月十四日十八日御燈籠《おんたうろう》」年末の節分に「内侍所《ないしどころ》参詣、僧俗男女御免あつて御門《おんもん》内に入《いら》しめたまふ」とあります。年間四度、宮中に入り、誰もが賢所を拝むことができたのです。ですから、江戸時代の人が天皇のことを知らなかつたはずはない。どの家庭でも、三月三日の雛祭には御内裏様をお祭りしてゐるのですから。さう考へますと、当時の国民が若き光格天皇に寄せた期待の大きかつたことが、そしてそのことを天皇御自身が深く御受け止めになられておはされたであらうと察せられます。

また当時の知識人が「闕画《けつかく》」といふことをしてゐたことが言へます。「闕画」といふのは天子・貴人の御名の漢字の最後の一画を遠慮して書かないことです。光格天皇の御名は兼仁《ともひと》と申し上げますが、兼の字の最後の一画を書かないのです。塙保己一の版本の『群書類従』は「兼」の字が全部闕画になつてゐます。これは光格天皇に対し奉りて失礼に当るとの憚りによるのです。元々はこれは支那の風習ですが、光格天皇、その後の仁孝天皇、孝明天皇は勿論のこと、また明治天皇の御名の睦仁の睦の字も明治初期まで闕画が行はれてゐたのです。私は『群書類従』の版本を見た時、はじめは版木が傷んでゐるのかと思つたのですが、さうではないのです。当時、学問をしてゐた人々は、陛下の御諱《おんいみな》を知つてゐた、さういふ事実があるわけです。学問をするとはかういふことなのです。

また御治世中に、今度は尊号一件という大事件が起ります。光格天皇の父君である典仁親王は「禁中並公家諸法度」の規定では皇族でありながら序列が臣下たる摂関家の下と規定されてあることから生じた事件です。近衛、九条、二条、一条、鷹司の五摂家の下とは、例えば宮中で席に坐る時に宮家は摂関家の下の席につかねばなりませんでした。それから駕籠や牛車に乗つた閑院宮の当主が道で摂家と擦れ違つた時は宮家の方が道を譲るのです。これを君臣の序に反すると受け止められた光格天皇は、御父典仁親王に太政天皇の尊号を贈り上皇と同じ扱ひにすることを幕府に何度も働き掛けます。

幕府の老中松平定信はそれを退けたため、光格天皇は寛政三年、法度に反し自ら「群議」を開き、公卿たちの賛同を得て典仁親王に尊号を贈ることを決断します。これも最終的には成りませんでした。松平定信としては受け容れてもよかつたのですが、状況が悪かつたのです。実は朝廷と同じやうな状況が幕府にもあつたのです。時の将軍は十一代の家斉、家斉の父は御三卿の一橋治斉《はるなり》です。もし典仁親王に尊号を贈つて天皇並の扱ひをすることを幕府が認めたならば、幕府も一橋治斉を江戸城西丸に住まはせて大御所の扱ひしなければならなくなるのです。それはできないと考へたやうです。それで光格天皇は御生前には、御意志の実現を見なかつたのですが、明治十七年、その九十年祭に当たり、明治天皇は曽祖父君に当る典仁親王に慶光天皇の諡号をお贈りになりました。その意味では光格天皇の御意志はここに実現したと言へます。これが維新の成果の一つなのです。

光格天皇は天皇としての強い御意志を御持ちでした。天皇の行幸の中でも、父宮の所にお行きになることを朝覲《ちやうきん》と言ひます。江戸時代の始めに聚楽第への行幸がありましたが、以来、正式の行幸は絶えて久しくありませんでした。幕府は天皇が皇居外にお出になる事を嫌ひました。光格天皇は朝覲行幸をしたいことを何度も幕府に申し入れますが、すべて拒否されます。光格天皇は後に上皇になり、皇子の仁孝天皇も父上皇のいらつしゃる修学院への朝覲行幸を何度も幕府に問ひ掛けますが、やはり叶ひませんでした。天皇の権威が高まるのを避けたのです。

松平定信は父親が田安宗武で祖父が八代将軍吉宗です。宗武は荷田在満や賀茂真淵から国学を学びました。その子の定信は朝廷の申し出を拒否しましたが、内実は尊皇の気風がありました。光格天皇の治世に内裏が焼けました。その再建を担当したのが定信です。光格天皇は平安時代の様式に内裏を復古したいとの難題をまた持ち掛け、これを定信は受け入れます。そして公家の裏松光世《みつよ》の『大内裏図考証』を基に今の京都御所は平安様式に復古したのです。それ以前の京都御所は二条城に代表される書院造りを基本にした建物でしたが、それが平安様式の寝殿造りに変つたのです。現在のものは安政時代の更なる再建です。

また光格天皇は、古い時代に復るために旧儀やお祭りの再興に力を尽されます。加茂臨時祭《かものりんじまつり》、葵《あふひ》祭《まつり》などの再興に当つて、御自分が召される麹塵御袍《きくぢんのごはう》、また青御袍《あをのごはう》とも言ふ装束を復元しました。縦糸が黄色、横糸が青、青といふのは緑ですが、それで織ると黄緑色になり、その黄緑色を麹塵といひます。天皇がお召しになる御服が黄櫨染御袍《かうろぜんのごはう》といつて、今も今上陛下が即位礼や宮中三殿にお出ましになる時には、この束帯をお召しになります。この天皇が宮中の恒例祭儀などでお召しになる黄櫨染御袍に対して、日常のお召し物としては麹塵御袍がありました。平安時代の本を見ると、沢山出てきます。そしてこれは被物《かづけもの》といひまして、天皇から下賜されるものです。拝領した方は名誉ですから、晴れの時にはそれの着用が聴されます。明治神宮の絵画館の絵を見ると、明治五年に宮中は洋服を採用しますが、それ以前、一人だけ麹塵御袍を着てゐる人が描かれてゐます。蔵人《くらうど》です。天皇の身の回りの世話をする蔵人頭《くらうどのとう》に下賜したといふことが歴史の書物に出てゐます。それと同じことを幕末に復元して被物として蔵人頭に与へてゐるわけです。

さう言ふ青御袍の再興と共に、御内々に於て御金巾子冠《おきんこじのかんむり》といふのを御常用になりました。御金巾子冠は天皇だけが被ることのできる冠です。明治神宮の宝物館に明治天皇が御着用になつた御物が残つてをりますし、明治以降はこれが洋服になつてしまつたので御金巾子冠は現在では使ひませんが、実は天皇が祭祀王、祭り主であることを示す冠です。順徳天皇の子孫への訓戒書である『禁秘御抄《きんぴみせう》』の最初に、「凡そ禁中の作法は先づ神事、後に他事とす」と書かれてゐます。その後に、「神宮并に内侍所の方を以て御跡《おんあと》と為さず」とあります。要するに、伊勢の神宮の方に足を向けて寝るなといふことです。さらにその後に、「御本鳥《おんもとどり》を放ちたまはず」。要するに、寝る時も冠を被つて寝なさいといふのです。なぜならば、寝てゐる間も三種の神器の御剣御璽が身近にあるのだから、天皇たる者、寝る時も冠を被れといふことなのです。頭に何も被らない無帽といふのは失礼なのです。元服をすると成人男子は冠を被るのはそのやうな意味があるのです。

御金巾子冠はどういふものかと申しますと、冠の後ろには纓《えい》といふものが後ろに二枚垂れてゐます。それを、冠の後ろに立つている巾子《こじ》の後ろから持つてきて、折つて畳み、金色の檀紙、金箔を塗つた厚紙を差し込んで固定したものです。冠を着けたことのある神職の方ならわかると思ひますが、纓が後ろで二枚ぱたぱたしているのがとても煩しい。常に冠を着けてゐなければならないとこれは煩しいので、かう言ふ形で纓を折り込んだ御金巾子冠があつたのですが、これが応仁の乱でわからなくなつてしまひました。

室町時代に描かれた『なよ竹物語』といふ絵巻がありまして、そこに冠を被つた天皇の後ろ姿が載つてゐます。それを基に江戸時代の初めに御金巾子冠を復元するわけです。光格天皇に関しては御金巾子冠を常に着用されてゐたと伝へられてゐます。それは自分が天皇であり祭祀王であるといふ深い御自覚があつたことの現れだと思ひます。『禁秘御抄』にある、寝てゐる間も冠を被れ、かう書かれてゐることに対して、それだけの敬神の念を以て常に接していらつしやつた御自覚が窺へます。

以上述べた通り皇位、皇統、祭祀に天皇としての強い御自覚をお持ちになつていらした光格天皇は、御在位三十八年の後、譲位をされます。現在、皇室典範に拠り天皇は終身ですが、江戸時代までは、譲位した後、上皇として院政を行ふ場合もあれば、のんびりお過しになる場合もありました。七十歳まで御存命だつた光格天皇は上皇として皇子様の仁孝天皇の御指導をなさつたわけです。

幕府が譲位後の御幸に対してはうるさく言はなくなつたこともあつて、光格上皇は在位中に行幸できなかつた修学院離宮に度々御幸されてゐます。都の人々にとつては身近な御存在でもいらしたわけです。

それから、もう一つ考へなければならないのは改元の問題です。この時代の改元には、天皇の御代始めの時に行ふ代始改元、災厄や凶事を理由とする災異改元、甲子革令や辛酉革命を根拠とする改元などがあります。このうち甲子革令、辛酉革命は、古代支那の思想である讖緯説に由来し、甲子の年や辛酉の年には世の中が革まるものだとして、それに対応して元号も改めるわけです。江戸時代では寛永の時は甲子革令、天和の時は辛酉革命でした。神武天皇の即位を辛酉の年の正月元旦にしてゐるのもこの思想に拠つてゐると言はれてゐます。

問題は代始改元です。江戸時代になつて、幕府は、それまで慣例だつた代始改元をなるべくさせないやうに容喙するやうになりました。後水尾天皇の時の元和の改元は豊臣滅亡を踏へて幕府の意志で行はれてゐます。明正天皇の時は改元そのものがありませんでした。後光明天皇の時の正保は代始改元のやうですが、はつきりしません。後西天皇の明暦はどうやら後光明天皇が御存命の時から明暦に改元する作業がなされてゐたやうで、多分、代始改元のつもりではなかつたと思はれます。東山天皇の元禄の改元は代始改元ですが、朝廷としては宝永がよいとして幕府に問合せたら、宝永は罷り成らぬ、元禄にせよといふことで元禄になつてゐます。中御門天皇の時の代始改元は正徳ですが、これは新井白石の意見によるものです。桜町天皇の時は代始改元でありまして、朝廷が元文がよいと決めて、それが通り元文となりました。

どうやら中御門天皇の頃から幕府も代始改元は差し障り無しとの対応に変り、桃園天皇の寛延の時ははつきりと代始改元になつてゐます。そして、光格天皇、仁孝天皇、孝明天皇のお三方の天明、文政、嘉永の改元については、幕府の容喙は何も無く、御代始めの改元が確定しました。

興味深いのは仁孝天皇の弘化の改元です。これは災異改元ですが、江戸城が焼けた時、朝廷側から改元の発意があつたのです。普通、幕府に不吉なことがあつた時は、幕府が朝廷に言ひ出して朝廷が改元をしたのです。後桃園天皇の安永の改元がさうです。ところが弘化の改元は朝廷の発意だつたのです。さうした経緯があつて代始改元が定着したといふことなのであります。

次に諡号《しがう》の復活です。諡号は崩御された天皇を尊んでお贈りする称号であつて、御在位の天皇は今上天皇、今上陛下とお呼びします。平安時代の光孝天皇の時代までは、諡号でした。崩御後に学者が集まり、元号を決めるのと同じく、かう言ふ御事蹟の天皇でいらしたから、この字とこの字を取って光孝といふ号を贈りませうと決めてゐたのです。

ところが、その次の宇多天皇の宇多はお住まひの地名です。その後永く、醍醐、朱雀、村上、冷泉、円融、花山、みな縁りのある土地の名に由来します。そして天皇号でなく院号でした。後西院、霊元院、東山院、さう言ふ呼び方をされてゐたのです。（出席者から「霊元」は地名かとの質問あり）

霊元天皇は違ひます。「霊元」は第七代孝霊天皇の霊の字と第八代孝元天皇の元の字から取られたものです。同様に、明正天皇の「明正」は元明天皇の明の字と元正天皇の正の字から取られたものです。ですから地名に由来するものと、先に在位された天皇お二方の称号の一字ずつを取つた、また御境遇が似通ふ方には「後」の字を付けて後醍醐などとする、三種類があるわけです。

その中で、都を遠く離れた地で悲憤のうちに崩じられた四方の天皇、即ち保元・平治の乱で讃岐に流されておかくれになられた崇徳天皇、壇之浦で崩じられた安徳天皇、承久の変で隠岐に流されてお隠れになられた後鳥羽天皇（初めは顕徳天皇と申しましたが）、そして同様に承久の変で佐渡に流されてお隠れになられた順徳天皇、この御四方はお気の毒だつたと言ふことで生前の御鴻業を偲んでの一字と徳の字といふふうに組み合せた称号が贈られました。

それを、光格天皇崩御の時、平安時代中頃以来絶えてゐた謚号が復活し贈られたのです。これには天皇の御意志もあり、またこの謚号の復活には幕末の水戸藩主、徳川斉昭の建議が影響してゐます。即ち、天皇は天皇号を贈らなければいけない。縁のある土地や建物の名から取るのではなくて、又、先に御在した天皇と同じやうな御境遇だから「後」と贈るのでもなく、御一代の御聖徳をどう表し、どう伝へていくかを謚号で示すべきだという建議です。これで光格、仁孝、孝明の御三方には謚号が奉られました。明治以降は一世一元制になつたこともあつて元号をそのまま追号として奉ることになりました。明治天皇、大正天皇、昭和天皇はそれです。

最後に山陵の復興について申し上げます。天皇の陵墓は、古代は、山のように築いた円墳、山陵でしたが、時代が下るにつれ、この制度が崩れ見るに忍びない形になつてきました。例へば深草陵《ふかくさのみささぎ》には鎌倉時代の後深草天皇、伏見天皇から江戸時代始めの後陽成天皇まで十二方の陵墓がお堂のやうな建物の中にあります。また、鎌倉時代の四条天皇、そして江戸時代の後水尾天皇から後桃園天皇に至るまで十二方の陵墓が泉涌寺の月輪陵《つきのわのみささぎ》に、それぞれ十三重の石塔が建てられてお祭りされてゐます。これは天皇の陵墓としては相応しくない、山陵を築くべきだ、と光格天皇は仰せになつたのです。しかし、この御意向は叶ひませんでした。『近代御系譜』は光格天皇、仁孝天皇の陵墓について「天保十二年閏正月廿七日、以御石塔擬山陵、号後月輪陵」（御石塔を以て山陵に擬し、後の月輪陵と号す）また「弘化三年二月六日、御内裏にて崩ぜらる。三月朔日御塔を以て弘化廟と号《なづ》く」とあります。石塔を以て山陵になぞらえへて御墓とすることとし、無念ながら山陵の復興は成らなかったのです。

しかし、孝明天皇の御代に各地で天皇陵が修復されていく中で、山陵奉行の戸田忠至《ただゆき》の建言により山陵が復古します。その建言の内容は山科言成《ときなる》の『言成卿記』によれば「今度、孝明天皇の御陵は、中古に仏法が渡来して以降、その様式もいろいろ変つてきた。特に持統天皇の時から荼毘に付すことが常例となつた。恐れながら一天万乗の天皇の玉体を灰燼に委せて九輪の石塔に納めるのは数百年以来の定例であるけれども、これはまことに恐れ多く悲しいことである」とあります。また「後光明天皇の時からは、御表向きは御火葬だが、御内実は御埋葬である」つまり、火葬のふりをして土葬をしてきたといふことなのです。更に「御先代様（光格天皇）の時から尊号が復古になつた。御陵もなにとぞ泉涌寺の裏側にいい場所を選びそこを切り開いて清浄な所を選んで御陵を造るべきである」ともあります。この戸田の建言が容れられて孝明天皇の山陵が造営され、以降、明治天皇の折に規模が確定し、大正天皇、昭和天皇と同様の形式で山陵が営まれてゐるのです。

なほ明治元年の時点で十四の天皇陵が不明でしたが、興味深いのはその対応です。例へば亀山天皇の場合は京都の大覚寺の境内地を割いて御陵とされてゐます。亀山天皇は大覚寺と関係が深かつたといふことで、明治二十二年、明治天皇がそこを御陵とすることをお定めになつたのです。この年、他の不明の天皇陵もすべて縁りの場所が御陵として治定されました。明治二十二年は『大日本帝国憲法』発布の年で、この年までに全ての天皇陵が整備され万世一系が可視化されます。

考へなければならないのは、亀山天皇はじめ幾つかの陵墓には、そこに天皇が葬られてゐないといふ事実があります。しかし一旦、陵墓と治定された以上は、そこは祭祀の場所です。玉体が葬られたか否かは関係ありません。このことを我々は深く考へなければいけないと思ひます。古代の陵墓の被葬者が科学的にみて違ふのではとの疑問とは別問題なのです。

以上、江戸時代の朝幕関係の中で天皇意識・祭祀意識が復興し、国民もそれを仰ぐやうになつていつたことの一端を、光格天皇の御事蹟を中心にして、お話致しました。文藝方面での御改革などまだ話しきれない事が多々あり、途中で横道にそれた話もあり、お聞き苦しい点もありますが、ここまでと致します。

（平成二十一年八月二十六日、國體政治研究会、「伝統と革新 六号」、平成二十三年十二月加筆修正）

あとがき

令和四年九月十六日、展転社の前代表取締役である藤本隆之君が亡くなつた。以前から入退院を繰り返してゐたので覚悟はしてゐたが、これは早すぎただらう。これで同学の同期の畏友をまた一人失つたことになる。ここのところ六十歳前後の友を何人か亡くしてゐるので、この訃報はさすがにこたへた。秋の三連休は折からの颱風の影響で悪天、家に閉ぢこもつてゐた。

藤本君との思ひ出は数々あるが、一番困惑したのは深夜の電話であつた。寝静まつた深更、突然鳴り出す呼び出し音の主はわかつてゐる。受話器を取れば「先生！」と言ふや、一拍おいて「先生、俺はサアー」と話し出す口調は毎度のことで、酩酊の上機嫌の藤本節である。憎めない相手だし、色々悩み事も多いのであらうから聞き手になつてゐたが、もうこの電話もかかつてこないのかと思ふと何か寂しいものでもある。

最後の電話はこの春先であつたか。しかしいつもと違つて夕方であつた。例によつて「先生！」から始まつたが、俺はこれから入院する、もう最後だから先生の声が聞きたかつたと切り出してきた。かうなるとこちらも神妙にならざるをえない。自分が弱かつた為に体を壊したこと、色々出来て楽しかつたこと、まだやらねばならないことなどを自嘲気味に話した最後に、「不二の連載は勉強になる。あれをまとめてまた本にしないか。世に残すべきものだ。俺が元気なら編輯をするのに、もうできないだらう」と言つた。語気はいつものものであつたが、言葉のあちこちに悲しみを帯びてゐたのに困惑した。「退院したら飲まう、そして編輯してくれ、良い本ができるだらう」と応じるしかできなかつた。コロナ禍のもと見舞もままならないでゐたが、その後退院したとも聞いてゐた。しかし、彼との約束は彼が言つた通りに空しくなつてしまつた。

憂国の情熱で一世を貫いた藤本兄。彼を慰霊するにはやはりこれをまとめるに尽きるやうだ。

大東塾不二歌道会の機関誌『不二』に皇位継承問題を取り上げて連載したものは、一本にまとめて『令和の皇位継承』として、藤本君ゆかりの展転社から世に送つた。これは皇位継承に関して本義、本質から論じなくてはならないことを提議したもので、また皇統維持の考へを示したものとして好評を得てゐると聞く。その後も『不二』には「憂憤の記」「神国の行方」と題して、私の視点から皇室問題や国家の基本問題について連載してきた。「神国の行方」はまだ連載中であるが、ひとまず令和四年までのもの、都合二十五編を内容により再編輯してみることにした。今原稿を並べてみても同じことを繰り返し書いてゐるところもあつて、並べ替へては添削などと手を入れてみた。お読みいただいて何か繋がり具合がをかしなところがあるのは、その為である。

令和二年の春以来の武漢肺炎禍はまだ終熄してゐないが、先の一連の皇位継承儀礼があと一年遅かつたなら大変なことになつたであらうと背筋が凍る思ひもしてゐる。少なくとも立皇嗣の礼が延期されたのはその影響であつた。国民の一般参賀も中止（令和五年には制限を設けて再開）である。眞子内親王殿下の御入籍の問題はそのやうな中での大きな話題でもあつた。

何事においても混沌とした時代であつて、何が正しいのか何が間違つてゐるのかが明確でなくなつてゐるやうだが、そのやうな時には物事の原初に立ち返ることが重要であらう。私の視点は全て本義、本質といふものにある。それゆゑ現代の思考からすれば大きくずれてゐたり、時代に逆行すると批判されることもあるのは承知してゐる。それは現代の思考がどれほど本義から相違してゐるかを示してゐることなのである。何事も厳しい時代であつて、座視しがたいことがあまりにも多い。本書を紐解いてそのことにお気づきいただければ幸ひである。

連載では教育や国語についての問題なども取り上げて書いたが、紙幅の関係でそれらのものは今回は割愛して、またの機会に一冊にしようと思つてゐる。

十七年後に我が国は皇紀二千七百年を迎へる。これを国を挙げて奉祝できるか否かが今後の大きな課題である。そのためには忘れられてゐる日本といふ国柄への理解が必要となる。先人の御霊に導かれつつやるべき事はいくらでもあるのだ。

かくして本の成るにあたり、皇統皇位の無窮を念じ、前著『令和の皇位継承』に続き、またも御高配を賜つた大東塾・不二歌道会代表の福永武氏、展転社の荒岩宏奨氏に謝意を表するとともに、藤本君の御霊の安らかならむことを只管祈る。

令和五年（二六八三）春 四月三日　畝傍橿原の地を遥かに拝《おろが》みて

柿之舎　中澤伸弘

中澤伸弘（なかざは　のぶひろ）

東京都生まれ。号は柿之舎（かきのや）。

東京都立高等学校非常勤教員（国語）、國學院大學兼任講師、ハリウッド大学院大学講師、博士（神道学）。

昭和六十年國學院大學文学部文学科卒業。在学中は森田康之助博士から神道思想を学ぶ。また鈴木敬三（有識故実）博士から学恩を受く。卒業後は都立高校国語科（主に古典教育）教諭（主幹）として上野・小岩・科学技術高校等を歴任、令和五年三月に定年退職し、現職。また國學院大學の兼任講師を十七年勤め今に至る。軽妙洒脱でわかりやすい授業として生徒の好評を得、主に学級担任や学年主任として生徒の健全育成に尽力。また古典の教師用指導書や教科書準拠の問題集、古語辞典の項目を執筆。一方研究者として、文献資料に基づき広義の「国学」を研究対象とし、古書の蒐集を通して、未だ明らかにされてゐない徳川時代中後期の国学者や歌人についての考察を深め、国学の人物研究や地方歌壇への伝播についての論考を発表。また「国学」に関する啓蒙的な著作を出版。殊に三河の村上忠順や出雲の国学については詳細な研究がある。出雲歌壇と国学の研究により論文審査により平成二十一年國學院大學から学位（博士）を得る。

他にも皇室祭祀や神道思想、日本文化や書誌学、仮名遣問題、国語教育など広汎に亘り、宮中祭祀や皇位継承に関する著作、講演もあり。また歌人の山川京子師に二十年余師事し、国風に基づく保守的な詠風を身につけた。都立高校の国語教員として三十八年間教鞭をとり、歴史的仮名遣の重要性を説く傍ら、国学者を自負し研究成果などを長短の論文や随筆に発表し、その数は膨大である。

著書に『徳川時代後期出雲歌壇と国学』（錦正社）、『やさしく読む国学』（戎光祥出版）、『毀誉相半書このてかしは』（平田篤胤顕彰会）、『図解雑学日本の文化』（ナツメ社）、『宮中祭祀』『令和の皇位継承』（展転社）、『一般敬語と皇室敬語がわかる本』（錦正社）、『村上忠順論考』、『類題鰒玉集人名総索引』『道のさきはひ』（私家版）など多数。

神国の行方
令和の皇室問題

令和五年（二〇二三）四月二十九日　第一刷発行
著　者　中澤　伸弘
発行人　荒岩　宏奨
発　行　展　転　社
〒101-0051　東京都千代田区神田神保町2-46-402
ＴＥＬ　〇三（五三一四）九四七〇
ＦＡＸ　〇三（五三一四）九四八〇
振替〇〇一四〇―六―七九九九二
印刷　中央精版印刷

ISBN978-4-88656-556-3